服装高等教育"十二五"部委级规划教材（高职高专）

服装消费心理学

王海燕　主　编
王　欣　王　禧　副主编

中国纺织出版社

内 容 提 要

本书是服装高等教育"十二五"部委级规划教材（高职高专），书中阐述了服装消费心理及其特征，将心理学的基本理论与服装消费特征及营销理论与实践相结合，从心理的视角讲述了消费者的个性心理特征和服装商品固有属性的消费心理，揭示了消费者购买行为的特点和规律，通过案例有效地将理论与实践结合起来，以增强知识性和趣味性。

本书可作为高等院校尤其是高职高专院校服装及相关专业的教材，也可作为企业营销人员和爱好者的培训教材和参考读物。

图书在版编目（CIP）数据

服装消费心理学/王海燕主编. ——北京：中国纺织出版社，2016.9 （2023.3重印）
服装高等教育"十二五"部委级规划教材. 高职高专
　ISBN 978-7-5180-1315-9

Ⅰ.①服… Ⅱ.①王… Ⅲ.①服装—消费心理学—高等职业教育—教材 Ⅳ.①F768.3 ②F713.55

中国版本图书馆CIP数据核字（2014）第302251号

策划编辑：张　程　　责任编辑：杨　勇　　责任校对：楼旭红
责任设计：何　建　　责任印制：王艳丽

中国纺织出版社出版发行
地址：北京市朝阳区百子湾东里A407号楼　邮政编码：100124
销售电话：010—67004422　传真：010—87155801
http://www.c.textilep.com
中国纺织出版社天猫旗舰店
官方微博http://weibo.com/2119887771
三河市宏盛印务有限公司印刷　　　各地新华书店经销
2016年9月第1版　　2023年3月第4次印刷
开本：787×1092　1/16　印张：16
字数：320千字　定价：39.80元

出版者的话

　　全面推进素质教育，着力培养基础扎实、知识面宽、能力强、素质高的人才，已成为当今教育的主题。教材建设作为教学的重要组成部分，如何适应新形势下我国教学改革要求，与时俱进，编写出高质量的教材，在人才培养中发挥作用，成为院校和出版人共同努力的目标。2011年4月，教育部颁发了教高[2011]5号文件《教育部关于"十二五"普通高等教育本科教材建设的若干意见》（以下简称《意见》），明确指出"十二五"普通高等教育本科教材建设，要以服务人才培养为目标，以提高教材质量为核心，以创新教材建设的体制机制为突破口，以实施教材精品战略、加强教材分类指导、完善教材评价选用制度为着力点，坚持育人为本，充分发挥教材在提高人才培养质量中的基础性作用。《意见》同时指明了"十二五"普通高等教育本科教材建设的四项基本原则，即要以国家、省（区、市）、高等学校三级教材建设为基础，全面推进，提升教材整体质量，同时重点建设主干基础课程教材、专业核心课程教材，加强实验实践类教材建设，推进数字化教材建设；要实行教材编写主编负责制，出版发行单位出版社负责制，主编和其他编者所在单位及出版社上级主管部门承担监督检查责任，确保教材质量；要鼓励编写及时反映人才培养模式和教学改革最新趋势的教材，注重教材内容在传授知识的同时，传授获取知识和创造知识的方法；要根据各类普通高等学校需要，注重满足多样化人才培养需求，教材特色鲜明、品种丰富。避免相同品种且特色不突出的教材重复建设。

　　随着《意见》出台，教育部正式下发了通知，确定了规划教材书目。我社共有26种教材被纳入"十二五"普通高等教育本科国家级教材规划，其中包括了纺织工程教材12种、轻化工程教材4种、服装设计与工程教材10种。为在"十二五"期间切实做好教材出版工作，我社主动进行了教材创新型模式的深入策划，力求使教材出版与教学改革和课程建设发展相适应，充分体现教材的适用性、科学性、系统性和新颖性，使教材内容具有以下几个特点：

　　（1）坚持一个目标——服务人才培养。"十二五"职业教育教材建设，要坚持育人为本，充分发挥教材在提高人才培养质量中的基础性作用，充分体现我国改革开放30多年来经济、政治、文化、社会、科技等方面取得的成就，适应不同类型高等学校需要和不同教学对象需要，编写推介一大批符合教育规律和人才成长规律的具有科学性、先进性、适用性的优秀教材，进一步完善具有中国特色的普通高等教育本科教材体系。

　　（2）围绕一个核心——提高教材质量。根据教育规律和课程设置特点，从提高学生分析问题、解决问题的能力入手，教材附有课程设置指导，并于章首介绍本章知识点、重点、难点及专业技能，增加相关学科的最新研究理论、研究热点或历史背景，章后附形式多样的习题等，提高教材的可读性，增加学生学习兴趣和自学能力，提升学生科技素养和人文素养。

（3）突出一个环节——内容实践环节。教材出版突出应用性学科的特点，注重理论与生产实践的结合，有针对性地设置教材内容，增加实践、实验内容。

（4）实现一个立体——多元化教材建设。鼓励编写、出版适应不同类型高等学校教学需要的不同风格和特色教材；积极推进高等学校与行业合作编写实践教材；鼓励编写、出版不同载体和不同形式的教材，包括纸质教材和数字化教材，授课型教材和辅助型教材；鼓励开发中外文双语教材、汉语与少数民族语言双语教材；探索与国外或境外合作编写或改编优秀教材。

教材出版是教育发展中的重要组成部分，为出版高质量的教材，出版社严格甄选作者，组织专家评审，并对出版全过程进行过程跟踪，及时了解教材编写进度、编写质量，力求做到作者权威，编辑专业，审读严格，精品出版。我们愿与院校一起，共同探讨、完善教材出版，不断推出精品教材，以适应我国高等教育的发展要求。

中国纺织出版社
教材出版中心

序

　　服装是特殊的商品，作为人类的第二皮肤和非语言性传递的媒介，既具有满足生理需要的物质属性，又具有心理需求的精神属性。随着经济发展和人们文化水平的提升，服装在商品消费领域中具有举足轻重的地位。

　　服装消费心理学是新兴的应用学科，与哲学、社会学、营销学等学科有着密切的联系。近年来，消费心理学已经具有完善的知识体系，服装心理学经过近十几年来的发展，研究成果显著。但到目前为止，服装消费心理学还没有形成一个比较成熟完整的体系，因此，本书的内容和体系是参考和借鉴国内外的与消费心理学和服装心理学相关的书籍和文献以及教学经验来确定的。我们按照绪论，社会经济文化因素与服装消费，消费者感觉、知觉与服装，注意、记忆、意识与服装消费，消费者购买动机与决策过程，消费者个性心理特征与服装消费等形成了本书的体系和章节顺序，教学过程中可以根据实际教学内容来调节章节的前后顺序。

　　本书共分十一章，王海燕执笔第一章、第二章、第三章第一节、第四章、第五章、第六章和第七章；王欣执笔第三章第二节、第八章、第十章第二节，王禧执笔第九章、第十章的第一节和第三节；李金强执笔第十一章。全书由王海燕主编并统稿，全书插图由王欣绘制。

　　限于编者的水平，不妥和疏漏之处，敬请专家和读者批评指正。

王海燕

2014年10月

教学内容及课时安排

章/课时	课程性质/课时	节	课程内容
第一章 （2课时）	导论 （2课时）		• 绪论
		一	服装消费心理学发展背景
		二	服装消费心理学研究的对象、内容和意义
		三	服装消费心理学研究的方法
第二章 （4课时）	社会经济文化因素 （4课时）		• 社会经济文化因素与服装消费
		一	经济环境与服装消费
		二	社会文化与服装
		三	服装的社会功能性
第三章 （4课时）	感觉、知觉基本 理论 （4课时）		• 消费者感觉、知觉与服装
		一	感觉与服装
		二	知觉与服装消费
第四章 （4课时）	注意、记忆、 意识基本理论 （4课时）		• 注意、记忆、意识与服装消费
		一	消费者的注意
		二	消费者的记忆
		三	消费者的自我意识
第五章 （4课时）	购买动机、决策 过程基本理论 （4课时）		• 消费者购买动机与决策过程
		一	消费需要
		二	服装购买动机
		三	消费者购买决策过程
第六章 （4课时）	消费者个性心理 特征理论 （4课时）		• 消费者个性心理特征与服装消费
		一	消费者的气质
		二	消费者的性格
		三	消费者价值观、兴趣、态度与服装行为

章/课时	课程性质/课时	节	课程内容
第七章 （4课时）	商品因素与消费 心理的基本理论 （12课时）		• 命名和包装因素与消费心理
		一	品牌命名与心理
		二	商品的包装心理
第八章 （4课时）			• 流行因素与消费心理
		一	流行的概念、发生与表现
		二	影响服装流行的因素及营销策略
第九章 （4课时）			• 价格因素与消费心理
		一	商品的价格与功能
		二	消费者价格的认知心理
		三	服装定价的心理策略
第十章 （4课时）	市场营销因素与 服装心理的基本 理论 （4课时）		• 服装市场营销因素与消费心理
		一	商业广告与消费心理
		二	营销环境与消费心理
		三	营销服务与消费心理
第十一章 （4课时）	市场调研与预测 技术与实践 （4课时）		• 服装市场调研与预测
		一	服装市场调研
		二	服装市场预测

注　各院校可根据本校的教学特色和教学计划对课程时数进行调整。

目录

导论——

绪论

教学内容： 1.服装消费心理学的概念及其发展背景

2.服装消费心理学的目标、内容和意义

3.服装消费心理的研究方法

上课时数： 2学时

教学提示： 主要阐述服装消费心理学的概念；消费心理学研究的背景；服装消费心理学研究的内容和方法；研究的现状和意义

教学要求： 1.了解消费心理学研究的背景

2.掌握服装消费心理学研究的内容和方法

3.了解服装消费心理学研究的现状和意义

第一章　绪论

　　服装是一种特殊商品，代表人们心理需求的精神属性。除了服装，世界上没有任何一种商品与人体结合如此紧密。作为一项大众日常消费活动的服装消费是日常生活必不可少的组成部分，与其他日常"食、住、行"三大消费既有共同点又有区别。区别在于服装通过不同的设计语言塑造、润色和装饰着人类的生活，是一种心灵与外界的对话形式。同时服装又是一门艺术，因为服装的设计与制作需要很高的创造力，具有流行性与时尚性。对于服装消费心理的研究，需要更加细腻与精确。只有结合服装属性研究其特殊的消费心理，才能在服装品牌不断推陈出新、服装市场日益壮大、竞争日益激烈的状态下，使服装品牌从设计、生产、推广到营销的一系列过程中，更好进行产品定位，使自身产品目标符合消费者的需求，才能够生存、兴旺和发展。

案例

飒拉（ZARA）服装品牌成功运营的经验

　　飒拉是西班牙Inditex集团旗下的一个子公司，它既是服装品牌，也是专营飒拉品牌服装的连锁零售品牌。1975年设立于西班牙的飒拉，是全球排名第三、西班牙排名第一的服装商，在世界56个国家设立超过两千多家的服装连锁店。飒拉深受全球时尚青年的喜爱，设计师品牌的优异设计，低廉的价格定位，就是让平民拥抱高街时尚（High Fashion）。

　　飒拉旗下拥有400余位的专业设计师，一年推出的商品超过1.2万款，是同业的五倍之多，并且设计师其平均年龄只有25岁，他们随时穿梭于米兰、东京、纽约、巴黎等时尚重地观看服装秀，以撷取设计理念与最新的潮流趋势，进而仿真仿效推出时尚单品，速度之快令人震惊，每周两次的补货上架，每隔三周就要全面性的汰旧换新，全球各店在两周内就可同步进行更新完毕，极高的商品汰换率，也加快了顾客上门的回店率，因为消费者已于无形中建立起飒拉随时都有新产品的重要形象。

　　除此之外，飒拉设计团队也实时与全球各地的飒拉店长进行电话会议，透过了解各地的销售状况与顾客反应，灵活调整商品的设计方向，以适应顾客百变的消费需求，同时在顾客购买商品时，店员已经将商品特征以及顾客资料输入计算机，将数据送回飒拉总部，设计团队可掌握各种精确的销售分析与顾客喜好，再加上本身专业的时尚敏锐度，来决定下一批商品的设计走向与数量，这样，商品即可发挥最大销售率，也意味着能有效压低库存的出现率。

　　飒拉的设计师具有年轻人独特的创意与热情，经常到纽约、伦敦、巴黎、米兰、东京等时尚都市的第一线去了解女性服饰及配件的最新流行与消费趋势，并随时掌握商品销售状况、顾客反应等第一手信息。飒拉目前在西班牙有九家自己的生产工厂，可以机动掌握生产速度。设计师完成服饰设计之后，便将设计资料规格传到工厂正式生产。世界各地连锁店的订单，经合理评估后传到工厂，将库存量降到最低。目前库存量是15%～20%，比其他服饰连锁业者的40%低很多。

在物流配送方面，飒拉在法国、德国、意大利、西班牙等欧盟国家以卡车运送为主，平均48小时即可运达连锁店，在这些地区的销售占总销售量的70%。剩下30%的销售量，则以空运的方式送到日本、美国、东欧等较远的国家和地区。

为了让消费者赶上最新流行的脚步，飒拉各连锁店每周一定会有新品上市，商品上下架的替换率非常快。而且各店陈列的每件商品通常只有五件库存量，属于多样少量经营模式。每隔三周，其服装店内所有商品一定要全部换新。

案例来源：www.tanxiaofang.com

以上案例说明，一个成功的服装品牌运营，从设计、生产、销售都要以消费者为中心，飒拉服装品牌消费群以"时尚青年"为目标定位；及时分析顾客喜好，掌握消费者的需求；分析最新的流行、消费趋势，让消费者跟上最新的流行脚步等，说明服装是特殊的商品，时尚流行性很强，成功的品牌运营必须了解消费者的心理需求。

第一节 服装消费心理学发展背景

一、服装消费心理的概念

1. 服装的概念

心理学所指的服装是广义的，服装（Clothing）意指任何附着于人体上，且肉眼可见或具体成形的物体。这种定义包括裤、裙、头饰以及其他用来遮蔽身体的东西，还包括其他以配件称呼的物品，如鞋、手套、帽、蝴蝶结、领带、珠宝等。因此，服装意味着我们所取得（购买、接受或制造）并且穿在身体上的东西。是指覆盖人体表面的所有装饰。同时，服装是一门艺术，革新和创造是发展的生命力。服装也是一门科学，从服装设计到销售每一个环节都依赖于技术的发展，具有强烈的个性色彩，但如果不结合消费者的需求，便无从谈及服装的个性因素。服装具有一种文化特征，通过一个人的着装可以看出其社会经济地位、性别角色、民族归属、生活方式和审美情趣，是一种强烈的、可视的语言。

2. 消费心理的概念

消费者在消费活动中的各种行为受心理活动的支配，这些心理活动根据人类共有的特性，如思想、感情、欲望、性格气质、兴趣爱好、价值观念、思维方式等构成了人的心理。心理活动是人脑对客观事物或外部刺激的反应，消费者在消费活动中的各种行为无一不受心理活动的支配，如购买哪种品牌、款式，何时、何地、采用何种方式购买等，其中每一环节，都需要消费者进行分析、比较、选择、判断。也就是说，消费者的消费行为总是在一定心理活动支配下进行，这种消费过程中发生的心理即为消费心理。消费是一种行为，是消费主体出于延续和发展自身的目的，有意识地消耗物质资料和非物质资料的能动行为。消费心理学是心理学的一个重要分支，是研究消费者在消费活动中的心理现象和行为规律及个性心理特征的科学。

3. 服装消费心理的概念

是针对消费者在服装消费的过程中所产生的心理活动，并由此引起和影响的消费行为的研究，服装消费心理是一个既简单又复杂的综合过程，它既包含了服装固有属性和理性的思维过程，也包含了情感、心理等感性思维的过程。这两大要素互相交杂在一起，构成了影响和引导消费者的购买心理，一个成功的服装品牌必须了解消费者对于服装的消费心理，才能经久不衰，才能发扬壮大。

二、服装消费心理学的发展背景

（一）心理学产生的背景

心理学是一门具有久远历史但又很年轻的科学。因为心理学的渊源可以追溯到两千多年前。早在古希腊和中国的先秦时代就已经有了心理学的萌芽和注意到了心理学的现象，并有学者对于心理现象进行研究和解释。如"心理学"的希腊原文就是"灵魂的学问"，古希腊时期的一些大思想家如亚里士多德、苏格拉底、柏拉图等人都在思考人的问题。当时人们普遍认为，人的"灵魂"是天生的，而"知识"是上帝给予的。但是亚里士多德强调人的某些知识来源于经验，这是一种朴素的唯物主义思想，这一思想被继承下来，对以后的心理学发展产生重要的影响。中国古代杰出的思想家孔子、孟子等人的著作中，也都有丰富的关于人的服装心理方面的描述。如孔子《大戴礼·劝学》中"君子不可以不学，见人不可以不饰。不饰无貌，无貌不敬，不敬无礼，无礼不立。夫远而有光者，饰也；近而逾明者，学也"。消费心理学作为一门独立科学的出现，则是在19世纪70年代末，1879年，德国生理心理学家威廉·冯特（Wilhelm Wundt）在德国莱比锡大学创立了世界上第一个专门的心理实验室，用自然科学的实验手段研究心理现象，解释心理规律，取得丰硕的成果。1874年出版的《生理心理学原理》，是心理学史上第一部系统的、形成体系的心理学专著，该书的出版确立了科学心理学研究的基本问题领域。1901年底，斯科特（W.D.Scott）在美国西北大学的一次会议上，提出广告工作应发展成一门科学，而心理学可在其中发挥重要作用的见解，受到与会者的热烈支持，1903年汇编成《广告理论》一书出版，该书的问世标志着广告心理学的诞生。而广告心理学可以看成是消费心理学的雏形。在以后的半个世纪，许多心理学家围绕着广告和心理进行研究，研究成果极大地推动了消费心理学的发展。

在20世纪三四十年代，西方国家经济大萧条时期，许多国家出现了生产过剩和产品积压的问题，刺激消费成了渡过危机的重要措施。了解消费者需求、提高消费者对于产品的认识、促使消费者对产品产生兴趣、诱发购买动机等，成为制定经济政策和生产经营活动的重要课题，从而大大促进了对消费者心理和行为的研究发展。如美国心理学家、人本主义心理学的创立者亚伯拉罕·马斯洛（Abraham Harold Maslow）在1943年《人类激励理论》一书中提出的需要层次论，将人类需求象阶梯一样从低到高按层次分为五种，分别是：生理需求、安全需求、社交需求、尊重需求和自我实现需求五类，是行为科学理论之一，在消费心理学中具有里程碑的意义。

（二）消费心理学显著发展阶段

进入20世纪60年代，消费者心理和行为的研究得到了迅速的发展，1960年正式设立消费心理分会，标志着消费心理学作为一门独立学科的诞生。之后相继出版的《广告研究》和《市场研究》杂志，进一步推动了消费心理学研究成果的传播，美国的一些大学和研究生院心理学系、社会学系、营销学系相继开设了消费心理和行为的课程，研究人员及成果明显增多，如密歇根大学的卡陶纳（G.Katona），他着重研究影响消费者行为的态度和期望；格伦比亚大学的拉扎斯费尔德（P.F.Lazasfeld），他所研究的是人格的影响等。

1968年之后，消费心理学在美国、日本得到了突飞猛进的发展，在理论上逐渐形成了广告研究、市场研究、顾客研究等体系。据统计1968~1972年期间发表的关于消费者心理和行为的文章超过了1968年之前的总和。

（三）服装消费心理学的发展

服装消费心理学的产生和发展是在心理学、消费心理学、服装心理学充分发展的基础之上，通过研究角度多元化、研究领域细分化而产生。相对其他行业而言，服装消费心理学方面的研究在全球范围内起步较晚，美国的心理学家在20世纪30年代开始对衣着生活中的心理现象进行研究，以应对当时虽然服装产量增加而又不能满足消费者需求、企业之间和商场之间竞争加剧的局面。到20世纪60年代，确立了服装心理学的基本概念，将服装在文化、社会、心理、物理、经济以及美学等各方面交织而成的网络中进行研究。同时日本对服装心理学的研究开始重视，1964年服装社会学被定为日本文化女子大学服装专业的初级学科，1972年又被定为该大学研究生院的初级学科。1980年、1984年日本纤维机械学会和日本家政学会分别成立了服装心理学研究学会和服装心理学部，专门开展对服装心理学的研究，发表论文、出版编著和译著来介绍美国服装心理学的状况和研究课题。1985年之后，日本心理学会和服装学者们不仅出版了服装心理学专著，而且还在自我概念、服装特征和个性特征的关系、性别角色和服装的关系等方面进行了许多实证研究。他们在专业杂志如《纤维制品消费科学》、《日本家政学会志》上发表的论文不仅数量年年增加，而且质量也显著提高。

美国、日本在服装心理学研究和教育的不断深入，大大提高了人们对服装的认识和整体文化素养。进入20世纪80年代以后，美国的服装心理学研究更加深入、全面、成熟，与实际也结合得越来越紧密，如纽约大学管理学院索罗门（Solomon M.R）在1985年主编《时装心理学》一书中，把服装业的设计师、广告商和零售商与学术界的心理学家、人类学家以及社会学家联系在一起；美国著名服装社会心理学家、加州大学戴维斯分校苏·凯瑟（Susan Kaiser）教授于1985年出版了专著《服装和个人装饰的心理学》，不仅拓宽了服装心理学研究的视野，把包括服饰、化妆、长相等人的外表，放在各种具体的文化、社会情境中去研究；同时很多成果发表在国际服装与纺织品协会主办的《服装与纺织品研究》（*Clothing and Textile Research Journal*）、美国家庭与消费者科学协会主办的《家庭与消费者科学研究》（*Family and Consumer Sciences Research Journal*）等专业杂志上，促进了人们购买服装的欲望，提高了消费水平，进一步推动了服装业的发展和整个社会经济的发展。美国的纽约和日本的东京之所以能发展成世界主要的时装中心，这与他们在服装理论方面的研究所取得的成果是分不开的。

我国服装心理学的发展在20世纪80年代初，随着中国改革开放和经济发展，中国人对服装的需求也发生了变化，从过去讲究结实耐穿为主导逐渐转变为开始追求品牌服装、流行服装和个性化服装发展。中国的服装学者也开始对服装心理学产生兴趣，撰写论文、翻译并编著了这方面的著作，介绍美国和日本服装心理学的研究状况。在2000年3月，中国纺织出版社出版了一套由美国专家著写、中国台湾专业人士翻译出版的服装体系专著，为我国服装心理学研究提供了理论基础和实践指导。

近年来，高等院校陆续开设服装营销专业，服装消费心理学成为该专业的核心主干课程，服装专业的学者、硕士、博士的研究成果不断涌现，为消费心理学的发展奠定了基础。

第二节　服装消费心理学研究的对象、内容和意义

服装消费心理学属于应用心理学的研究范畴，是一门以服装领域为研究对象，以消费者心理和行为为研究目标的科学，服装消费心理学具有很强的实践性。

一、服装消费心理学研究的对象

服装消费心理学是研究消费者在服装购买、穿着和消费过程中，心理现象的产生、发展及变化的规律，并探讨在营销活动中各种现象产生的必然联系及其产生各种消费行为的心理因素分析。影响消费者产生消费行为的因素很多，既有来自服装自身固有属性如品牌、时尚、流行等；消费者个性因素如气质、性格等；社会因素如参照群体、角色、地位等；文化因素如文化、道德、法律等；营销因素如价格、包装、陈列、广告与服务等，如

图1-1所示。

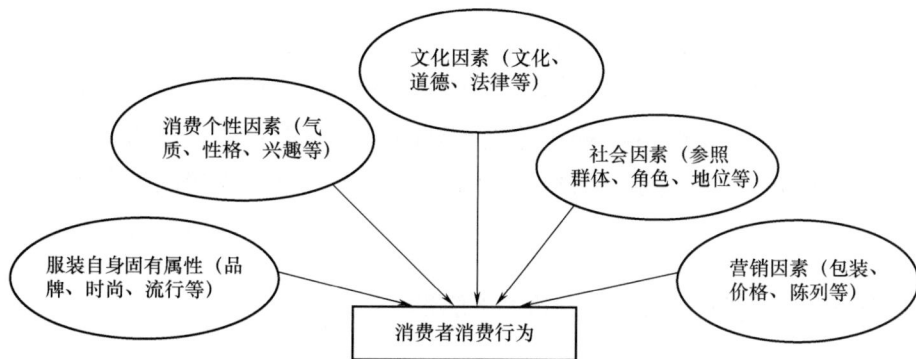

图1-1　影响服装消费行为的因素

二、服装消费心理学研究的内容

服装消费心理学的研究主要包括以下内容：

（一）服装自身固有属性对消费者购买行为的影响

服装的色彩、造型和材质是服装设计的三大要素，也是唤起消费者消费兴趣的重要条件。服装自身固有属性如色彩、款式、面料、工艺、板型、搭配性、实用性等，这些是构成服装消费的重要因素，也是满足消费者对服装功能的基本需求，更是实现消费的载体。

1. 服装的色彩

服装的色彩是影响消费者对服装判断的重要因素，从人体的生理规律上来看，大脑对初次接触的服装辨识，色彩占65%比例、款式占25%比例、面料占10%比例。日本色彩研究中心（PCCS）曾经对消费者进行调研，结果表明：消费者购买商品时，其中非常关心产品色彩的人占72.9%。通常进入服装店铺的消费者针对产品的接受进度依次是"远看色，近看款，最后摸面料"。顾客根据自身对不同色彩的喜好来评判服装的接受程度。消费者对于服装色彩的认知占有主导地位。因此，服装品牌企业应该在服装的色彩与花型上下工夫，力求形成自身品牌的独特性与竞争的不可替代性。例如，某些知名服装品牌，在每季的新品开发中，会有 5%～10%的面料花款是企业单独买断，即在市场上的独特性，充分有效地保障购买该品牌的消费者的服装独特性。

2. 服装的款式

服装款式是表现服装风格与造型的主要手段，也关键性地表达了消费者的着装意愿。当消费者在店铺仔细浏览服装款式的时候，同时在进行关于着装的信息整理分析，服装的风格、元素、装饰、服装搭配、穿着时间、穿着场合等在大脑中形成是否购买的信息。例如，服装中的蕾丝表现娴雅；荷叶边、花边表现浪漫；流苏表现波西米亚风格；蝴蝶结表现可爱、女人味；珍珠表现知性、品质；褶皱表现飘逸变化；缉明线表现流畅线条；拼镶表现个性；镂空表现性感等，经过对现有风格的综合判断，决定是否购买。

3. 服装的材质

当颜色与款式均比较符合购买意愿时，消费者开始进入对服装面料、做工的关注和评判过程。用手对服装进行抓或捏等动作，说明已经比较满意服装色彩和款式，正在对服装面料的手感，即穿着的舒适性进行判断。此时面料的触感与功能性，如透气性、舒适性、伸缩性、耐磨性、保暖性、抗撕裂性等，就成为影响消费者购买服装的关键因素。

（二）社会经济文化因素对消费者购买行为的影响

1. 经济因素

经济因素是决定服装购买行为的首要因素，决定着是否发生购买行为，决定购买服装的种类和档次。影响消费者购买行为的经济因素是社会生产力、消费者的可支配收入等。经济环境是基础，离开经济就不会有消费，它对消费者心理发展、变化起着决定性的作用。经济的发展为服装的消费提供了前提，也是消费进步发展的基本动力之一。

2. 社会文化因素

服装是一种文化的表现，在人与自然环境、社会环境相互作用中发生、发展变化的。每个人的思想、观念、行为等都会受到他所处的社会环境和文化的影响。服装显示一个国家和地区的社会变革、社会制度、经济水准、文化特征、教育状况、民俗、宗教、法律、道德、社会规范等，也反映社会对个人价值的尊重程度、公民在社会中的等级差别、妇女在社会中的地位等。社会文化因素也是影响服装消费行为产生的重要因素之一。

（三）消费者购买行为的心理过程和心理状态

消费者购买行为的心理过程，是从消费者对于商品的认识过程开始的，进而发展到情绪过程和意志过程，这是每个消费者共有的。心理学有关知觉、需要、动机、情绪、情感的研究成果和相关理论，为服装消费行为产生提供理论基础。心理过程和心理状态的作用，是激活消费者的购买目标导向，必然影响购买行为的发生和进行。如消费者面对各种各样的服装商品，有的人果断购买、有的人犹豫不决、有的人观望等，这些都表现消费者心理过程和心理状态的差异。了解消费者的心理过程和心理状态，是服装消费心理学研究的基本内容。

（四）消费者个性心理因素与服装消费心理

消费者自身的心理过程、心理状态和表现的心理现象，是消费者个人的心理表现，由消费者个性心理特征所决定，这些个性心理特征受到消费者个人的知识、经验、成长的社会环境、心理需求、兴趣爱好等因素影响，了解消费者的个性心理特征，可以帮助解释不同消费行为的心理特点，以采取相应的心理营销策略，促进消费者的购买行为。消费者的个性心理特征是服装消费心理学的研究内容之一。

（五）市场营销因素与服装消费心理

根据消费心理的认知规律，企业的营销策略会促进消费心理的产生和发展，同时消费者不同的心理特点，又会对营销提出特定的要求，消费心理学的研究包括服装的固有属性、服装的定价、广告、包装、橱窗的陈列设计和服务等如何适应消费心理需求，营销方案的制订能够适应消费者需求和购买动机，从而促进消费者购买行为产生。同时消费者的服装购买行为是在一定的购物环境中进行的，购物环境的优劣对消费者心理会有一定的影响，从而影响其购买行为。服装本身就是一种生活艺术，因此要求销售环境能给这种生活艺术提供一个可以最大限度发挥其艺术性的展示空间和场所，使消费者在购物过程中获得美感体验，从而实现销售目的。

三、服装消费心理学研究的意义

（一）有利于服装品牌企划，减少盲目性

在我国经济发展中，我国服装业仍然是最重要的产业之一，但应该认识到，服装业参与的人多，竞争越来越激烈，产品生命周期日益缩短，消费者的需求愈加多样化，因此服装业成为最具风险、最有挑战性的行业。在服装的设计、制造、销售和消费这个产业链中，服装设计者要把握不同层次消费者的心理需求、审美特色、服装行为的心理规律，使产品准确定位。服装制造商的生产、销售也要以服装消费者的心理需要为出发点来进行组织。消费者的服装审美心理、服装消费走向要靠服装设计者、生产者来引导。因此，服装产业链的各环节都需要心理学知识来指导自己的工作，才能作出正确的产品计划，以减少盲目性。

（二）有利于有效地制订市场策略

学习服装消费心理学，可以有效地制订市场策略，包括市场细分、服装广告、包装、商标、价格等，消费者至上的原则是现代营销的核心，企业只有按照市场的需求生产符合消费者需求、符合流行时尚、适应消费水平的商品，才能在激烈的市场竞争中占据优势，取得良好的经济效益。

（三）指导开发设计新产品

服装产品创新应符合消费心理。新产品的设计推出，能否被消费者接受及喜爱，除产品自身的独特优势，还要考虑产品的针对群体的爱好、需求等一系列心理特征。如当今年轻人消费具有追求独具一格，方便休闲的特点。许多企业开发设计出款式新颖的时装表、

大背包、休闲运动衣、轻便耐穿的运动鞋等，力求多样化，避免大众化，已成为许多年轻人购物追求的目标。

（四）有助于消费者进行科学的消费决策

消费是以消费者为主体的经济活动，学习服装消费心理学可以提升消费者的审美和自身素质的提高，科学地进行个人消费决策，改善消费行为，实现愉悦、理想、科学文明的消费行为。消费者的个性心理特征、兴趣爱好、价值观念等，都会在不同程度上影响消费行为，进而影响消费效果和生活质量。现实生活中由于消费者对于服装知识的缺乏和消费观念的偏差，经常购买的服装不满意，买后后悔等，很容易造成决策失误，学习服装消费心理学，对于消费者进一步认知消费心理，进行科学决策具有指导意义。

第三节　服装消费心理学研究的方法

服装消费心理学是研究人的心理活动的科学，是与社会科学、自然科学、美学和哲学密切相关的科学。目前国内外学者研究消费者心理活动规律的基本方法有观察法、实验法、问卷法、询问法、投射法等。

按其对心理状态的处理方法不同而形成两种不同的研究方法：一种是从刺激和反应的关系去进行研究。研究手段为采用试验对被测试者的反应和回答等，对检测结果进行因子分析，抽出其共性因子，则能对被测试者智能心理结构进行推测。另一种是深入到思维过程的研究方法。不同的人受同样的刺激所形成的心理感受是不一样的，需要深入分析这种不同的状态和成因。

服装消费心理学的研究遵循一般心理学研究的基本程序，从提出研究问题、形成假设、制订研究方案、搜集资料、数据统计处理、结果分析、作出结论。通过三个步骤完成研究过程：首先是选题过程，其任务是提出假设和考虑选择验证假设的途径和手段；其次是制订研究方案，确定自变量、因变量及其操作和记录的方法；最后是运用逻辑方法、统计方法，对搜集的资料进行处理，对研究中的现象和规律作出解释，形成结论。服装消费心理学的研究沿袭心理学的研究方法，主要有以下几种基本程序，如图1-2所示。

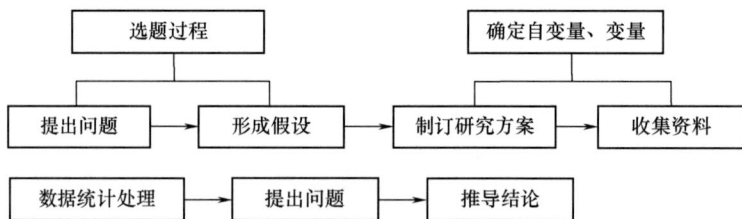

```
┌──────────┐              ┌──────────────┐
│  选题过程  │              │ 确定自变量、变量 │
└──────────┘              └──────────────┘
     │                          │
┌────────┐   ┌────────┐   ┌──────────┐   ┌────────┐
│ 提出问题 │──▶│ 形成假设 │──▶│ 制订研究方案 │──▶│ 收集资料 │
└────────┘   └────────┘   └──────────┘   └────────┘

┌──────────┐   ┌────────┐   ┌────────┐
│ 数据统计处理 │──▶│ 提出问题 │──▶│ 推导结论 │
└──────────┘   └────────┘   └────────┘
```

图1-2　消费心理学研究的基本程序

一、观察法

观察者在自然的条件下，有目的、有计划地观察消费者服装行为，了解他们的服装消费心理活动，分析其内在驱动的原因，进而发现消费者心理现象及其规律的方法。观察法可分为自然观察法和实验观察法两种形式：自然观察法是指完全自然的，在被观察者完全并不知情的条件下进行的观察。实验观察法是指在人为控制条件下进行的观察，被观察者可能知情也可能不知情。由于消费者没有思想压力，观察的结果是其行为的一种自然的流露。获得的资料比较真实可靠。

在服装消费心理学研究中，观察法主要用于以下两个方面：

第一，在无法对研究对象进行改变和控制的情况下，要获得真实的服装消费心理信息，须采用观察法。

第二，在不允许对研究对象加以干扰的情况下进行研究也须运用这种方法。可以借助摄像机、录音机、照相机等工具来增强观察效果。观察法操作简单，投入少，应用比较广泛。

观察法的最大优点在于，能保持被观察者的心理表现的自然性和客观性，能获取较为真实的材料。

观察法的缺点：

第一，由于心理观察对被观察者不作任何控制，所以获得的材料具有偶然性。

第二，观察具有难以获取量化的精确资料，所用时间长，易受环境条件的制约。

如观察某一专卖店服装消费者对于新投放市场服装的关注度，观察消费者进店的目光和试穿的频次，有以下三种表现：①目光集中在某一款式上，并且试穿；②目光分散，关注多个款式，犹豫不决，多个款式试穿；③目光自然，随意浏览，没有试穿。通过以上消费者的三种表现可以分为三类：①喜欢某一款式；②喜欢多个款式；③随意或者不喜欢。从这些观察之中，可以了解到消费者对于某一服装款式的关注情况，但是还不能推算出消费者对于某款服装的关注概率，因为在消费者的行为举止中有很多偶然的概率。

二、实验法

实验法是研究者根据研究课题的要求，利用仪器设备人为地控制与测试研究对象，有目的的通过被测试者的反应或仪器获得的资料，来揭示服装行为和服用者的心理反应规律以及影响因素。如人们面对不同的服装颜色刺激，会引起不同的心理活动，虽然这种心理活动是不可视的，但在生理上会出现相应的反应，即在视觉通路的部位产生不同强度的生物电。这种生物电的强度可以通过仪器测试出来，从而揭示出人们对不同颜色的心理反应。实验法有如下的分类：

（一）自然实验法与实验室实验法

自然实验法是在日常生活条件下，适当控制条件，结合被测试者的工作和生活情境来进行的实验形式。这种方法所获得的心理材料比较真实，也具有一定的实践意义。不足之处在于难以控制实验条件，心理现象难以重复，实验结果有时不够准确、严密。观察时不容易记录等。

实验室实验法是现代心理学研究的主要形式，由于能借助于各种仪器、设备对实验条件进行严格控制和测量，因而它不仅能搜集被测试者的外部反应，而且也能精确地记录到被测试者的生理反应。

（二）定性实验法与定量实验法

定性实验法常常在判定某些现象之间是否有联系时采用。如"男女两性的服装消费心理和行为是否存在差异""男性是否同女性一样具有追求服饰的本质特征"等。

定量实验法在测量服装行为与心理现象的函数关系、服装消费心理现象之间的对应数值关系时采用。该实验类型在心理学各分支学科中运用极为广泛，尤其在感觉、知觉等研究中更为常见。定量实验必须借助于仪器才能进行，因此从事这类实验时，研究者不仅要具备专业理论知识，而且要对实验所用的仪器的性能、操作技术和可能达到的精度有全面的了解。

三、问卷法

问卷法是利用被测试者对问卷所作的回答，搜集心理学经验事实的方法。问卷法将研究主题设计详细题目，制成统一而有一定结构的问卷表格，分发给被测试者回答并及时收回，通过分析答卷来获取所需的材料。

问卷中问题的设置有两种方式，即"封闭式问卷"和"开放式问卷"。

"封闭式问卷"是指把问题与供选择的答案一起列入问卷，要求被试者必须在给定的答案中选择一项或几项加以回答。如"你购买服装的主要理由是：①没有衣服穿了；②自己的服装已显过时；③服装店正打折；④为参加特定的活动。"

"开放式问卷"是指问卷中只向被测试者提问而不提供被选答案，要求被调查者作自由回答。如"你认为现代大学生应如何打扮？""为什么时下大学生喜欢穿牛仔裤？"等。

前后两者相比，各有优劣。"封闭式问卷"有利于被测试者正确理解和回答问题，研究者对答卷进行统计分析和比较研究也十分容易。但这种方式比较机械、可塑性差，难以发挥被测试者的主观能动性。"开放式问卷"灵活性较大、可塑性较强，它可用来回答各类问题，尤其是答案较多、答案复杂或没有唯一答案的问题。因此该类问卷有利于被测试者自由地表达己见。但所获材料的标准化程度相对比较低，难以进行整理、比较与统计分析。因此，半封闭半开放的问卷较为理想。

问卷法的优点：

1.能以较小的投入获取广泛的心理事实

在问卷法中，一份问卷能通过现场发放或邮寄形式分发到成千上万个被测试者手中，搜集到广泛的心理资料。

2.能搜集到较为真实的信息资料

一般来说,被测试者回答问卷无须署名,因而在填答一些敏感性和隐私性问题时,不会产生后顾之忧,能表达真实的想法。

3.能量化事实材料

一般的问卷都是封闭式问卷,具有规范化特征,可以利用计算机对资料进行统计分析,因而可快速地获得大容量的量化的材料。

问卷法的缺点在于问卷设计对所要调查的问题均作了预先设定,被测试者的回答已被限制,自己的情况不能完整地反映出来,因此研究者只能搜集到问卷限定范围之内的有关信息。

四、询问法

询问法是最常用、最基本的一种调查方法,由调查人员通过询问被调查者来了解所需要的信息。根据询问方式不同,可以分为个人访问法、焦点会谈法、电话调查法等。

(一)个人访问法

通过个人采访与顾客进行沟通的方式应用较为普遍,一般是选择个别消费者、专家或一线销售人员作为专访的对象,对需要研究的问题进行讨论或征求意见。交谈可以是自由的,也可以是事先设计好具体问题进行讨论或征求意见。优点是调查者在得到答案的同时,会获得更多的信息。缺点是个人采访很难获得真实、准确的答案,被调查者有时会掩饰自己本来的信息。

(二)焦点会谈法

会谈小组10人左右,调查者根据会谈的不同目的来选择小组成员,如会谈目的是了解VIP顾客对某一品牌服装及其服务的意见和建议,就由VIP顾客构成,由经验丰富的、具有良好沟通、表达能力的人进行主持。会谈在轻松的范围下进行,小组成员自由发言,使主持人充分了解到小组成员的真实想法和建议。优点是可以了解到更多详细的资料。缺点是调研结果受主持人的经验影响很大。

(三)电话调查法

电话采访很快会得到答复,由于网络技术的发展,可不受地点限制,在任何一个地方接受电话采访,是一种与消费者沟通的最快捷的调研方式。常常用于售后服务跟踪调查,反馈及时,消费者比较容易接受。

五、投射法

投射法也称投射测试。指个人把自己的思想、态度、愿望、情绪或特征等,不自觉地反应于外界的事物或他人的一种心理作用。此种内心深层次的反应，实为人类行为的基本动力，而这种基本动力的探测，有赖于投射技术的应用。

具体说来，就是让被测试者通过一定的媒介，建立起自己的想象世界，在无拘束的情景中，显露出特征的一种个性测试方法。测试中的媒介，可以是一些没有规则的线条；也可以是一些有意义的图片；也可以是一些有头没尾的句子；也可以是一个故事的开头，让被测试者来编故事的结尾。因为这一画面是模糊的，所以一个人的说明只能是来自于他的想象。通过不同的回答和反应，可以了解不同人的个性。

具体方式是提供给被测试者一种无限制的、模糊的情景，要求其作出反应，让被测试者将他的真正情感、态度投射到"无规定的刺激"上，绕过他们心底的心理防御机制，透露其内在情感，常用的投射法包括词语联想法、句子或故事完型法、漫画测试法、照片归类法、绘图法等，如表1-1所示。

表 1-1　投射法类型

类型	描述	典型应用
词语联想法	提供一个词，要求迅速（3秒）说出脑海中出现的一串词语	考察消费者对某一产品的印象，品牌意象
句子或故事完型法	提供一个不完整的句子或故事，要求将其补完整	购买（　　）款式的服装的人是（　　）
漫画测试法	提供漫画或其他图像，要求补充画面说明或人物对话等	测试对某两种设计的不同态度的评价
照片归类法	出示一组与测试目的相关的照片，让被测试者进行归类	将（　　）产品的照片与可能使用该类产品的用户对应起来
绘图法	要求被测试者画出自己的感受，或者对事物的认知	画出你最喜欢的服装样式

（一）投射测试的特征

投射测试主要用于对人格、动机等方面的人事测量。测试所用的刺激多为意义不明确的各种图形、墨迹或数字，让被测试者在不受限制的情境下，自然做出反应，由对反应结果的分析来推断被测试者的人格。一般具有如下四个方面的特征：

1.测试目的的隐蔽性

被测试者一般不可能知道测试的真实目的，也不知道对自己的反应会作何种心理学解释，他们所意识到的是对图形、故事或句子等刺激的反应，实际上他们的反应行为却把内心的一些隐蔽东西表现了出来，这样就减少了被测试者伪装自己的可能性。

2. 内容的非结构性与开放性

是指投射测试使用非结构化任务作为测试材料，即允许被测试者产生各种各样不受限制的反应。为了促使被测试者充分想象，投射测试一般只有简短的指示语，测试材料也是模棱两可的，不像一般的测试方法中的试题那样非常明确。由于测试材料的模糊性，被测试者的反应较少受到情境线索和他人观点的影响，往往会表现出被测试者的真实的内在感受、需要、个性、情绪、动机、冲突、防御等心理内容。采用投射法可以测试出被测试者人格的更真实的面貌。

3. 反映的自由性

一般的测评技术都在不同的程度上对提出的问答进行了这样那样的限制。而投射测试一般对被测试者的回答不作任何的限制，对被测试者而言，是很自由的。

4. 整体性

是指测试关注的是对人的总体评估，而不是针对单个特质的测量。被测试者的任何反应都可能影响评估结论，在对投射测试进行解释时要注意它的整体性特征。

（二）投射测试的优缺点

投射测试的优点在于主试者的意图目的藏而不露。这样创造了一个比较客观的外界条件。采用投射测试可以测试出被测试者人格更真实的一面，使测试的结果比较真实。

投射测试的缺点是分析比较困难，需要有经过专门培训的主试，不可能大规模运用。

（三）投射测试的应用

著名的投射测试的应用是罗夏墨迹测验和主题统觉测验。

罗夏（Hermann Rorschach）墨迹测验是罗夏于1921年以心理诊断学为标题发表的人格测验，现已被世界各国广泛地使用。罗夏墨迹测验的目的是通过对标准化的刺激进行反应的观察，来预测或推断被测试者在其他场合的行为模式。它是以墨迹偶然形成的模样为刺激图版，让被测试者自由地看并说出所浮想到的东西，然后将这种反应用符号进行分类，加以分析，捕捉人格的各种特征，从而进行诊断的一种方式。

主题统觉测验是由美国哈佛大学默里与摩根等1935年编制而成。后来经过多次修订，逐渐推广应用，故成为一种重要的人格投射技术。全套测验共有30张内容隐晦的黑白图片，另有空白卡片一张，图片的内容以人物或景物为主。每张图片都标有字母号，按照年龄、性别把图片组合成四套测验，每套20张，分成两个系列，每系列各有10张，分别用于男人、女人、男孩和女孩，其中有些照片是共用的。

复习思考题

1. 选取一个国内外知名服装品牌，调研服装品牌运营的案例，该品牌是怎样以"顾客"为中心，为消费者做了哪些符合消费心理需求的举措。

2.运用问卷法，制作一份了解消费者心理需求的调查问卷。

3.消费心理学发展的背景？

4.服装的概念？服装消费心理学研究的内容和意义？

5.服装消费心理学研究的方法？

社会经济文化因素——

社会经济文化因素及服装消费

教学内容： 1.经济环境与服装消费

2.社会文化与服装

3.服装的社会功能性

上课时数： 4学时

教学提示： 主要阐述经济文化因素是影响服装消费行为的重要因素，服饰具有符号的象征意义，在人际沟通中具有重要意义；服装具有社会象征性

教学要求： 1.了解经济因素对服装消费的影响

2.了解文化因素对于消费者的影响

3.掌握经济和文化因素的消费心理特征

4.了解服装的社会功能性

第二章 社会经济文化因素及服装消费

服装消费心理的变化与服装消费文化是密不可分的。服装消费文化是在一定的经济和社会条件下，人们在服装选择、购买和使用过程中所表现出来的价值取向、消费态度、审美情趣、生活形态等的总和，并在历史进程中传播、分化和发展，反映着特定时代社会成员的普遍心理和生活形态。

服装时刻联系着个体生活和社会文化生活，不仅可以遮体避寒，装饰身体，还可以表示穿戴者的身份和地位，甚至可以间接表达穿戴者的内心世界。詹姆斯·莱文（James Levine）在《服装风格》（*Fashion Soyle*）一书中写：每个人都要穿衣服，衣服与人类的知识教养一样，都是在显现人们的心灵思想。实际上，在同一社会中，人们往往选择共同的服装，以得到互相承认和心理的安定，这种人类行为及其结果融合起来，在历史中传播、分化、发展成服装文化。服装既是文化的产物，又是文化的载体，服装是人类物质与精神创造的聚合体。服装文化的内涵可以从两方面来理解：一方面，人类的全部穿着方式、衣装、饰品等物质要素是服装存在的前提。另一方面，服装体现着人类的消费观念、社会制度形态等精神文化的内容，是一种反映社会成员普遍心理和民族精神实质的文化形态。从古至今，政治形势的变化、经济的繁荣与衰退、文化的禁锢或解放、战争、灾难都影响到服装的流行。盛唐的服装绚丽多彩、雍容华贵；胡人为骑马善射而穿着短小精悍的胡服；"文革"中经济文化的倒退使全国上下的服装只有青、蓝、灰三色，有多少人为得到一件军装而四处奔波；随着改革开放后中国经济的发展，服装呈现出多姿多彩的一面。由此可见，社会政治、经济、文化对服装流行，都起着不容忽视的影响。

消费行为作为人类满足消费个体需要的手段，除受消费者主观因素的影响还要受到客观因素的影响和制约。在众多的环境中，文化环境是影响服装消费行为的重要因素。服装是特殊的商品，人类的衣食住行，"衣"的消费排在首位，人们对于服装的消费除了与消费者的个性的差异因素有关，还与一个国家和地区的经济和文化因素息息相关，在现代服装企业营销中，服装设计要符合不同地域文化与需求，才能适应不同的营销环境，形成独特的优势。本章重点介绍社会经济和文化因素对消费者消费行为的影响和制约。

案例

我国改革开放三十多年来，人民生活发生了翻天覆地的变化。人们的衣着已从单一的绿、蓝、黑、灰变成今天的色彩斑斓、让人眼花缭乱的服饰色彩世界；由原来的绿军装、的确良衬衫、喇叭裤等服装款式，发展为个性张扬、款式时尚、造型种类繁多的着装风格，服饰就像老电影似的在我们脑海中显示了一个时代的变迁。如今在巴黎时装发布会上看到的服装，很快就会出现在上海、北京的大街上，香奈儿（Chanel）、古驰（Gucci）、迪奥（Dior）、芬迪（Fendi）等这些世界名牌不再是影视圈和富豪们的专利，它们已经走进寻常百姓家里。

盛世有华服，北京奥运会开幕式上中国服饰的美艳绝伦体现了中国文化的博大精深，令世界为之震撼。服饰是一种记忆，也是一幅穿在身上的历史画卷。20世纪70年代初，一位美国记者来到北京，看到大街小巷、男女老少都穿着死气沉沉的灰色，感觉很奇怪。可是经济的匮乏和国门的紧闭，那个年代的人们实际上连饭都吃不饱，哪里有能力去考虑穿着。

改革开放初期，市场上出现了一种化纤织物，叫的确良面料，通常用来做短袖衬衫。挺括滑爽，尤其是印染出的鲜亮效果，对熟悉了灰暗粗布粗衣的中国人来说，不能不说是一次巨大的视觉冲击，在20世纪80时代能够拥有一件的确良衬衫算不上时髦，起码也是洋气的象征。

20世纪80年代初，喇叭裤是一种所向披靡的时尚，当年喇叭裤在街头的出现引起许多人的反对和抵制。新生报到，有些学校竟然张贴告示，穿喇叭裤者不予录取。虽然喇叭裤作为一种奇装异服出现，但是它却打破了之前中国服装的统一制。

案例分析：服装是一种语言符号，无声地传递着人们的各种信息，包括社会的经济水平、服饰理念、政治、法律和道德因素等；同时服装消费是一种经济和文化传播的融合。

文章来源：http://wenda.tianya.cn/wenda/thread? tid=069ffe55bfc3255d

第一节　经济环境与服装消费

在影响消费行为的外部环境因素中，经济环境是基础，离开经济就不会有消费。它对消费者心理发展、变化起着决定性的作用。中国是拥有13亿人口的大国，是全世界最大的服装生产和消费国。近几年中国的服装业有着较大的发展，服装业的发展大大推动了中国国民经济的发展，同时为中国服装消费提供更加广阔的空间。经济的发展为服装的消费提供了前提，也是消费进步发展的基本动力之一，正如墨子所言：食必常饱，然后求美；衣必常暖，然后求丽；居必常安，然后求乐。

一、社会生产力对消费者购买能力的影响

经济因素是决定消费者购买的首要因素，决定着能否产生购买行为以及购买产品的种类和档次。

消费者购买的种类和数量最终是由社会生产力决定的，社会生产力直接决定消费者的消费能力，制约着消费结构，如在生产力极其低下的原始社会人们过着茹毛饮血的生活，只能以树叶、兽皮避寒遮羞；随着社会的发展，纺织技术的出现，对于服装消费逐渐增

加，服装的种类和款式逐渐增多，服装主要用于人们的保暖御寒生活的基本需要；现如今对于服装消费需求种类繁多、款式丰富、品质优良等，与过去不可同日而语，人们购买服装的需要已经转向对于美和舒适性的追求，是表现自我、张扬个性的诉求。服装消费形式的改变是社会生产力发展的必然结果。

二、经济水平对于消费行为的影响

经济水平制约着消费者消费行为，我国改革开放三十多年来，成就举世瞩目，大国正在崛起，中国一步步走向富强，迎来中国历史上的空前盛世，经济繁荣，社会稳定，人民安居乐业，"盛世有华服"，随着经济不断发展，人们生活水平不断提升，服装消费层次和人们消费理念不断发生变化，服装消费由原来的"新三年，旧三年，缝缝补补又三年"节俭式消费理念逐步转化为追求时尚的开放式消费。经济的持续增长对消费行为影响主要有以下方面：

（一）服装消费日益突出个性化，感性消费成为趋势

重视个性、突出自我、追求时尚，是当今消费者对于服装需求的主流趋势。对流行的判断更趋于理性化，人们不再像以往那样盲从追捧某一个服装款式，一改20世纪80年代初期，大家一窝蜂似的跟踪消费，健美裤和夹克衫成为那一时期的主流消费，流行了相当长一段时间。当时有句"不管多大官，都穿夹克衫；不管多大肚，都穿健美裤"顺口溜。相比较而言，现在消费者的服装购买呈现出个性化，更多人开始注重能够体现自我魅力和风格的服装。尤其是年轻人，他们更善于接受新事物，个性张扬，也乐于大胆尝试，这也是人们审美观进步的一种体现。消费需求也日趋差异化、多样化、个性化、复杂化，使现代社会进入了重视"情绪价值"胜过"机能价值"的时代，也就是说人们更加重视个性的满足、精神的愉悦、舒适及优越感。这种消费现象被专家称为"感性消费"。感性需求是消费者相对于某件产品所产生的心理感觉与意向，随着物质生活水平的不断提高，人们对产品的需求已经上升到情感满足阶段。以满足人们心理感受作为重要衡量标准的商品称为感性商品。根据研究资料，商品感性的种类有明亮感、轻便感、活泼感、充实感、自然感、色彩协调感、复古感、精致感、时代感等，而此类特色正是现代社会众多消费者所刻意追求的，因而感性消费已成为现代消费市场现在和未来的趋势。

（二）电子商务、网上购物成为大众消费方式

随着生产力的不断发展和社会进步，计算机网络的深入、普及和开放，随着技术手段的加强，服装电子商务市场快速增长。通过淘宝、"没有工厂，不设店铺"的服装直销企业（PPG）等一大批先行者对市场的培育，通过对消费者消费思维、消费习惯的引导，各网站不断推出满足用户需求的新产品，让网络购物与实地购物的差别越来越小，如今服装电子商务领域已经进入快速成长期，开始逐渐引导流行，成为都市消费新趋势。

服装是具有双重消费体验的特殊商品，其不仅可以满足基本的消费需求，还是消费者

表现个性的一种方式，网络可以最大满足消费者的个性需求。同时许多品牌服装的主要顾客都是面向年轻人和白领，这部分人绝大部分都是网民，因此电子商务可以最直接的把产品和顾客联系在一起。

以淘宝网服装电子商务为例，2011年"双十一"销售额达到53亿元，2012年"双十一"销售额为191亿元。2013年"双十一"的销售额达到令人惊诧的350亿元。2014年"双十一"销售额达到令人惊诧的571亿元，呈明显上升趋势。电子商务平台纷纷把服装电子商务作为重点推广。淘宝商城、QQ商城等第三方电子商务平台均把服装作为重点行业进行招商推广，而以数码家电产品为主的京东商城和以图书为主的当当网也开始注重服装网购。凡客原来只是销售自己品牌的服装，在2010年也推出销售其他品牌的服装。因为服装是网上购买人数最多、销售额最高的商品，电子商务网站引入服装，一方面能够为业绩增长提供新的动力，另一方面也可以与原来销售的商品产生协同效应，通过产品的多元化实现范围经济。如图2-1所示，2010年进行网购的消费者中有77.4%的消费者在网上购买过服装，据此测算服装网购消费者将达到1.4亿人，远远领先于其他商品类别网上消费者的数量。服装网购的市场规模也超越数码/电器类产品，成为网上交易额最大的商品类别。正望咨询的调查结果显示，2010年我国服装网购的市场规模为1620亿元，占到了全部网购规模的32.5%。2014年我国服装网购规模达到4349亿元。

服装占比的上升受到需求和供给两方面因素变化的影响。从需求方面看，随着消费者网购消费习惯的形成，会更多的选择网上购买服装。而更多品牌的推广，让消费者有更多的选择，同样会促进消费者的网购增长，可以预计服装电子商务将会保持高速增长的发展态势。

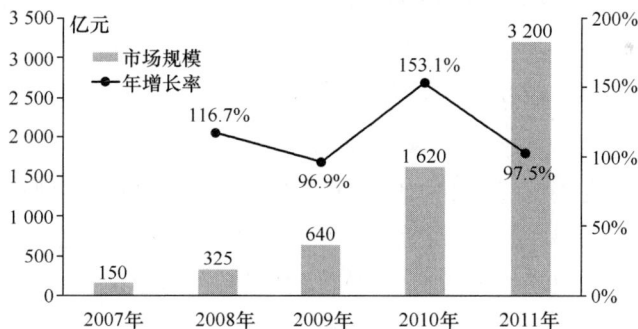

图2-1　我国服装网购规模和增长率

（三）绿色服装消费成为流行趋势

随着人们生活水平提升，有益于人类健康和社会环境的新型消费方式绿色消费成为现在和未来一种趋势。绿色消费是一种以"绿色、自然、和谐、健康"为宗旨，具体表现为消费者意识到环境恶化已经影响其生活质量和生活方式，要求企业生产并销售有利于环保的绿色产品以减少对人体和环境的伤害。服装作为人类生活的重要组成部分，它的生产消费、设计思想、营销理念在近年来国内外绿色纺织服装市场中受到密切关注。据联合国统计署提供的数据表明：1999年全球绿色消费总量达3000亿美元，绿色服装在一些发达国家早已家喻户晓。以人人皆穿的"家居服"为例，国外的一项调查显示85%的消费者愿意为环保而支付较高的价格，在加拿大80%的消费者愿意多付10%的价钱购买对环境有益的产品，40%的欧洲人宁愿多付钱购买带有环保标志的纺织服装产品。我国大约有40%的人表示愿意购买服装绿色产品。这些调查结果表明消费绿色服装已经成为一个不可忽视的消费现象，并呈现继续增加的趋势。随着人们环保意识的增强，消费者在选购服装时，已将其是否具有能保护身体免受外来侵害、无毒副作用等"绿色功效"，放到了实用和审美等因素之上。

（四）服务性消费需求增加

随着我国经济的发展，人民生活水平提高，开放意识逐渐增强，生活节奏不断加快，社会化的服务为实现自我、完善自我提供了时间保证，劳动时间缩短，闲暇时间增多，节假日的增加，人们追求更高层次的生活消费，如美容、美发、健身、旅游等消费量增加，服务设施不断完善，为消费者提供了更好的消费条件，消费者对于各类服务的依赖程度也越来越大。用于健身、参观游览、休闲旅游活动的支出增加。

服务消费水平的高低是反映居民生活质量的一个重要标志。随着经济的发展和收入水平的提高，增加服务性消费将是居民消费支出的重点。目前人们的消费观念发生了较大变化，传统的消费观念正在被新的观念所取代，花钱买享受、买时尚、买轻松、买健康等正成为消费的新趋势。

目前我国服务性消费支出尽管增长较快，但因基数小，比重还很低，因此服务性消费的发展空间巨大。

消费主要由商品性消费和服务性消费两部分组成。多年来人们往往重物质性消费、轻服务性消费，对服务性消费关注不多。由于认识上的缺陷，造成我国目前居民消费中，商品性消费的比重偏大，服务性消费所占的份额偏小，这在某种程度上也影响到我国服务业的健康发展。

消费结构的升级，带动的将不仅是投资结构和生产结构的变化。服务业也将迎来一个加速发展的转折点，服务业层次的提升、总量的增加，将是必然的趋势。

（五）服装品牌消费逐步提升

随着人们经济水平的提升，消费者不断追求塑造良好的自我形象，品牌消费成为都市白领的消费趋势。消费者根据自己的需要、价值观以及生活方式来选择与之相适应的品牌，品牌会使消费者产生一种印象，品牌形象与自我形象一致和统一，能够帮助消费者建立鲜明的自我形象，人们购买服装不只是因为质量上乘，而是为了塑造自己的形象。例如，年青的经理早上去上班，他自豪地穿上阿玛尼（Armani）西服，因为他感到该品牌符合他的身份，而到晚上与朋友在一起时，他想给人一种不同的形象，便穿上李维斯（Levi's）牛仔裤与保罗（Polo）衬衣，便于塑造良好的自我形象。在现代社会人们的需求观念已不再停留于仅仅获得更多的物质产品以及获得产品本身；相反，消费者购买商品越来越多是出于对商品象征意义的考虑，也就是为了商品的象征功能而购买。商品的象征功能是通过某具体商品表现出该商品持有人的社会地位、经济地位及生活情趣、个人修养等个人特点和品质。商品之所以具有象征意义，是因为在社会生活中，某种商品总是和某种人联系在一起，人们购买这种商品不仅仅是因为它有用，而且是为了显示自我和与众不同。在西方社会，相当一部分消费者选购商品的重要标志是向往他心中所产生的感觉，以满足心理需要。

三、物价走势和金融危机对服装消费的影响

随着市场物价指数的上升和国际金融危机的影响，追求物美价廉，追求实惠消费是大多数消费者的心理需求，消费者在购买商品时，主要考虑的是自己的收入、商品的功能和商品的价格，在个人收入、商品功能一定的条件下，商品的价格是推动消费者购买行为的动力。商品价格是消费的敏感点，服装价格往往决定着消费者的购买决定，尤其对于那些大众化的品牌，价格更是市场销售的"杠杆"。出于追求物美价廉的消费心态，大多数消费者对于那些有品牌保证的商品的打折促销很感兴趣，消费者在购买的同时还能够求得心理上的某种平衡，这种方式受到了许多消费者的青睐。

四、国际间开放与交流对服装消费形式的影响

随着国际间开放与交流，人们的消费方式也呈现出全球化的趋势，不同生活方式之间的差异正在逐步融合，服装的流行和传播打破国际间的阻隔，东西方文化因素融合到服装中，发达国家和地区的消费方式、消费理念和行为对我国的现有消费模式有很大影响。如重视体育锻炼和户外活动的休闲生活方式，带动了休闲运动装的消费。近年来，休闲运动服装消费一直处于上升趋势。据2009~2014年中国运动服装市场投资分析及前景预测报告显示，中国人民的生活水平极大提高，消费观念的转变使体现青春、时尚的运动休闲服饰越来越受到人们的青睐，这也就促进了中国运动服装市场的消费增长。运动休闲服装是服装类商品中销售增长最快的产品，增幅高达50%，产生这种现象的原因主要是由于消费者对服装舒适性和个性化的要求越来越高，而追求时尚、舒适大方的运动休闲服饰恰好满足了消费者的这一心理需求，随着经济的发展和人民生活水平的提高，中国居民运动服装的消费水平将逐步增长，且中国运动服装在国际市场上有较强的竞争力，运动服装业发展前景诱人。2008年北京奥运会，全民运动热情空前高涨，运动产业快速发展，运动成为一种流行的休闲方式，运动休闲装成为流行装，而时尚运动休闲装的品牌之争也日益激烈。

第二节　社会文化与服装

服装是一种文化的表现。服装文化是人在自然环境、社会环境相互作用中所发生、发

展、变化而来的。在长期的社会实践中，人类不仅发展了丰富的服装材料和服装的加工制作技术，而且还形成了一整套关于穿着方式和穿着行为的社会规范，如服饰习俗、习惯、法律、禁忌等。每个人的思想、观念、行为等都会受到他所处的社会环境和文化的影响，这种影响同样也会涉及一个人的穿着方式和着装行为。

案例

案例1

据记载，一个穿戴齐全的桑特尔部落的美女，必须是带两个脚镯、12个或更多手镯、一个项圈及其华丽的衣服，总重量大约11公斤（25磅）。

案例2

在马达加斯加，只有统治阶级方可穿红色长袍；泰国只允许王子及其随从穿红色衣服；中国古代黄色只供皇室使用。

案例3

非洲某些部落的妇女以胖为美，一个少女如果想有真正的吸引力，就得到饭店去吃几个星期，当她蹒跚地走出来时，认为已经达到了理想婚姻的体形。

案例分析：通过这三个案例，说明服饰的选用和消费，不仅仅受经济情况的制约，同时还受一个国家民族文化因素的影响，如受到法律、道德、民俗、习惯、宗教信仰和理念等因素的影响，每一个消费者都是在一定的文化环境中成长起来的，其价值观念、生活方式、消费心理和行为必然受到文化环境的深刻影响。文化是影响消费心理的重要要素，但不是直接的，而是间接的。不同的消费者有着不同的文化背景，不同的文化特征使消费者的消费行为各不相同。

一、文化概述

（一）文化

广义的文化是指人类社会发展过程中所创造的物质财富和精神财富的总和。包括价值观、伦理道德、宗教、艺术风尚、习俗等。文化属于宏观环境因素，它影响和决定社会的消费习俗、价值观和思维方式等方面。狭义的文化是指社会意识形态以及与之相适应的制度和组织结构，消费心理学研究的文化介于两者之间。

文化人类学家拉尔夫·林顿（Ralph Linton，1893–1953）指出"文化是社会的全部生活方式""一种文化是习得的行为和各种行为结果的综合体，构成文化的各种要素是一定的社会成员所共有的"；文化反映了一个群体的适应能力和发展能力，它与历史和社会环境密切相关；文化是人类社会特有的现象，没有文化就没有社会。文化人类学家和一些社会学家认为，文化和社会是统一的，文化就是社会。

（二）服饰文化

服装是一种特殊的商品，是一种文化的表现，是人与自然环境、社会环境相互作用中发生、发展变化的。在长期的社会实践中，形成了穿着方式和穿着行为的社会规范，每个人的思想、观念、行为等都会受到他所处的社会环境和文化的影响。服饰如同语言，具备在社会情景中定义个人社会形象的符号功能，英国社会学家喀来尔说过："所有聪明的人，总是先看人的服装，再通过服装看到人的内心"；美国一位研究服装史的学者说："一个人在穿衣服和装扮自己时，就像在填一张调查表，写上了自己的性别、年龄、民族、宗教信仰、职业、社会地位、经济条件、婚姻状况，为人是否忠诚可靠，在家中的地位以及心理状况等"。

（三）服装消费文化

服装消费文化，是在一定的经济和社会条件下，人们在对服装选择、购买和使用过程中表现出来的价值取向、消费态度、生活形态等的总和，并在历史发展中传播、分化、发展，反映着特定时代社会成员的普遍心理和生活形态。服装消费文化的影响因素：政治、经济等因素，消费者对服装选择偏好，服装消费的价值观、消费态度以及生活形态等方面。

人类要进行怎样的消费、优先满足哪些需要、如何满足、采取什么行为，无时不受到文化的影响。人类创造了文化，文化又成为人类欲望的统治者。人们在生存发展过程中，会有各种各样的需求，而需求的内容是由文化决定的。同样人们会产生各种行为活动，但活动的方式也是文化决定的。文化通过满足人们的生理需要，为人们解决问题、参与社会活动确定了顺序、方向和指南。

二、社会文化与着装动机

现代社会人们穿衣、着装形成一种必然，就如同口渴喝水、饥饿吃饭一般自然平常。然而早期的人类，都赤裸着身体，人类出于什么动机覆盖身体，即着装，从古希腊时代起至今，就存在保护说、羞耻说、吸引异性说、避邪说、装饰说五大论点，迄今为止，没有完全的定论。由此可知，衣服的起源看似简单，其实是社会心理学中相当复杂心理动机体系。

（一）保护说

1. 邓拉普氏的论点与质疑

美国约翰·霍普金斯大学的邓拉普教授对衣服起源于保护说，提出了他的看法，他解释说：衣服的起源是为了抵御热带地区到处繁殖的蚊虫，那些原始人身上挂着兽皮做的条带、动物尾巴、贝壳等饰物，随着人的行走而摆动，充当驱赶苍蝇的工具。这个说法听起来似乎合理，但是难免让人疑惑。这些尚未开化的原始人，是否真的具有邓拉普教授所说的这些推理能力，大脑比猴子稍微发达的原始人，真能意识到挂在身上的这些东西会随着他们的走动而摇摆，把苍蝇之类的昆虫赶走，同时又不会嫌累赘和热，在这一点上，邓拉普教授似乎赋予原始人拥有现代文明人才有的能力。他以现代的科学观点来推测原始人的行为，难免让人感到证据不足，也不十分恰当。

为了探讨衣服的起源是为保护身体的说法，有两点论据很值得参考：

第一，早期的人类尚未完全进化，宛如猿猴般全身是毛。大自然已赋予他们保护身体的功能。

第二，今天的科学家，普遍认为早期的人都居住在烈日炎炎的热带地区。由上述两点可以看出早期的原始人为御寒而制作衣服的说法，是让人难以信服的。

现代的未开化民族也提供了许多例子，说明人类开始穿衣的主要理由不是为了保暖。澳大利亚土著早期是不穿衣服到处活动的，直到后来，才把某些野生动物的毛皮披在肩上。但毛皮非常小，其保暖功能在冬天几乎不起任何作用。在非洲炎热地带的部落，除了遮蔽阳光照射的设施外，更不需要任何保暖的衣物。据说当年达尔文把一块红布送给非洲土著时，他非常惊讶地发觉，土著并没有把红布作为保暖的工具，而是把它撕成一条带，然后围绕在他们几乎快冻僵的身体上，作为装饰品。

2. 适应环境的保护功能

衣服具有保护身体的功能，也是我们无法否认的。譬如北亚、中亚地带和北极或南美最南端的巴塔哥尼亚等寒带地区，由于寒冷程度已超越人体的适应限度，因此居住在这些地区的民族都有独特的御寒衣物；此外，居住在阿拉伯干燥地带的人，为了防御夏天高达摄氏45℃的气温，全身裹着衣物，以防皮肤被阳光灼伤。由此可知，人类在绝大部分的自然环境中，真正需要衣服的地方并不多。可是裸体生活的民族，随着人类历史的演进而逐渐减少；衣物所以普遍，可能不是由于自然环境的影响，而是受到其他社会文化的制约。

（二）羞耻说

所谓羞耻说，提出人类所特有的难为情的表现。其他动物虽然一丝不挂，却没有这种难为情的感觉。有学者认为，衣服的起源是由于人类天性中所共有的羞耻感，驱使人类制作衣服来遮蔽躯体，这种论点可能来自于《圣经》亚当与夏娃用树叶遮蔽下体的说法。遗憾的是，这种理论也仅仅是传说而已，并没有具体的证据可显示其传说的真实性。人类对于身体的哪一部分可以裸露，哪一部分必须覆盖，不覆盖即会感到羞耻，并没有一致的看法。不同的民族对于身体之头、脚、胸、膝、指尖或生殖部位，哪一部分必须包裹，大都由该族人自己来决定。例如，亚马逊河流域的库伊库尔族，一到成年就用线将贝壳串成腰带垂挂于下腹前，这是他们的日常服饰，除了特殊场合外，绝不取下来；平常若不将腰带佩上，就会感到非常羞耻，可见他们一生中都不曾遮掩下体。因此，库伊库尔族人也从不以裸露下体为耻。

在苏门答腊，祖露膝盖是一种不正经的行为；而中亚的一些部落，连指尖都不准露在外面；现代的耶路撒冷，除了家里的亲属外，如果妇女的颈部露在陌生人面前，就会被认为很不体面，但当她坐下时，从小腿一直露到大腿，却不以为然；在东方的一些国家中，王宫里的女孩在12岁以前，连自己的母亲也不能看到她的脸，但是她的衣服却是用透明的织物做成的，任何时候都能看到身体的全貌。可见，羞耻并不是一成不变的观念，会随着时代和地域的不同而改变。因此，羞耻应该说是一种习惯，而不是天生、固有的特性。然而，当遮盖身体的某一部位已成为惯例时，这些部位就会引起注意；如果平时遮盖的部位突然暴露出来，他就会感到自卑、羞耻，担心被同伴耻笑。

（三）吸引异性说

有些社会学家相信，衣服的起源是为了吸引异性，并且与身体部位有相当密切的关系。众所周知，熟悉的事物不会引起好奇，隐藏的东西反而容易激发人们的好奇心。比如，稍稍披上一点遮盖的东西，但还隐约可见体形，就比全裸更诱人。如果一个漂亮的东西，像首饰或花，放在身体的某一部位，人们立即会被这部位所吸引，宝石嵌镶的戒指或项链会引起人们注意漂亮的手和前胸，闪亮的鞋扣会吸引人注意雅致优美的脚。如不经装饰，这些部位很难惹人注目。有人指出，当人类处于不穿衣的时代，人体各部位并不会引起特别注意；后来，为了引起注意而在人体某些部位附加一些挑逗性装饰的做法，才应运而生。

（四）避邪说

原始人的生存大多受迷信思想的控制，相信精灵和鬼神的存在。他们生活的目的就是为了使这些鬼神满意、高兴，希望有一天能赢得鬼神的欢心，保佑他们在这个世界和未来的世界中能凡事顺心。衣饰的功能是用来保护他们，抵御可能伤害人类的妖魔。根据这种观点，穿衣原是为了防某些魔鬼伤害的一种手段。他们认为衣饰穿戴在身上有一种驱邪的作用。有很多例子可以说明，人们的装饰大多是为了避免狩猎和战争中的伤亡或其他任何人类的不幸。在有些部落里，儿童和怀孕的妇女属于最需要某种形式保护的人，于是他们用珠子、骨头、颈圈和其他装饰品来打扮自己；在某些部落里，人们用一根绳子紧紧地系住腰部，他们认为这样就可以躲避邪魔的眼睛而获得安全。佩卢岛上的居民把鼻子穿孔，以确保永久的快乐；斐济岛的人，遵照他们信仰的上帝所定的图案来文身。他们相信，如果不按照这些命令去做，那么死后就要受到惩罚。几乎所有的原始人皆受自身信仰的支配，并且这种影响根深蒂固。至于在产生任何形式的装饰之前，是否已有这些迷信，至今还是一个疑问。随着社会组织趋向复杂化，传统习惯和信仰也在进化中，当社会发展到一定阶段时，就会出现一定形式的宗教和迷信。人类很早就有初步的个人装饰的种种形式，由此可见，衣服不是迷信的衍生物，而是与迷信的进化同时存在，并且形成它们的某些中心，被用来作为保护穿着者来抵御不可知的魔鬼或不幸的一种手段。

（五）装饰说

俗话说："三分容貌，七分打扮""人靠衣装，佛靠金装""云想衣裳花想容"。看来，人之所以要穿服装，就是为了使自己更具有魅力，想用衣物来装饰自身是一种本能性冲动。这一观点也得到许多学者的赞同。早在西汉初年，燕人韩婴在《韩诗外传》中就说："衣服容貌者，所以悦目也"，就是强调了服饰对着装者的美化功能。在人类的进化历史长河中，随着嗅觉敏锐程度的减退，视觉敏锐程度的逐渐增强，人们对于形象、色彩的感受能力越来越精细和敏锐，审美感觉得到逐渐的提高。因此，用视觉感受美丽是人类的共同感情，人们为迎合这种感情，用服饰装扮自己，也就不足为奇。可以说，从古到今，虽然有不穿衣的民族，但却没有不装饰的民族。

希望别人赞美自己几乎是所有人的共同特点，不管是高度文明、还是尚未开化的人类，这种自我表现常被视为自我欣赏的特质，酷爱装饰自己的人类特质，在每一个原始部落都有很明显的表象。原始人缺乏生活的必需品，但是人人都设法从装饰中追求欢乐，而大多仍局限于个人装饰。打猎回来时，背上扛着猎杀的动物，或者带着血污和伤痕从战场奏凯归来时，路上遇到的人们总会满口称赞他们，这些战利品无声地显示了他们杰出的才能和威力。当他被人们从人群中挑选出来，获得刮目相看的待遇时，便陶醉在这种得意的激情中。然而当这种血污和伤痕消失后，部落的其他人就会忘记他作为战士或猎人的勇猛和力量，他又处于与其他人相同的地位。享受过荣誉的人，往往很难再回到原先不被尊敬的地位，如此便促使其寻求更加永恒的、可用来标识其能力的徽章。用装饰来表现曾经成功的痕迹。

服装具有标识服用者身份的作用。利用服装的外观形态来区别着装者，满足其显示职业、阶级、任务及行动的需要。常用的服装标识手段有以下方面：

1. 用量标识

用服饰数量的多少、体积的大小来区别服用者的身份的标识方法。一般用服装的长度、宽度、面积大小、肥瘦等尺寸上的不同，用衣物的重叠层数，来象征地位、阶层的高低和权力的大小。

2. 用形标识

用衣物的形态、构成和着装方式的差异来赋予身份的识别性。各种民族服装以及性别服装，都具有形态性标识特征。藏袍是西藏人的身份标识、银凤冠及胸前佩银饰则是苗族女子的标识。人们往往在其身体的头、胸、肩和臂等便于视觉识别的部位施加适当的装饰配件，如胸章、肩章、领章、臂章等，以表示其标识类别。

3. 用色标识

服装的色彩，具有外观上感知的特性，所以常被用来作为识别的手段。历史上，统治阶级所使用的服色都是特定的，禁止一般庶民使用。一般难以获取的和有价值的颜色是社会上层的标识，较下层的人们只限用暗淡的颜色，如棕色、灰色和黑色。用颜色标识身份，在东方的历史上已延续了很久。在古代中国，黄色只供皇室家族使用，其他下层平民只能使用其他的颜色。在现在社会里，用服色来作标识的例子也很多。各种职业装都是以特殊颜色来区分所属的团体和展示其集团形象的。另外，色彩还常用来作为危险和警告的标识使用。如儿童上学过马路时戴橘黄色的小帽、道路施工人员戴黄色安全帽等都是这种作用。

4.用质标识

以服饰材质的差别来区分服用者的身份。一般来说，精致、昂贵的衣料一般是上流阶层人物衣物的标志，粗俗普通的衣料是百姓衣物的标志。早期的奴隶只需在腰间束一条布料粗糙的围裙和带子，而首领和他的部下却全身着装，并且用最上等衣料缝制，上面绣满各种花纹，并点缀贵重的宝石。我国古代上流社会穿绫罗绸缎，而平民百姓只能穿麻布衣物（即"布衣"）。在现代，那些欲体现身份的人，也会毫不犹豫地选择高级面料来做服装。

三、文化因素对于着装和消费行为的影响

（一）法律因素

不同国家和不同历史时期，对于不同的政治需要都会对法律概念作出不同的界定，不同的界定对不同社会的适应和产生的影响是不一样的。传统的法律概念是根据马克思的阶级理论而定义，即法律就是一个阶级统治另外一个阶级的工具。

服装的穿着从表面上看属于主观意志，但是各种情感的生成，又离不开社会的制约，其中一部分还是根源于社会中某些带强制性的法律和社会规范。法律具有约束服饰行为的强制性质，历史上许多国家和地区都曾制定过一些有关服饰的法律、禁令或条例。

根据《中国历代服饰》记载：秦汉巾帻色"庶民为黑，车夫为红，丧服为白，轿夫为黄，厨人为绿，官奴、农人为青"。到唐朝，唐承隋制，唐代皇帝穿黄袍及衫。唐以前黄色上下通用，并没有什么特别尊贵的意义。唐高祖以赤黄袍巾带为常服之后，有人提出赤黄色近似太阳的颜色，"天无二日"，日是帝王尊位的象征。因此从唐朝开始，赤黄色（赫黄）为帝王所专用，黄袍也被视作封建帝王的御用服饰，臣民一律不得僭用，并以品级定袍衫的颜色，即所谓"品色服"。这种规定一直延续到清朝。在清朝，官服除以蟒数区分官位以外，对于黄色亦有禁例。如皇太子用杏黄色，皇子用金黄色，而下属各王等官职不经赏赐是绝不能服黄色的。

伊斯兰社会妇女戴盖头的习俗是信仰伊斯兰教的表现之一。在信仰伊斯兰教的国家，《古兰经》为其立法依据，不戴面纱或盖头既是藐视伊斯兰国家的行为，也是不尊重伊斯兰教信仰的行为。在伊朗等信仰伊斯兰教的国家，法律规定妇女在公共场合除脸和手外，身体的其余部分都不准裸露在外。

由此可见，制定一个国家服饰法律和法规具有如下目的：

（1）保持阶层的差异，巩固上层社会既有的优势。

（2）为维护政治和道德秩序的必要措施。

（3）制定法律规范着装行为，维护社会风气。

（4）服饰法律对于某些社会组织具有极强的约束力。

案例

案例1

17世纪有些欧洲国家以拖裙的长短表示穿着者等级，王后的裙长15.5米，公主的裙长9.1米，王妃的裙长6.4米，公爵夫人的裙长3.6米。女皇伊丽莎白是一个时装的倡导者，她的法令之一是"不许穿过多褶皱的领子；不许用任何浅色调；不许穿紧身衣和长筒袜；不许用丝绒面料做长上衣，但官员可以使用。"

案例2

据赫洛克所著的《服装心理学》一书写到，20世纪初，美国港口城市布法罗的一篇文章报道了两个少女上街过马路时，由于马路中间有水，怕把裙子湿了而提了起来，因为提得太高，执勤警察认为她们的动作有损于女性的体面，因此将她们逮捕入狱。美国弗吉尼亚州也通过了一条法律，禁止穿高于膝盖10厘米的裙子。

案例分析：案例1为了维护统治阶级既得的社会地位和利益，保持阶层差异。案例2为维护社会的秩序和风气，用法律和法规约束着装行为。

（二）理念因素

从精神文化的层面来说，服饰是理念的表现。不同理念的群体或个体，在服饰上就有不同的观点和着装方式。着装理念受一定的社会经济、政治和文化的影响，此外还与人们的生活态度有关。

中国素有"衣冠治国"之称，服装文化历史渊源流长。从原始社会、夏商周、秦汉、魏晋南北朝、隋唐、宋辽金元、明清直到现在，衣冠体制和服饰典章因其鲜明的特色，而受世界瞩目，中国几千年来历史进程中，儒家和道家的学说信仰相互融合，形成了特有的哲学和美学观念，使服饰产生了特殊的文化功能。

我国服饰的理念主要是受到儒家思想的影响，服饰作为一个人的仪表，在待人接物时，必须作为"礼"的表现来对待。孔子就曾说过："见人不可以不饰。不饰无貌，无貌不敬，不敬无礼，无礼不立。" 中国妇女传统的服装宽松肥大、形体含而不露。式样上有两种基本型制，即上衣下裳制和衣裳连属制。

古希腊是西方思想和服饰文化的发源地，古希腊的服装是一块简单而宽大的布，就其本身来讲，是属于宽衣体制，但是它通过在人体上包裹、缠绕，使宽大无形的布沿着人体形成起伏的自然造型，强调突出了人体美，体现了追求人体美的服饰理念。西方国家人们是崇尚自由和洒脱的，服饰大多简洁、飘逸。

（三）民俗习惯因素

服饰是一种重要的民俗现象，是人们在长期的共同生活中所自发形成的一种行为模式。不同民族有不同的生活习惯，这些习惯将直接影响到服饰的选择。不同地区、不同民族的人，由于地理环境、生产方式的不同，形成了各自的风俗和习惯，包括服饰的习俗。例如，阿拉伯人喜欢穿白色的长袍，妇女则以白纱盖头；非洲人喜爱各种各样的文身装饰；欧美人习惯于西装、领带等。

朝鲜族比较喜爱素白服装，妇女服装为短衣长裙，叫"则高利"和"契玛"。男子服装为短上衣，外加坎肩，裤腿宽大。外出时多穿斜襟以布带打结的长袍，现在改穿制服或西服。

以英国为典型的大部分欧洲人对麻类服饰有一种根深蒂固的情结，欧洲属于海洋性气候，在服饰上特别讲究透气吸湿性能，而麻类面料的超强透气性正好迎合了这一需求，因而，麻类产品渐渐成为消费时尚，白领阶层没有几个不穿麻类服饰的，一些昂贵的五星级酒店，其室内床单被罩窗帘等用品几乎全部采用麻类面料。

欧洲人对于某一事物的崇尚，往往会形成一种文化情结，服饰文化也是如此。在意大利，各类服饰商店内琳琅满目的商品中，麻类服饰占到40%以上，甚至在许多与服饰毫无关系的商店、家庭、公园都会看到用精心培育的麻苗来制作服饰。麻类服饰作为绿色服饰的主体，已经深深地融入欧洲文化，成为欧洲服饰消费的主流。

（四）道德因素

道德是几乎在所有的社会都会存在的一种社会规范，比起风俗习惯来说，它们具有明显的价值判断和公众性质，对个人行为的约束也更强。道德规范所认可或禁止的行为，通常都与社会风气或他人的利益有直接关系。

服饰依据地点、习惯、社会文化的不同而存在差异，从各民族的服饰羞耻观可见该民族的服饰道德观，人类对于身体的哪一部分可以裸露，哪一部分必须覆盖，并没有一致的看法。

根据实际探访过亚马逊河流域，并与申古河畔印第安人共同生活的探险家证言："假若，裸体生活已是该族文化，那么我们身处其境时，好奇心顶多只能驻持两三天而已；相反地，穿着衬衫与西裤的我们反会被他们瞪视得好像穿着不得体似的，令人感到难为情。这种感觉就如同一个人穿着西装进入公共浴室一样。"由此可见，多数人与少数人的关系，才是构成穿衣文化与心理的机能体系。

案例

比基尼泳装的发明与穿着

比基尼泳装的来历：在20世纪四五十年代，美国开始在太平洋上一个叫比基尼的小岛进行原子弹试验，该岛马上成为世人瞩目之地。不久，一位法国巴黎的泳装设计师戴扎伊纳·路易·雷亚尔（Dai's

Louis Reard），推出了一套新式泳装，所用的布料极少，仅覆盖身体少部分的面积，穿上后几乎是全裸的姿态，首位穿上比基尼并供记者拍照的模特儿名叫米歇琳娜·贝尔纳迪尼（Micheline Bernardini），在当时的服装界是一项爆炸性的创新，此类型的泳装因此而得名。这种泳装用料极薄且少，据说叠起来可装入一只火柴盒。这种泳装的推出在当时服装界震动不小。由于其覆盖面积小，穿上后近似全裸，故而使当时巴黎的许多专业时装模特儿都望而生畏。然而，一位舞女却勇敢地向传统观念挑战，第一个穿上这种泳装，并开始让记者拍照。由于此泳装对世人的震动不亚于比基尼岛上所进行的原子弹试验，故被称为比基尼。泳装在20世纪初，服装对于身体的遮盖率为82%；20世纪20年代，服装对于身体的遮盖率为57%；20世纪30年代，服装对于身体的遮盖率为39%；20世纪60年代，服装对于身体的遮盖率为31%；到20世纪80年代后期，服装对于身体的遮盖率只为9%。现代人穿着泳装，是非常平常的事情。泳装遮盖面积的变化，随着时代的变迁，对于身体遮盖面积的逐渐减少，如图2-2所示。

总之，人们的服饰道德观，应该遵循着装应在服饰时代潮流和节奏的水准上浮动；一种服装形式只有在特定的社会环境、场合下才是美的；换一种场合就可能产生异义，应该符合TPO原则；人们穿衣打扮不仅仅是自我欣赏，更主要的是向社会公众显示自己的形象。服装个性化发展应该与所在群体视觉习惯和规则相一致，不能超出群体的道德习惯范畴，服装款式造型设计受道德约束。

遮盖率 82% ＞ 遮盖率 57% ＞ 遮盖率 39% ＞ 遮盖率 31% ＞遮盖率 9%

图2-2　泳装的遮盖面积

（五）宗教信仰与服装

1. 着装行为约束

一个民族的诞生，与之相伴随的是民族服饰的诞生。它是反映一个民族经济、政治、文化、艺术及宗教信仰的一面镜子。一个宗教的诞生，随之诞生的也一定是宗教服饰，它反映和体现的是这种宗教的信仰。

基督教圣职人员的服装。原为古代罗马帝国俗人的服饰，六七世纪后渐为教会专用，十世纪后逐渐定型。礼仪用的教服因派系及仪式有别，称谓也不一致，正教、新教称圣衣，天主教称祭衣。基督教服中，天主教的祭衣制度较为完备，如神父的弥撒祭衣按脱利腾大公会议规定八件成套，每套中的祭披、领带、手带等必须同一颜色。此外，主教祭衣的配套服饰还有主教冠、十字项链、长手套等，并执权杖。教皇加冕时加穿大披肩，顶戴三重冕。1962年第二届梵蒂冈大公会议之后，弥撒祭衣已简化，只穿长白衣，戴领带。天主教仍沿袭旧制。因而宗教服饰反应的是宗教的信仰。

2. 图腾崇拜

服饰是心理的体现，宗教在服饰中尤为突出。在拉祜族民间广泛流传着葫芦孕育人类和人类源自葫芦的传说。至今仍将葫芦视为吉祥、神圣之物，人们喜将葫芦籽缝在小孩的衣领或帕子上，而妇女的服装及围巾、包头上也多有彩线绣制的葫芦和葫芦花图案，拉祜族认为穿这种服装，魔鬼便无法近身，孩子能健康成长，妇女能终年平安。在拉祜族看来，如果姑娘的胸部、腹部和臀部外形与葫芦相似，那么，不仅姑娘健康美丽，将来还会多子多女。情人们相互赠送的信物上也绣有葫芦花和葫芦的图案，以此象征爱情的纯洁与神圣。

他们相信，如果不按照这些已制定的规矩去做，那么死后就要受到惩罚等。随着社会组织趋向复杂化，传统习惯和信仰也在进化中，当社会发展到一定阶段时，就会出现一定形式的宗教和迷信。衣服不是迷信的衍生物，而是与迷信的进化同时存在，并且形成它们的某些中心，被用来作为保护穿着者抵御不可知的魔鬼或不幸的一种手段。

第三节　服装的社会功能性

服饰具有符号象征意义。在社会生活中，人们以共同的、有意义的言语和非言语的符号为媒介进行沟通。符号具有社会的象征意义，服装作为一种非言语信息传递的符号，在人际互动中起重要作用。如警察的制服、医生的白大褂、法官的黑衣等象征着不同的社会意义。

本节从服装在人际沟通中的作用、服装和符号相互间的关系、服装的社会象征性三个方面，从服饰文化符号学的角度介绍服装的社会功能，为进一步了解服装消费的购买动机做基础铺垫。

一、服装在人际沟通中的功能

（一）人际沟通的意涵

"人际沟通"是指人与人之间在共同活动中相互交流思想、感情和知识等信息的过程。人际交往的顺畅进行，从某种意义上说，决定于人与人之间能否实现有效的沟通。如在社交场合，一位穿着入时、富有魅力的女孩冲你笑了一笑，你也许理解这是一种"邀请"的信号，便可能主动上前"搭话"；也许你认为这是一般女性在这种场合的正常表现，便可能回报以微笑。通常情况，人际沟通具有如下四个特点：

（1）在人际沟通中，沟通双方都有各自的动机、目的和立场，都设想和拟定自己发出的信息会得到什么样的回答。因此，沟通的双方都处于积极主动的状态，在沟通过程中发生的不是简单的信息运动，而是信息的积极交流与理解。

（2）人际沟通借助语言和非语言两类符号，这两类符号往往被同时使用，两者可能一致，也可能矛盾。

（3）人际沟通是一种动态系统，沟通的双方都处于不断的相互作用中，刺激与反应互为因果，如乙的言语是对甲的言语的反应，同时也是对甲的刺激。

（4）在人际沟通中，沟通的双方应有统一或近似的编码系统和译码系统。这不仅指双方应有相同的词汇和语法体系，而且要对语义有相同的理解。语义在程度上依赖于沟通情境和社会背景。沟通场合以及沟通者的社会、政治、宗教、职业和地位等的差异，都会对语义的理解产生影响。

如果我们把发出信息的一方叫发信者，把接受、理解信息的一方叫做受信者，则可用图2-3所示的模式简要说明以符号为媒介的人际沟通过程。

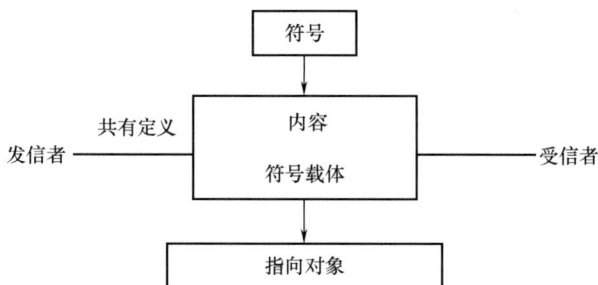

图2-3　人际沟通的模式

（二）非语言沟通的类型

日常生活中最基本的、使用最多的是语言符号所进行的沟通。同时在许多情况下，人们也依靠非语言符号，如声调、手势、姿态等方式来加强语言沟通的效果。例如，一个人想要引人注目，他可以通过高声谈话来声称自己与众不同的特点，也可以利用一些奇特的姿势或者选择某种"醒目"的穿着方式。利用非人际沟通符号的人际沟通为非语言沟通。非语言沟通的类型如表2-1所示。

表 2-1　非语言沟通类型

非语言沟通类型	使用的方式（非语言符号）
动态无声的	面部表情、目光接触、运动姿势、身体接触等
静态无声的	相貌、体态、衣着、发型、人际距离等
有声的	音调、响度、停顿、语速、叹息、呻吟等

服装是无声的语言。人和人之间的交流，总是通过对方的衣着打扮获得某些信息。服装作为人际沟通的媒介主要有以下五个功能：

1. 具有第一印象形成的功能

在与人初次的交往中，通过感觉器官，有选择地接受来自于社会的或人际信息的刺激，如服饰、表情、语言等。并通过与已有的经验相结合，就会对他人产生一定的印象，如诚实、善良、虚伪等，这就是人的第一印象。在此印象的基础上，决定自己的行为，决定自己将同他人保持怎样的交往关系。在印象的形成过程中，衣着服饰将起到非常重要的作用。

第一印象的形成主要是根据对方的身材、服饰等外表及表情、姿势等行为表现形成的，这些表面的特征往往成为推断他人身份、地位、个性的信息。服饰在某种程度上被赋予了一定的社会意义，展示着一个人的社会身份、兴趣爱好、经济能力以及其他一些内在的信息。

2. 社会身份象征功能

服装是穿着者职业、身份的象征。在等级分明的社会，服装具有表现身份的作用。在由复杂的人际关系所构成的人类社会中，服装是身份等级的象征。在等级分明的古代社会，服装更是一种身份地位的象征，一种符号，它代表个人的政治地位，使人人恪守本分，不得逾越。自古国君为政之道，服装是很重要的一环，服装制度得以完成，政治秩序也就完成了一部分。所以在古代服装是政治的一部分，其重要性远超出服装在现代社会的作用。服装蔽体御寒是它的首要功能，但是人类服装文明，服饰远远超过它的使用功能，在不同场合反映社会相互作用过程中的人际关系，特别是在等级划分明确的组织中，如清朝官服的补子用不同的动物图案代表不同的等级；现代军服中的肩牌上的标志，标识等级功能非常明显。

3. 情感的表达功能

服饰常常与个人的当前状况有关，反映出一个人日常生活中情感情绪的变化。在自然界和社会约定俗成的文化中，服装色彩给人最直观、最强烈的情感刺激，各种色彩对人形成了潜移默化的感官反应，面对不同的色彩，会自然地产生不同的情感反应，如红色象征热情，给人以浪漫、性感又富挑战性的印象；蓝色代表理智，给人冷静沉着之感；黄色活泼、灿烂，但不够稳定；绿色安静平和，使人感觉安逸宁静；白色显得纯洁，高雅恬美；黑色严肃、冷峻、深邃。服装的色彩是最直观的情感刺激，着装者穿着不同色彩的服装，传达不同的情感和对他人产生不同的心理刺激。

4. 自我表现功能

詹姆斯曾在其著名的《心理学原理》一书中说："古语说，人是由灵魂、身体与衣服三个部分构成的，这句话并不是随便说说的。"通过身体和身体周围的物品如服装等进行自我定义和自我沟通，因此，把服装称为"可见的自我"与"第二皮肤"，显示了服装与自我表现的密切关系。服装是人体的外观装饰，它依附于人体，直接参与社会互动行为，是个体最便利的表达工具。或者说，即使个体不是刻意地表达什么，但服装也会暴露很多个人化的信息，自然成为他人社会知觉的线索。服装符号具有社会可见性的特性，个人的穿着可向他人展示自己的主张、思想、价值观以及个性等。西装革履可展示自己职场成功的形象。

5.印象操作功能

人们总是试图在社会交往中给他人留下一个好印象。特别是在一些需要他人或社会接受的场合，如就职面试或与异性朋友的初次约会，外表的修饰与服装的运用可起到控制他人印象形成的作用，或者也可以说，我们有意识或无意识地利用衣着服饰，向他人展示另一个"自我"。作为象征符号的服装，无疑与服装的社会功能有着密切的关联。而且透过服饰所象征的符号，也可以强化或改变与他人的关系。

二、服装和符号相互作用

（一）符号相互作用论

美国社会学家米德提出"符号相互作用论"的观点，用来解释人际互动的机制。米德指出，人类的相互作用是为文化意义所规定的。而许多文化意义是象征性的。例如，旗杆上一块带颜色的布象征我们的国家，军服上的肩章象征一个人在军队中的地位，新娘的白色婚纱象征着纯洁。米德认为，人类的相互作用就是以有意义的象征符号为基础的行动过程。

符号相互作用论的观点包括三个方面：

第一，根据赋予客观事物的意义来决定行动。

第二，赋予事物的意义是社会相互作用的结果。

第三，在任何环境下，都经历一种内部解释过程，"和自己对话"为的是给这个环境确定一个意义并决定怎样行动。

例如，正在驾车行驶的汽车司机看到交通警察要求停车的信号（如停车手势）时，首先，司机知道交通警察制服以及手势的象征性意义，并会做出相应反应；其次，司机对警察制服以及手势含义的理解是由过去的学习和经验形成的；最后，司机会对这一情境进行解释，他也许会自问"我违反交通规则了吗？""停车信号是针对我的吗？""如果不停车会怎样呢？"这一系列的解释可能决定司机最终所采取的行动。

（二）自我表现与印象整饰

按照"符号相互作用论"的观点，人们为了顺利地实现交往和沟通，必须有能力在想象中扮演他人角色，即能够按照他人所期待的方式去行动。外观在对人认知、印象形成，特别是第一印象形成中有着重要意义。人们在交往中有时会有意识地选择一定的装束、言辞、表情或动作以给他人留下一个独特的印象。这种有意识的控制别人对自己形成各种印象的过程，就称为"印象整饰"，也称为"印象操作"。

"印象整饰"实际上是种自我表现，一个人意识到或想象到他人会如何看待或评价自己时，便利用衣着服饰、化妆美容或其他方式，使人形成一种好的印象或吸引他人的注意。一个人很难改变或无法改变自己的基本相貌、体形、性别和年龄，却可以利用衣着服饰和巧妙的化妆对外表加以修饰，突显自己的特点，掩饰自身的不足。实际上我们早上醒来的第一件事便是穿衣。穿着什么样的服装，总是和一天要进行的活动有关系。试想一个年轻人接到某公司的面试通知，如果他非常重视这次应聘，就可能会做认真准备，不仅是面试的内容，也包括外表。年轻人在求职面试时的衣着打扮上一定是经过认真选择的，因为他试图以某种方式表现自己，给主考官造成成熟、能干的独特印象。

印象整饰，可以说是利用非语言符号来实现的，是透过衣着服饰特有的象征意义，给他人造成特定的印象。现代社会，人人都可以自由地使用象征物来表现自己。随着经济收入的增加和教育水平的提高，人们越来越懂得如何利用衣着服饰来美化和表现自我。

（三）作为象征符号的服装

人们通过服装的选择和穿着有意识地向他人展示着一些特定的东西。另一方面，服装的象征性意义是在特定社会文化背景下产生的，如贝壳项链在原始部落中可能表示尊贵，在文明社会中却被当作儿童的玩物。这里可以从两个不同的方向上对服装的象征性意义加以分析，一个是"人际交往"，另一个是"社会文化"。这两个不同方向在服装象征意义中既有联系又有区别，在人际交往上，人们借助服装传达情感，表现自我，其意义随时间、地点、场合而变化。一个人穿着运动服在打球，意义是明确的，而如果穿着运动服在办公室中，则意义含糊不清。在社会文化上，服装的象征性意义是相对稳定的，并为多数社会成员所接受。试想，高级西服、礼服、牛仔裤，或其他类型的服装，在这个时代所表示的意义，它构成了人际交往中服装象征意义的基础，并指导着人们的穿着行为。以下就从人际交往上分析服装可能传递的各种信息，探讨社会文化中服装的象征意义。

三、服装的社会象征性

一般认为，服装是在人类发展到一定阶段才出现的。服装的出现可看作是人类文明进步的标志。反过来，文明的进步又影响了服装，使服装脱离了它原有的物质性，而具有了象征意义。其中最明显的就是服装可以作为阶级、地位、权力等的象征。

（一）服装和有闲阶级论

美国社会学家韦伯伦（T.B.Veblen，1857～1929）在1899年出版的《有闲阶级论》（*The Theory of The Leisure Class*）一书中从"显示经济地位的手段"观点，对服装进行了考察。韦伯伦指出，服装的消费有如下三个指导原理：

1. 显示浪费的原理

这是以服装为手段显示富有和经济地位的原理。特别是上层社会花费金钱于服装上以期获得尊敬，对他们来说，价格低廉的服装意味着价值的低下，只有卑贱的人才会穿着。正如韦伯伦指出："服装上金钱、成功的确切证据，是社会价值的显在指标。"

2. 显示闲暇的原理

以服装为手段显示脱离任何生产劳动，并不必为生活操劳的原理。社会上层属于"不劳而获"的"有闲阶级"，即拥有资产和闲暇的阶级。优雅的服装便是这种闲暇的最好标志。韦伯伦指出："优雅的服装不仅其价格昂贵，而且也是闲暇的证明，即优雅的服装说明穿着者不仅有能力支出超额的金钱，且证明其不劳动也可消费"。特别是妇女的装束，更是对闲暇和不必劳动的夸示，如高跟鞋、紧身衣、拖拽裙等，都是不需劳动的证明。

3. 最新流行的原理

以服装为手段在反复不断的流行中用来显示着装者追求新奇的心理。例如，消费者购买一件当季流行的服装只是穿着很短的一段时间，甚至未曾穿过，说明该消费者用于服装的消费费用过高，这也恰好体现了有闲阶级追求流行和消费浪费的习惯，因此流行在显示金钱消费占支配的社会中是最为显著的，且也是富于变化的。

（二）作为地位象征的服装

服装作为阶级、地位、权力等的象征有着悠久的历史。原始人开始用血污、伤痕、打猎和回来披在身上的兽皮象征自己的英武和力量。但是随时间而消失，后来用动物的毛皮、羽毛作头饰，佩戴野兽的牙齿、骨骼，彩纹、刀痕在皮肤上，象征着自己的身份、地位和威力。人们也许会对这一理论提出种种疑问，但是有一点可以肯定的，在有文字可查的人类历史中，服装的确是阶级、地位、身份区分的重要标志。

在现代社会生活中，尽管等级差异不像过去那样明显，但"地位象征"依然有一定重要性。在日常人际交往中，在事先没有任何线索可参考的情况下，怎样判断一个初次见面者的社会地位，当然最直接的方法就是通过他呈现在我们面前的外表，他的衣着服饰、风度举止、言谈表情等。因此，当一个人想显示自己的社会地位或想识别另一个人的地位时，可以利用所谓的"地位象征"。最明显的可以用来象征地位的就是服装。而"比其他人穿更多的衣服""拥有一定数量的类似服装，绝不总穿同样的衣服""频繁更换服装""总是穿着领先潮流的服装""穿着难于活动的服装""使用大量的布料""使用价格昂贵的布料，特别是羊毛、丝绸、皮革、毛皮等""佩戴金、银、宝石等首饰""穿着做工精细的高价格名牌服装""采用高级运动服装，如骑马、高尔夫、快艇等运动服""穿着供特别成员专用的服装"，也都是个人地位的象征。

复习思考题

1. 查阅经济环境和文化因素对于服装消费的影响，并形成2000字的学习总结，分小组通过PPT的形式进行汇报。

2. 影响服装选择的文化因素有哪些？并举例说明。

3. 中国人有哪些服饰习惯呢？这些习惯反映什么样的心理状态呢？对于我们开发服装市场有什么样指导意义？

4. 查找有关服饰资料，论述文化影响服装选择的各种因素？

5. 服装具有哪些社会象征性？

感觉、知觉基本理论——

消费者感觉、知觉与服装

教学内容： 1.感觉的概念、分类与基本特性

2.感觉营销的运用

3.知觉的特性及组织原则和应用

4.错觉及其应用

上课时数： 4学时

教学提示： 主要阐述感觉的概念和基本特性；讲述感觉营销的运用；讲述知觉的特征及其应用；色彩的心理特征及其应用；错觉的定义及应用

教学要求： 1.了解感觉的概念和理论

2.掌握感觉的特性在营销中的应用

3.掌握知觉的特征及其应用

4.掌握色彩心理及应用

5.掌握错觉及其应用

第三章 消费者感觉、知觉与服装

第一节 感觉与服装

案例

如图3-1所示这件连衣裙看上去面料光泽很好，具有缎类的光泽，这是视觉；用手触摸感觉软软滑滑的，这是触觉；用鼻子闻闻具有蛋白质的味道，这是嗅觉；大家说这是什么成分面料的服装？毋庸置疑这一定是真丝面料的服装。这其中视觉、触觉、嗅觉就是人体的感觉。

图3-1 丝绸服装

一、感觉的概述

（一）感觉的概念

感觉是人脑对直接作用于感觉器官的客观事物的主观印象。是认识的开端，人们对于客观世界的一切事物的认识都是从感觉开始的。人的认识过程从简单到复杂可分为若干阶段，感觉属于人的认识过程的初级阶段。在人的内外部环境中存在着各种各样的刺激物。每一种刺激物都有多种属性，如衣服有颜色、气味、软硬、轻重等多种属性。感觉就是外界的刺激作用于感觉器官时，人们在头脑中形成的主观印象。

感觉作为一种简单的心理现象，它不仅取决于刺激的性质、强度，而且还决定于感觉者的认知机制。它也是主观与客观的统一。从感觉的来源和内容来看，它反映着不依赖于人的意识而存在的客观事物，这是客观的。但从感觉的形成和表现来看，它又是在一定的主体身上表现形成和存在。这又是主观的。所以，感觉是客观世界的主观映像。

感觉虽然很简单，但却很重要，它在人们的生活和工作中具有重要意义。

首先，感觉提供了内外环境的信息。通过感觉，人们能够认识外界物体的颜色、明度、气味、软硬等，从而能够了解事物的各种属性。如服装的造型是否漂亮；面料是否舒适等都是通过感觉器官来认知的。通过感觉还能认识自己机体的各种状态，这样才有可能实现自我调节。如饥择食，渴择饮。

其次，感觉保证了机体与环境的信息平衡。人们要正常地生活，必须和环境保持平衡，其中包括信息的平衡。没有由感觉提供的外界信息，人就不能正常地生存。

最后，感觉是一切较高级、较复杂的心理现象的基础，是人的全部心理现象的基础。人的知觉、记忆、思维等复杂的认识活动，必须借助于感觉提供的原始资料。人的情绪体验，也必须依靠人对环境和身体内部状态的感觉。因此，没有感觉，一切较复杂、较高级的心理现象就无从产生。

（二）感觉的分类

划分感觉种类可以依据不同的标准。

1. 从承受的角度来分，感觉可分为外受感觉、内受感觉和本受感觉

外受感觉接受身体外部的刺激，反映外界事物的个别属性。如视觉、听觉、嗅觉、味觉、皮肤感觉（触觉）等。内受感觉是人对机体内的刺激即身体内脏器官的不同状态的反映。如饥饿觉、渴觉、内脏痛觉等。人身体外部的事物属于客观存在，人的机体对于人的意识来说也是客观存在，因此人对自己机体这个客观存在也有感觉。例如，人的肠胃收缩时，人对这种刺激也会产生相应的饥饿觉或内脏痛觉。本受感觉就是运动觉或动觉。它接受的刺激是人在运动时肌肉的活动情况。本受感觉是对机体位置、运动状态的反映。

2. 从刺激的性质来分，感觉可分为电磁的、机械的、热的、化学的四大类

视觉是对电磁波（光波）的反映；听觉是对机械振动（声波）的反映，听觉是仅次于视觉的一种重要的感觉，人类的语言及其他所有与声音有关的信息都是靠听觉获得；温度觉是对热（即温度）的反映；味觉、嗅觉是对化学刺激的反映，如气味、味道等。

二、感觉的基本特性

（一）感受性和感觉阈限

感受性是指感觉器官对刺激物的感受能力。它是消费者对商品、广告、价格等消费刺激有无感觉以及感觉强弱的重要标志。感受性通常用感觉阈限的大小来度量。

感觉阈限是指能够引起某种感觉的，持续一定时间的刺激量。如一定强度的光线、色彩、声音等。消费者感受性的大小主要取决于消费刺激物感觉阈限值的高低。一般来说，感觉阈限值越低，感受性就越大；感觉阈限值越高，感受性就越小，两者成反比例关系。

消费者的每一种感觉都有两种感受性，即绝对感受性和相对感受性。在消费活动中，并不是任何刺激都能引起消费者的感觉。如果要产生感觉，刺激物必须达到一定的量。

绝对阈限是指刚刚能够引起感觉的最小刺激量，对于绝对阈限或最小刺激量的觉察能力，就是绝对感受性。绝对感受性是消费者感受能力的下限。凡是没有达到绝对感受阈限值的刺激物，都不能引起感觉。如电视的广告的持续时间短，就不会引起消费者的视觉感受，因此要使消费者形成对于服饰的感觉，就必须了解各种消费刺激的绝对感受性和绝对感觉阈限值，并使刺激物达到足够的量。

绝对阈限并不是一个单一的刺激值，而是一个统计学上的概念。阈限是一个逐渐过渡的强度范围。测量绝对阈限时，随着刺激量逐渐增加，被测试者对刺激从完全觉察不到，到有时能觉察到有时不能觉察到，再到完全能觉察到。心理学家通常把有50%的次数被觉察到的那个刺激值规定为绝对阈限。随着刺激量的增加，被测试者报告觉察到刺激次数的百分数随之增加。图3-2所示的这种曲线叫心理测量函数，它表明感觉经验与刺激的物理强度之间的关系。

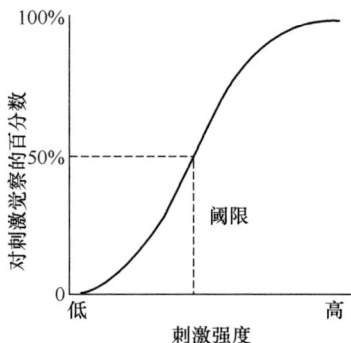

图3-2　刺激强度与觉察概率之间的典型关系

这一规律解释了一个带有普遍性的心理现象，也就是各种商品因效用、价格等特性不同，而具有不同的差别阈限值，消费者对其也有不同的差别感受，即售价几千元的耐受商品，提价10元或20元不被消费者所注意，而作为日常生活的用品，即使价格上涨几角钱，消费者也会很敏感。消费者对于不同商品质量、价格等差别感受性，对于合理调节消费刺激量促进销售具有重要作用。要使市场营销刺激影响到消费者，通常需要达到绝对感觉阈限，才能引起消费者的注意，如高速公路两边广告牌上的字体的颜色和大小、电影播放前的广告的时间长短等。在产品销售中充分运用绝对感觉阈限原理达到营销的目的。当营销措施想要让消费者明显地感觉到刺激时，如降价、宣传和提示性信息等，降价多少，消费者才能感觉得到促销的存在；促销活动达到一定的优惠才会产生刺激，比如买200元的商品送200购物券等；同时当企业的营销策略不想被消费者感知到时，就应用如缩小包装，减少容量，改变包装设计等，不易被觉察到。

（二）感觉的适应性

刺激物持续不断的作用于人的感觉器官，从而产生顺应的变化，使感觉阈限升高或者降低，随着这种作用的持续时间逐步加长，感觉就逐步适应，称之为感觉的适应性。 在生活中的应用包括明适应、暗适应以及对视觉倒立的解释。例如，视觉分为暗适应和明适应。当人们从明亮的光线下，走进暗室时，往往不能看清物体，过几分钟就看清楚了，就成为暗适应；人们从暗室走到亮光下感到眩晕，就是对光适应；一个身上喷着香水的人很快就觉察不到香水的气味，所谓"入芝兰之室，久而不闻其香；入鲍鱼之肆，久而不闻其臭"，就是嗅觉的适应性，同时也是感受性的降低。

消费者对某一品牌的服装，最初有新鲜感，时间长了，接触多了，对这服装的款式就习以为常了，就不会再感到它有什么吸引力了。在市场运作和产品开发中要充分展示其特性，运用各种手段强化商品对于顾客的刺激，目前尤其是服装商品，时尚性很强，现在的快时尚（Fast Fashion）就是很好的例子，经常更换商品的种类和风格，引起顾客对于商品的注意，从而达到促进商品销售的目的。

（三）感觉的对比性

同一感受器官接受不同刺激物的作用而使感受性发生变化的现象称为对比。不同感觉器官间的相互作用，会引起感觉的增强和减弱。如图3-3所示，同样一个图形，在白色背景中，显得颜色深些，在黑色背景中显得颜色浅一些。属性相反的刺激同时存在或者相继出现，在感觉上倾向于加大差异。白色对象在黑色背景中比在白色背景中更容易分离出来；红色置于绿色背景中则显得更红。在广告设计或者陈列设计中，亮中取暗，淡中有浓，动中有静等手法正是对比效应的应用，有助于吸引消费者的注意。

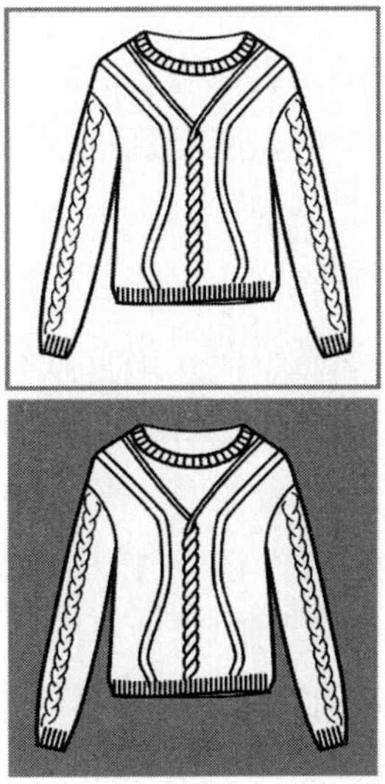

图3-3　不同背景中线条色彩深浅不同

（四）感觉的联觉性

人体各感觉器官的感受性，是相互影响，相互作用的，即一种感觉器官接受刺激产生感觉，会对其他感觉器官的感受性产生影响，这种现象就是联觉。联觉最常见的现象是通过温度、形状、气味、声音或味道感知色彩。例如，红、橙、黄，类似于太阳和烈火的颜色，往往引起温暖感，是一种暖色。蓝、青、紫，类似于碧空和寒水的颜色，常常引起寒冷感，是一种冷色。前者是进色，给人向前方突出的感觉；后者是退色，给人向后方退让的感觉。色调的浓淡也使人产生远近之感：深色调使人感到近些，浅色调让人感到远些。

一个笨重的物体如果采用浅色包装会使人感觉轻巧；轻巧的物体采用重色包装，会使人觉得沉重。冬天穿红色衣服会感觉温暖；夏天穿白色的衣服会产生凉爽的感觉。可见色彩是服装设计、包装、广告中最重要的元素之一，它不仅强烈的吸引人的注意力，而且还可以引起人的联想和诱发人的情感，对人消费行为产生重要的影响。

消费者在接受多种消费刺激时，会出现感觉间相互作用引起的联觉现象，联觉对于消费者的行为产生直接影响。巧妙地运用联觉的原理，可以有效地对消费者的行为进行调节和引导。如英国一家公司根据人的嗅觉位于大脑的情感中心，气味可以通过情感中心传导，对人的态度和行为产生强烈影响，专门为商店提供了可以给人带来宁静感的气味。

三、感觉营销的运用

人的感觉器官有32种之多，最典型的五种感受是视觉、听觉、嗅觉、味觉和触觉。外界的信息可以通过五种感觉来进行交流，也可以使用其中一种或多种组合。感觉营销技术就是充分利用人体的感觉器官给客户以深刻印象，使客户对商品产生好感从而实现销售的目的。在销售过程中，销售人员要充分运用以下感觉进行营销：

（一）听觉

人们用语言来表达思想、回答问题及进行劝说。讲话时所用的语音、语调、语气和语速，都能使听众感受到语言的力量。

声音是一种感觉，决定声音能否被听到的一个主要指标是听觉密度。不同形式的声音能够使顾客产生轻松或刺激的情绪，从而影响人们的购物行为。英国的一项研究显示，当播放慢速音乐时，消费者就餐时间要比播放快速音乐时长的多，同时增加了饮食消费支出。美国营销学者尼曼在超市中调查发现，一分钟94拍的快节奏音乐和一分钟72拍的慢节奏音乐相比，后者能增加高达38%的销售，因为它让顾客心情平静，不知不觉中走路的速度随着音乐而放慢。音乐与产品形象和消费者心情的匹配可以使心情愉悦，而消费者心情愉快的时候，会产生时间错觉。商店里面放一些轻松、慢节奏的音乐来减少人们的购物焦虑。

听觉在广告应用中很广泛。消费者会将广告声音与产品或品牌建立紧密联系。如同听声音能判断一个熟悉的人一样，通过独特的声音传播，也可以使消费者产生一对一的联想，并由此来认知、判断品牌。设计优美的广告音乐可以使观众感觉到的广告时间比实际广告时间短，广告设计者因此用优美的音乐减少观众因厌烦而更换频道的概率。

（二）视觉

视觉交流是发送信息的一种强有力的方法，在人类认识世界的过程中有80%左右的信息是靠视觉获得。视觉是我们认识外部世界的主导感觉。

研究表明，引起视觉感觉的主要是大小、形状和色彩。在消费者感觉中，色彩实际上决定我们是否看到刺激，是影响购买的极为重要的因素。色彩分为暖色调和冷色调两大类：暖色调，如红、黄、橙；冷色调，如绿、蓝、紫。色彩心理学家发现，暖色通常令人活跃和兴奋，而冷色则令人抚慰和平静。高纯度的色彩和低纯度的色彩比浅色和亮色更容易令人兴奋。因此，夏天穿冷色调服装更加合适；冬天穿暖色调是较好的选择。快餐店里橙色装饰可以引发饥饿感；医院里蓝色和绿色可以减轻病人的焦虑。同时，不同社会阶层在颜色偏好上存在较大差异，流行、明亮的色彩总是用来吸引年轻人和低端市场人群，深色则向来可以吸引高端市场人群。

视觉对面积的大小判断会受形状的影响，一般人会觉得正方形的面积比同样大小的长方形的面积要小。点难以构成独立形象，但如果配合起来可以产生集中力、呼应感和流动感。线产生流动、速度、力量、静止、稳定、柔和等多种感觉，如表3-1所示。

表 3-1　线的形状及其感觉

序号	形状	感觉
1		活泼感与运动感
2		光滑流动与柔软的感觉
3		有力与单纯的感觉
4		平稳、安详之感
5		感觉雄壮、向上
6		不稳定、向前运动之感

直线造型的服装硬朗、干练，曲线造型的服装给人柔美亲切之感。服装上的直线、曲线、斜线、折线的变化，从感官上带来坚硬、柔弱等心理体验。具有平直肩线的军服款式服装表现出坚毅的一面，用在女装上具有中性化的感觉；倾斜、曲折多变的外形是一种女性化温柔的体现。从具体的服装造型来看，矩形庄重、正三角形稳健、倒三角形活泼、沙漏形柔美典雅。不同的款式给人的直觉感官和心理体验也是有所区别的。

（三）嗅觉

嗅觉是最直接的感觉。与其他感觉一样，嗅觉也会产生生理和情绪反应，从而影响购买行为。如薄荷油让人清醒，百合令人放松，苹果的香味有镇静的作用，可以使人呼吸轻松，血压降低。闻童年时闻过的气味能引起童年时那样的情绪反应。研究发现，气味宜人的环境可以鼓励消费者注意相关刺激，延长逗留时间，从而对购买行为产生正面影响。在散发花香的房间中消费者对耐克鞋的正面评价明显高于没有花香的房间。企业可以借助于消费者的嗅觉进行营销接触。如美国的布朗（Bronner）公司每年12月份的时候，在圣诞树销售部喷放松香气味，让消费者体验到节日购物的心境和氛围；美国市场上最畅销的三款香水都带有婴儿粉的味道，给顾客带来温暖的感觉；韩国乐金（LG）有"巧克力"之称的手机则散发出巧克力香味。随着营销人员不断寻求直接影响消费者感觉和记忆的途径，香氛学和香氛产业已经成为经济中不断成长的一部分。

（四）味觉

哲学家康德指出："味觉与嗅觉是人类五种感觉中最内在的感觉。"味觉是一个很个性化的感觉，靠分布在口腔不同部位的约10000个味蕾分辨酸、甜、苦、辣、咸等味道。品尝食品比闻它要多用25000倍的分子，所以对事物的质感、气味、温度、辛辣感等具有更精确的感知。人们品尝东西的方式就像指纹一样各不相同。不同的文化有不同的口味偏好，几乎每一种文化都用食物作为承认或纪念的符号。食物之神统治着许多人的心灵和生活，在大部分人生活里，食物是生理和情感愉悦的一大来源。人们对食品的印象最直接的就是味觉。气味具有文化差异性。如某些文化中大量使用香料可能使其他文化中的人感到难以接受。

（五）触觉

触觉有很多复杂的感觉组成，对心理和行为有极端重要的影响。人的皮肤是非常敏感的。当你在一家服装店发现了一件喜欢的衣服时，你会不自觉地用手去摸摸料子，以确定其质感的优劣。触觉对于有些商品的感知是非常重要的，特别是衣服等直接接触皮肤的商品。

调查结果显示，很大比例的消费者喜爱某些产品是因为接触它们时的感觉。目前很多消费者在购买服装时大部分还是在传统商店挑选衣服而不是通过网上购买，其主要原因是因为他们喜欢触摸和检视，经过亲身体验才知其是否适合自己。

研究显示，触摸羊毛、丝绸、皮毛等纤维有直接唤起联想和降低心跳的能力；在很多商店里，允许消费者试用店里的任何产品，如美国最大的户外商品零售商REI（Recreational Equipent Inc）户外运动体育用品连锁店，运作成功的原因之一就是店内设置攀岩的墙面和其他模拟户外的地方，让消费者可以测试运动时的真实感觉，切身感受户外所购买商品是否与自己的需求相适应。

触觉商标（Touch Mark）是触觉的又一应用，它是通过质地平整光洁程度区别商品或服务出处的商标。一些企业在名片、信封、公司简介、包装袋、员工服装上使用特殊的材料，以达到与众不同的效果。在商场促销中，尽管服装的现场陈列靠视觉对消费者的感官影响较大，但是人体感觉不是独立作用，而是协同工作的。如嗅觉和味觉本身就是紧密联系的，如果能够让各种感觉协同起来向顾客大脑传递性质一样的信息，形成不断强化，营销效果会更明显。

第二节　知觉与服装消费

一、知觉的特征

人们在认知客观世界的过程中，不仅能借助感觉器官对事物的个别属性进行感知，而且能将其各种个别属性联系并综合起来，形成整体反应。知觉就是人脑对直接作用于感官的客观事物的整体属性的反应。当我们在选购服装时面对一件服装，它的款式、色彩、面料、价格、做工、品牌等信息会一一被感觉和接收，进而形成我们对此款服装的整体印象，也就是知觉，它将成为最终是否购买这件服装的决定性因素。

知觉是人们对感觉信息进行组织和加工的主动反应过程，这一过程受到客观事物的特征和个人主观因素的影响，从而表现出某些独有的活动特征，具体表现在相对性、选择性、整体性、恒常性等方面，它们保证了人们对客观事物的认识。

（一）知觉的相对性

由于存在着个体差别，人们对相同的客观对象会产生不同的知觉差异。面对同样款式的服装，每个人的知觉都是不同的，有人会觉得好看而欣然接受，也一定会有人觉得难看而断然放弃。正是基于知觉的相对性特征，从而延伸出人们对服装款式的多样化需求。

同时，人们在形成知觉的过程中，周围的其他刺激因素也会影响到人们所获取的知觉经验。例如，同一件服装穿在不同年龄的人身上，所带来的知觉感受是不同的。以吊带衫为例，二三十岁的年轻女性在夏天外出时穿着会让人觉得很时尚和活泼，而在相同环境下，中年女性穿着它则会显得不得体。服装还会因为穿着的地点不同而给人不同的知觉感受，奥斯卡颁奖典礼上众多女星穿着的晚礼服再华美，它也只适合于出席颁奖、晚宴等场合，如果将它穿着上班，恐怕没有人会觉得这是美的。另外，同一件服装穿在不同气质的人身上也会让人产生不同的知觉。因此，人的知觉不是绝对的，具有明显的相对性。

（二）知觉的选择性

当今社会，人们处在各类信息的包围中，感官时刻接受着大量刺激。但人脑无法在同一时间内对所有感觉到的刺激都做出反应，而是有选择地把其中一部分刺激作为信息加以接收、加工和理解，从而形成知觉，而其余的信息则成为了知觉的背景，变得模糊起来，这就是知觉的选择性。所以，知觉的选择性实质上就是从背景中区分出对象（即有效信息），并使对象得以清晰反映的过程。在服装消费活动中，这些刺激包括了商业方面的信息，如服装广告、服装橱窗陈列、服装促销信息等，以及非商业方面的信息，如流行讯息、新闻报道等。面对这些各种刺激，有些消费者会加以处理后形成知觉，而有些则会予以忽略。

服装消费中的知觉选择性具体表现在它能使人们的注意力集中指向感兴趣的或需要的服装产品及其某些特性，人们能够从众多对象中把自己所需要的服装区分出来。凡是符合人们需求或兴趣的刺激物，往往会成为首先选择的知觉对象，而与需求无关的事物则容易被忽略。同时人们能从同一商品的众多特性中，优先注意到某些特性。

知觉的选择性受多方面的影响。刺激本身需要有足够的强度才能引起消费者的关注，并且人们自身的需求、欲望、态度、偏好、价值观、情绪、性格等，对知觉选择也会产生直接影响。例如，人们在愉悦的状态下，对刺激的反应较心情低落时会显得更灵敏。另外，价值观的差异也会使消费者对同一商品表现出不同的知觉反应，注重物质享受的人对中高端服装品牌或奢侈品品牌的感知会较为深刻，而崇尚节俭的人对此可能就印象模糊。

（三）知觉的整体性

通常我们所感知的对象都是由许多具有不同属性的部分组成，但人们并不会把这一对象感知为若干相互独立的部分，孤立地去反映知觉对象的个别属性，而总是趋于把它知觉为一个统一的整体。知觉的整体性也称为组织性，它指知觉能够根据个体的知识经验将直接作用于感观的客观事物的多种属性整合成一个整体，以便全面整体地把握该事物。如人们在选购服装时，总是把服装的款式流行度、品牌知名度、价格、做工等因素进行综合，在形成对这件服装的整体印象后再考虑是否购买它。

知觉的整体性对于人们快速识别客观事物也具有积极意义。也就是说，当人们感知一个熟悉的对象时，只要感觉了它的某个属性或主要特征，就可以根据以往经验了解其他属性，从而完整地知觉它。消费者一旦对某个服装品牌形成了诸如做工精良、款式时尚、价位合理的整体知觉判断，那么当他再次选购这个品牌的服装时哪怕没有仔细观察这件服装的做工，也能获得这件服装做工上乘的印象。

（四）知觉的恒常性

由于人们具有知识经验，即使知觉的客观条件在一定范围内发生了变化，知觉对象的印象也能在一定程度上保持相对稳定，这就是知觉的恒常性特征。恒常性有助于人们全面真实稳定地反映客观世界，并且更好地适应环境。

在复杂多变的市场环境下，人们在服装消费时能依赖知觉的恒常性避免很多外部因素的干扰，能根据以往对于这个品牌的认知或购买后的使用经验，保持对某些服装产品的一贯认识。例如，作为一个在市场中有一定美誉度的服装品牌，它已经在一部分服装消费者心目中形成了较为牢固的印象，即使它最近重新装潢了店面，更换了产品包装，甚至改变了形象代言人，但人们从知觉经验上仍会对其保持原有的心理倾向和知觉。恒常性有助于人们不受到一些条件的变化影响，更全面、更正确地反映客观对象。不过与此同时，在某些情况下，知觉的这个特征也会导致人们形成偏见，不利于全面正确的反映事物。

案例

在市场竞争中，"知觉质量"是产品竞争力的最高阶段，这也是所有服装品牌共同追求的目标。一般而言，服装产品的特征，如款式、面料、烫工、缝纫质量、辅料等都可作为消费者在服装消费中知觉服装品牌整体质量的参考线索，通过这些特征消费者可以来判断服装的优劣，并形成对这个服装品牌整体质量的感受。一旦某个服装品牌在消费者心中形成了"知觉质量"，那么它在日后被购买的可能性将大大增加。

有的产品特征对决定服装的内在质量有很大影响，有的产品特征则具有相对较小的重要性。但消费者在形成对产品质量认知的过程中，则可能透过那些对决定内在质量只具有较小重要性的线索来评价产品质量，譬如人们可能只是因为衣服上一个小小的扣子没有缝牢就给这个服装品牌的"知觉质量"扣了很多分，这将直接损害品牌在消费者心中的形象，进而影响其销售。因此，针对知觉的特点，服装品牌在打造"知觉质量"的过程中，无论大小，每个环节都不能松懈。

二、知觉的组织原则及应用

人们在进行知觉的过程中，需要经过主观上一定的选择处理。而这个过程具有一定的逻辑性和组织性，需遵循一定的组织原则进行。具体来看，其组织原则如下：

（一）类似原则

当有若干刺激物同时存在于知觉范围内时，如果各刺激物某方面的特性（如形状、尺寸、色彩、空间位置、角度、质感等）相似，人们在知觉上自然而然地易将其归于同一类。在对服装的知觉中，相同或相互之间比较类似的元素都容易被组成一组或一个整体。2009年在克里斯汀·迪奥（Christian Dior）春/夏服装设计中运用了环形的珠片装饰作为设计元素，虽然它们分布于服装的不同部位，但由于它们拥有相同的形状、相同的质感、相同的色彩，从视觉上看因为它们的存在而强化了服装的整体感（图3-4）。服装品牌高田贤三（Kenzo）在其2010年秋/冬的产品设计中将几种不同花型的针织面料结合到了同一件服装里，其中衣服领口和裙子下摆使用了相同的花卉图案面料，强调了上下装的整体性（图3-5）。在服装设计中充分考虑知觉的类似原则，使服装给人以既有变化又不失统一的感觉。

图3-4　Christian Dior 2009春/夏服装设计　　　图3-5　Kenzo 2010秋/冬服装设计

（二）邻近原则

人们常把空间位置比较相近的物体感知为一个组或一个整体，在服装设计中充分利用该原则，能够在款式上形成节奏和序列感。2009年华伦天奴（Valentino）在其春/夏女装设计中将一定数量的结饰分散缝缀于礼服上，由于这些结饰完全相同，且空间位置相互接近，因此不仅在视觉上给人造成了整体感，而且由于在裙装上装饰的位置不同还产生了节奏美感（图3-6）。在女装品牌香奈儿（Chanel）的2009秋/冬服装系列中，女上装前胸的纽扣装饰由于位置的集中，且边缘线非常接近，人们在观察时往往会忽略它们的个体性，而将它们视为一个整体，因而它们排列出的弧线型序列以及所在的门襟部位在整件服装中得到了强调（图3-7）。

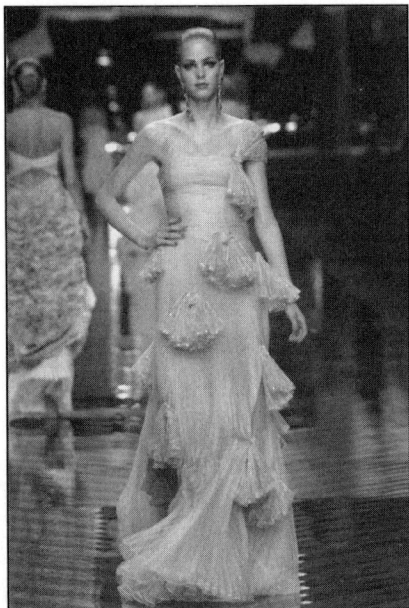

图3-6　Valentino 2009春/夏服装设计　　　　图3-7　Chanel 2009秋/冬服装设计

（三）闭合原则

在知觉过程中，有封闭轮廓的图形比不封闭的图形更容易被感知为一个整体。在服装上，不同面料的材质、图案和色彩间的组合关系会形成不同的封闭或开放图形，给人的知觉造成一定的影响。在约翰·加利亚诺（John Galliano）2010秋/冬服装系列中，服装的轮廓边缘（如领边、袖口、门襟、袋口、下摆等）均被相同的黑色条形花纹所装饰，封闭的图案形成了服装较为完整的感觉（图3-8）。2009年爱马仕（Hermès）秋/冬服装设计中，米黄色女外套的边缘——领口、袖口、下摆均采用了流苏同一种元素，它们将服装中的各种元素完整的封闭在了一个轮廓内，风格突出（图3-9）。

图3-8　John Galliano 2010秋/冬服装设计　　图3-9　Hermès 2009秋/冬服装设计

（四）连续原则

人类的视觉倾向于将具有良好连续性的图形感知为一个整体。在日常生活中，我们可以看到知觉上的连续原则在服装上应用较为广泛，通过它能够极大地丰富服装内涵，避免款式设计的平淡。在具体的服装设计中，因为图案的连续性，即使款式、面料、色彩或造型上发生了变化，服装仍能保持整体的统一性。品牌亚历山大·麦昆（Alexander McQueen）2009春/夏的女装设计中使用了一组冰花图案，它自上而下覆盖了服装的大部分面积。其单个冰花的图案造型、大小和位置虽然各不相同，但其具备了较好的连续性，人们的视点能从一个图形平稳地引导进入另一个图形，因而并不显得凌乱（图3-10）。在同年女装品牌让·保罗·高提耶（Jean pual Gaultier）的设计中，女裙的面料织入了鱼鳞形纹样，并且整个图案的布局也是按鱼鳞的排列组合进行的，"鳞片"之间彼此有序的叠加、衔接，虽然个别"鳞片"的尺寸、造型上略有差别，但是仍能形成良好的视觉整体性（图3-11）。

（五）简单原则

人的视觉具有高度的概括能力，在知觉对象时能将其进行一定程度的简化。在服装设计中，在同一款式设计上即使使用了诸多不同的材料、造型或色彩，在一定条件下服装仍能表现出整体性。华伦天奴的女装中虽然结合了网眼、蕾丝、珠片等丰富的设计元素，但由于色彩的单一性，观者仍能感到较强的整体感（图3-12）。让·保罗·高提耶设计的紧身连衣裙上也应用了丰富的面料肌理和结构，但还是能给人简洁统一之感（图3-13）。

图3-10 Alexander McQueen 2009春/夏服装设计

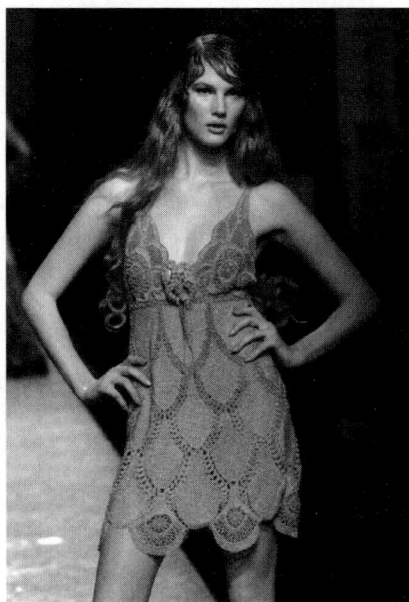

图3-11 Jean pual Gaultier 2009春/夏服装设计

图3-12 Valentino 的服装设计

图3-13 Jean pual Gaultier 的服装设计

三、错觉及应用

由于环境的不同，以及某些光、形、色等因素的干扰，加上生理上的原因，人在感知事物时并非总是正确的，有时也会发生错误，这就是错觉。它是在特定条件下产生的对事物的不正确的知觉，是客观事物在人头脑中歪曲反映的结果。错觉的种类很多，在日常生活中，与服装相关的视错觉是最突出的现象之一，它一般分为形的错觉和色的错觉两大类。形的错觉主要有长短、大小、远近、高低、分割、对比等。色的错觉主要有距离、大小、温度、重量等。正确掌握并巧妙利用视错觉的原理，能对服装设计起到重要的指导作用，并能够在服装穿着中弥补缺陷，帮助获得完美的形象。

（一）长度错觉

同样长度的物体，受周围环境和自身形态等因素的影响，会令人发生视错觉的现象。如同样长短的一根绳子，垂直放置时一定会比水平放置显得更加长一些。图中两根等长的直线，由于两侧箭头方向的变化，使人产生下面的线比上面的线长的视错觉（图3-14）。利用这种长度错觉，为了帮助肩部较窄的对象塑造良好形象，在服装设计中可以考虑突出肩部的设计方法，或通过袖子的造型加宽肩部的尺寸，如泡泡袖、羊腿袖都是较好的选择。如果身材偏矮，且体形匀称，为了能从视觉上增加身高，可以选用下摆扩张的鱼尾裙。

同样长度的直线，在与不同长度的横线组合时，相应的横线越长，竖线就显的越短（图3-15）。因此，长度错觉告诉我们在服装搭配中，身材偏矮的女士应当避免选择下摆较大的服装款式，因为这样只会使她们的身高看上去更矮，而可以选择下摆较合体的一步裙。

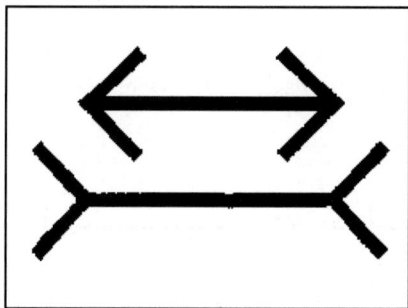

图3-14 线的长度错觉（1）

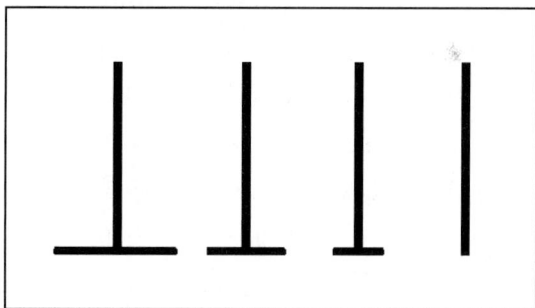

图3-15 线的长度错觉（2）

（二）大小错觉

会引起这种视错觉现象的条件有很多，诸如当同一个物体毗邻一个比它大的物体或被它包围时，就会让人感觉它比实际的要小一些。反之，当相近的物体比它小，则会显得比实际更大一些。人们在日常生活中应充分注意因穿着不当所可能引起的大小错觉问题。如为了使手臂显得瘦些，服装的袖型和袖口应当设计得宽松些，过于紧窄的袖子款式会令手臂看上去变粗。为了使腰身显得苗条，可以选择宽松的喇叭裙或下摆较大的款式进行衬托。

（三）分割错觉

分割错觉是指同一尺寸或形状的物体采用不同的分割方法，从视觉上会让人感觉到它原有的尺寸和形状发生变化。一般来说，间隔分割的越多，物体会显得比原来更高（宽）些（图3-16）。

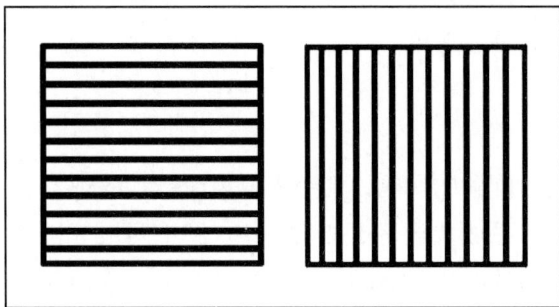

图3-16　线的分割错觉（1）

图形经过分割后还会产生其他方面的视错觉现象。如进行横向分割，分割后会产生横向线条，由于横线为左右方向，视觉上具有横向扩张视觉效应。基于它这个特点，在服装设计中，可以将横线多用于体形偏瘦的人。同时，因为横线具有较好的稳定感，所以可以多使用在中年人的服装中，强化服装的稳重感。如果横线连续排列，它就形成了面，横向的扩张会更为凸显，因此一般来说体形肥胖的人不宜穿横线条的衣服。但根据具体的服装款式、分割的形式以及条纹的疏密和宽窄，其结果是不同的。

如进行竖向分割，分割后产生的竖线会给人以增高、变长、挺拔的感觉。所以在服装设计中，想要服装看上去修身、挺拔，可以通过在服装上增加竖向的结构线、分割线等手段来达到。如果竖线的组织形成是连续排列的，就会形成面的感觉，而借助这种竖线可以使服装产生修长、狭窄的视错觉，帮助肥胖体形的人显得瘦些。

如下图所示，①、②两条线段实际是同尺寸，但是由于①线段作了一定的分割，因此显得比②短了（图3-17）。在服装穿着中利用好分割错觉的规律将有助于掩盖穿着者的身材缺点。体形偏矮胖的人不适合在服装上有过多的横向分割，这种分割可以是横条形的图案装饰或者是结构线。而瘦高型的人则可以选用带有横

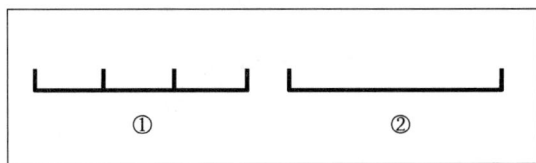

图3-17　线的分割错觉（2）

向分割的服装款式，横向分割的面积要宽而且大，这样能缓和瘦高的感觉，如使用宽下摆或横向拼接。

（四）色彩错觉

由于人的视觉受到周围环境色彩的影响，因此会产生色彩的错觉现象。即使是同一色彩被放置于不同的色彩环境中时，也会给人不同的色彩知觉印象。这种色彩错觉主要包括了冷暖、距离、重量、软硬等诸多方面，该部分内容详见后文"色彩的情感联想与

服装应用"。

📄 案例

我们可以对人体体形进行一个粗略的分类，以下简单列举其中几类体形，并提供一些适合弥补体形缺陷的服装式样。

1. 肥胖体形

肥胖体形的人不宜穿着导致体形向横宽错视方面发展的大花纹、横条纹服装。深色、冷色小花纹和直线纹的服装都会让这一体形的人显得清瘦些。色彩方面避免上身深下身浅，这样会增加人体的不稳定感。冬天不宜穿浅色外衣；夏天不宜穿暖色、艳色或太浅的裤子，因为它会使胖人显得更胖。款式上力求简洁，切忌复杂。过薄布料容易暴露出丰满的体形，而过厚面料会让人显得更胖，也需要慎重选择。

2. 瘦高体形

瘦高体形的人宜穿浅色或带有横条纹、大方格或圆形图案的服装，通过视错觉来增加体形的横宽感。同时可选用红、橙、黄等暖色的衣服加以搭配，使之看上去更健壮和丰满一些，不宜选择单一性冷色、暗色的服饰色彩。

3. 过矮体形

过矮体形的人应少穿或不穿色彩太深或黑色的服装，因为黑色会从视觉上造成缩小的感觉，让人看上去更矮小。选择服装时多考虑素色和横条纹，避免穿鲜艳大花图案或宽条格花纹的衣服。另外，色彩搭配上也应以温和为佳，避免过深与过浅。上下装的色彩尽量选择同一色系，不要反差太大。

（五）色彩的情感联想与服装应用

色彩能够左右人们心理活动，反之我们也能通过服装色彩的选择来表达自己的情感和想法。要在服装穿着和服装设计中正确理解和运用色彩，我们就必须正确了解色彩的相关心理知识如表3-2所示。色彩带给人们的主要情感联想有以下几种：

1. 色彩的冷暖感

色彩本身并没有冷暖的实切温度，其冷暖感是由视觉器官传递的信息经大脑认定而得到的结论，它是人们心中产生的一种冷暖的感觉。有的色彩能让人联想到天空、海洋、冰块等，会引起这种感觉的色彩属于冷色，如灰色、蓝色、绿色和白色。而能让人联想到火焰、炎热、血液等感觉的色彩属于暖色，如红色、黄色和橙色。

显然，色彩的冷暖感主要受色相的影响。在日常生活中，夏季服装适宜冷色调，因为冷色调的色彩使用在服装上后，能使人心理产生相关联想而趋于平静和凉爽。同样道理，冬季的服装则适宜多用暖色。此外，人们在不同的场合中，对于服装色彩的选择都有一些约定俗成的习惯，如在喜庆场合穿着的服装多使用纯度较高的暖色，在正式的工作环境中服装多采用冷色等。

表 3-2　常见的色彩联想

色相	具象的联想	抽象的联想
红色	火、血、夕阳、心脏、红色信号灯、苹果	热情、喜庆、危险、革命、温暖、力量、爱情
橙色	橘子、西红柿、晚霞、南瓜、胡萝卜	安全、积极、快乐、活力、炙热、嫉妒、刺激
黄色	香蕉、月亮、黄金、菊花、黄色信号灯	希望、光明、明快、活泼、注意、不安、猜疑、野心
绿色	树叶、公园、草地、森林、绿色信号灯	和平、新鲜、放松、安全、理想、希望、环保、成长
蓝色	水、海洋、湖泊、蓝天、游泳	沉着、冷静、清爽、冷酷、理智、开朗、自由、宽广
紫色	葡萄、茄子、紫罗兰、紫丁香	高贵、神秘、优雅、罗曼蒂克、权威、严谨、消沉
棕色	咖啡、巧克力、木头、枯叶	自然、朴素、沉稳、古朴、原始、民俗、狭隘
白色	雪花、白云、冰块、白兔、新娘、护士	纯洁、朴素、虔诚、神圣、柔弱、空灵、宽广
灰色	阴天、水泥、沙石、冬季、钢铁	消极、失望、空虚、稳重、无华、独立
黑色	夜晚、煤炭、头发、墨汁	沉默、死亡、恐怖、邪恶、严肃、孤独、高级

2. 色彩的距离感

对于在同一背景下相同面积的物体，因为色彩不同，有的会给人前进感，有的则给人后退感。这是因为同一距离下，波长较长的暖色调在视觉晶体的内侧映像，波长较短的冷色调在视觉晶体的外侧映像，这样暖色调比冷色调给人的感觉更加靠近些，也就产生了色彩的前进感和后退感。同时，在人们的经验中近处的物体由于光照足够会显得较为明亮，而远处的物体因光线不足会暗些。因此，色彩的距离感取决于物体的明度和色相。明色、暖色和高纯度的色彩会给人突出向前的感觉，属于前进色，而暗色、冷色和柔和的色彩会给人后退感，属于后退色。

巧妙应用色彩的距离感将有助于在服装设计中突出重点，画龙点睛。在图3-18中克里斯汀·迪奥的设计师正是将服装面料与图案的色彩间拉开了距离，才使得贯穿全身的图案成为整件服装的视觉中心。而品牌詹巴迪斯塔·瓦利（Gianbattista Valli）在服装中使用了属于前进色的橙色作为点缀，使得橙色部分成为整件服装中最吸引人们视线的焦点，原本平淡、简单的裙装造型被打破，增添了几分热情和趣味（图3-18、图3-19）。

3. 色彩的膨胀感与收缩感

不同波长的冷暖色调在眼球晶体上成影像的清晰度并不同，暖色调在眼睛里成像容易不清晰因而形成一种扩散性，给人以膨胀感；反之，冷色调则会给人收缩感。一般来说，色彩的收缩感或膨胀感主要受明度的高低及色相的影响较大。在立体空间中前进性的明色、暖色具有扩散性，称为膨胀色，而后退性的暗色与冷色则有收敛性，称为收缩色。

图3-18 色彩的距离感（1）

图3-19 色彩的距离感（2）

　　法国国旗上的三种色彩原来的宽度是相等的，可由于色彩的视错觉让人感到这三种色块的宽度并不相同。于是设计师根据色彩的膨胀和收缩原理，将红、白、蓝三色宽度比调整为35∶33∶37之后，才让人们觉得它们等宽（图3-20）。在图3-21中，黑白两个相同大小的箭头，因为明度不同，白色的箭头就比黑色的看上去大一些。

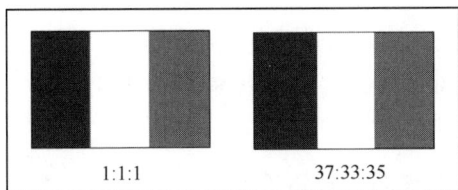

图3-20 色彩的膨胀感与收缩感（1）

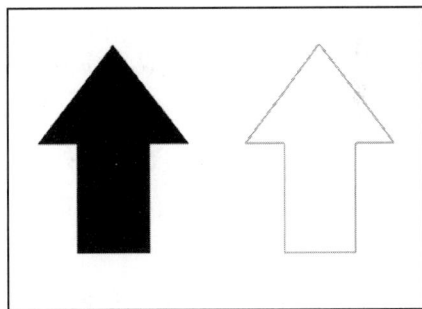

图3-21 色彩的膨胀感与收缩感（2）

　　在服装设计中，利用色彩的膨胀感与收缩感来改变人体外形的例子很多。如因为浅色具有膨胀作用，深色具有收缩作用，因此瘦小的人穿明亮的暖色的衣服会显得体形更匀称，而丰满的爱美人士适合选择冷色、深色的服装，让自己看上去更苗条。

4. 色彩的重量感

　　相同面积的物体因为色彩相异还会产生不同的轻重感。人们在生活中早已形成了对于物体轻重的固有认知，如浅色的物体比较轻（如白色的雪花、棉花、羽毛等），而深色的物体比较重（如黑色的石块、深色的金属等）。因此，色彩轻重感最主要取决于明度的高低。一般明度越高的色彩令人感觉越轻，反之则会感觉越重。同时，暖色系的色彩容易使人感觉较重，冷色系的色彩感觉较轻。

基于色彩的重量感，对于同款式的服装，使用深色或浅色所造成的视觉上的重量感是不一样的。人们在选择服装色彩时，若全身的色彩都较浅，在视觉上一定会给人一种轻盈、飘逸的感觉。反之，则会给人以稳重、压身之感。这种重量感同样适用于上下装的色彩搭配。上衣使用深色而下装用浅色，会让人觉得上重下轻、身体重心不稳定。而上衣使用了浅色，下装使用深色则会获得稳重的效果。

（1）色彩的软硬感：生活中有些色彩会给人坚硬的感觉，而另一些则让人觉得柔软，这与色彩的轻重感类似，软硬感主要和明度有着密切关系，同时纯度也会对它产生影响。一般情况下，感觉坚硬的色彩通常是明度较低、纯度较高的颜色，相反，感觉柔和的色彩通常是明度较高、纯度较低的颜色。从冷暖色分类来看，有彩色中的冷色具有坚硬感，暖色具有柔软感；而在无彩色系中，黑色偏硬，灰色和白色偏柔软。

在服装设计中，准确把握色彩的软硬感对服装风格的烘托有很大帮助。例如，在正装、职业装、工装等穿着环境较为正式、严肃时，较宜使用硬感色彩。而在少女装或淑女装上，为了体现温柔优雅、浪漫活泼的特质，则宜多采用软感色彩。人们只有了解自己希望把服装穿出怎样的感觉，才能选择恰当的色彩。

（2）色彩的兴奋与沉静感：色彩能引起人们情绪的高低变化，如黄色、橙色和红色等色彩能令人情绪兴奋，而蓝色、绿色等色彩会让人趋于冷静。一般暖色属于兴奋色，而冷色属于沉静色。另外，明度高、纯度高的色彩也属于兴奋色，明度低、纯度低的色彩则属于沉静色。

人们在选择服装色彩时应考虑到自身特点、服装穿着环境等因素。例如，在节日、庆典或者婚庆环境中穿着的服装就以兴奋色为宜，而在应聘面试或工作时则穿沉静色。从年龄看，童装适宜多用色彩鲜艳的兴奋色，而中老年服装则适合沉静色。不过这几年在中老年人服装当中也开始流行兴奋色，其目的主要是希望整体形象看上去更活力，更年轻。

（3）色彩的华丽与朴素感：色彩还会给人以华丽与朴素的感觉，这种感觉与纯度关系最紧密，而明度、色相对其也有所影响。总体来看，色彩的纯度和明度越高，则华丽、鲜艳的感觉越强；反之，则越是会给人低调、朴素的感觉。如果有光泽色的加入，不论什么纯度、明度和色相的色彩都能获得华丽的效果。根据服装不同的穿着要求，人们可以选择不同的色彩来表达其华丽或朴素之感。例如，对于出席晚宴的服装来说，宜采用具有华丽感的色彩；对于出席如讲座、学术报告之类较严肃的环境的服装则宜采用具有朴素感的色彩。

此外，色彩还能给人们带来明快感、阴郁感、听觉感、味觉感、嗅觉感等联想感受。

复习思考题

1. 查阅有关感觉营销的案例，并进行案例分析，写出服装商品销售中如何运用感觉营销的方式进行促销。

2. 如何运用知觉的特征进行陈列展示设计及消费者服饰配套设计。

3. 感觉、感觉阈限的内涵？感觉营销的内容包含哪些？

4. 知觉具有哪些特征？

5. 错觉的定义和内涵及其在服装中的应用有哪些？

6. 色彩的情感联想与服装应用有哪些？

注意、记忆、意识基本理论——

注意、记忆、意识与服装消费

教学内容： 1.注意、记忆、意识的原理及在服装消费行为中的应用

2.潜意识是意识的概念，西格蒙德·弗洛伊德提出的潜意识"冰山理论"

3.自我意识的构成及其与服装消费的关系

上课时数： 4学时

教学提示： 主要阐述注意概念及其在广告中的运用；记忆的规律及其在服装市场营销中的运用；潜意识的"冰山理论"及其在服装消费心理中的应用；自我意识的构成及其与消费的关系

教学要求： 1.了解注意的内涵和原理及其在服装广告中的应用

2.了解记忆的定义和内涵

3.掌握记忆的规律及其在服装市场营销中的运用

4.了解意识的概念与内涵

5.掌握潜意识的内涵实质并学会运用潜意识在服装消费中的作用

6.掌握自我意识在服装市场营销中的运用

第四章 注意、记忆、意识与服装消费

人的内心所进行的所有活动都属于心理活动，人们对于客观世界的观察，对于感兴趣事情的注意等都是人的心理活动。这个过程包括感觉、知觉、注意、记忆、思维、情感、意识倾向等心理现象，前一章节已经介绍了感觉、知觉的知识，本章根据服装消费的特征，介绍注意、记忆以及意识等相关知识。

第一节　消费者的注意

随着信息的发展，有价值的不是信息，而是注意力。

——赫伯特·西

注意力经济是指最大限度的吸引用户或消费者的注意力，通过培养潜在的消费群体，以期获得最大的未来商业利益的经济模式。在这种经济状态中，最重要的资源既不是传统意义上的货币资本，也不是信息本身，而是大众的注意力。只有大众对某种产品注意了，才有可能成为消费者，购买这种产品，而要吸引大众的注意力，重要的手段之一，就是视觉上的争夺，也正由此，注意力经济也称为"眼球经济"。服装是特殊的商品，集文化、创意、时尚为一体的服装，在视觉经济方面表现尤为突出。如衣服的色彩对视觉认知的传达速度最快。色彩是视觉中最具感染力的语言，适当的色彩效果不仅会改变原有的色彩特征及服装风格，产生新的视觉效果，还会体现出人物的精神风貌甚至时代特色，对于提升消费者的注意起到非常重要的作用。

案例

玻璃刻花酒杯的售卖

如某大百货公司新进了一批高级玻璃刻花酒杯，尽管它造型优美，质量上乘，但上柜之后却很少有人问津，每天仅销2~3套。有位营业员想了个办法把酒杯在橱窗里摆开，并在每个杯子里斟上红色的液体，这么一来，把晶莹剔透的刻花，高雅动人的造型衬托得清清楚楚，使人见了格外喜欢，购买愿望油然而生。结果，销售量一下子升到每天30~40套。这实际上是运用了注意中的增强刺激物的强度，以吸引消费者的注意力。在营销活动中，还可运用巨幅的广告牌、明亮的橱窗来增强刺激物的强度；陈列的服装经常变化，举办新品展销，是利用刺激物的新异性；时装表演、闪动的霓虹灯则是运用刺激物的运动性等方法以引起消费者的注意。

案例分析：正确发挥注意的心理功能，引发消费需求，对于提高售货效率具有实际意义。

一、注意的概念和分类

（一）注意的概念

所谓注意是指人的心理活动对外界一切事物的指向与集中。它是心理活动的一种积极的状态，使心理活动具有一定的方向性。注意本身并不是独立的心理过程，而是感觉、知觉、记忆、思维等心理过程一种共有的特性，任何心理活动在开始时，总是表现为注意指向于这一心理过程所反映的事物，消费者总是把感知力、记忆力、思考力集中到某一特定的事物上。

（二）注意的分类

根据产生和保持注意时有无目的性和意志努力程度的不同，可将注意分为无意注意、有意注意、有意后注意三种类型：

1. 无意注意

无意注意是无目的性，不需要意志努力而产生的注意。事先没有预定目的，引起无意注意的原因：一是刺激强度大，与周围环境有鲜明的对比，容易引起注意。二是主观状态也影响人的无意注意。产品博览会上，厂家常运用这些因素，如广告、装饰、灯光、音乐等吸引参观者的注意力。只有新的刺激物具有某些从其他物体中分离出来的创新点，与众不同才能引起广泛注意。美国科学家最新研究表明，热恋中的男子要想讨得女友欢心，与其送女友鲜花或巧克力，还不如让自己身着红色基调的服饰，这样更易吸引女友的注意力。

2. 有意注意

有意注意是指自觉的、有预定目的，并需要一定意志力而产生的注意，不因对象是否强烈、是否新异、是否有趣而改变。消费者在意志的控制下，主动把注意力集中起来，直接指向消费对象。有意注意通常发生在欲求欲望强烈、购买目标明确的场合，需要是一种主动服从于一定目标的注意，时常受到主观意识的主动调节和控制。例如，急需购买某种服装的消费者会刻意地寻找、收集有关该类服装方面的信息，并在众多的同类服装中把注意力集中到期望的商品上。与无意注意相比，有意注意是一种高级的注意形式。通过有意注意，消费者可以迅速感知所需商品。

3. 有意后注意

有意后注意是指有预定目的，但不经意志努力就能维持的注意，它是在有意注意的基础上产生的。消费者对于消费对象有意注意一段时间后，会逐渐对该对象产生兴趣，即使不进行意志努力依然能够保持注意，此时就进入有意后注意的状态。 这种注意形式不容易发生注意力转移，并保持相对稳定和持久性。

以上三种形式并存于消费者的心理活动中，它们之间即交替作用，又相互转化，如无意注意可以转化为有意注意，有意注意可以进一步转化为有意后注意，在交替转化过程中，三种注意形式共同促进消费者心理活动的有效进行。

二、注意的特征

注意具有注意广度、注意稳定性、注意转移、注意分配特征：

（一）注意广度（注意范围）

注意广度是指在同一时间内，意识能清楚把握对象的数量，又称为注意范围。最早进行注意广度实验的是哈密尔顿（Hamilton）。他在地上撒一把石弹子让被测试者即刻辨认，结果发现被试者很不容易立刻看到六个以上的石弹子，如果把石弹子以两个、三个或五个放成一堆，被测试者能掌握的堆数和掌握的一个个石弹子数一样多。心理学家在1/10秒的时间内呈现彼此不相联系的字母、图形或汉字进行实验。研究表明，成人注意的平均广度是：外文字母4～6个，黑色圆点8～9个，几何图形3～4个，汉字3～4个。在知觉任务相同的情况下，知觉对象的特点不同，注意的范围会发生一定的变化。研究表明，知觉的对象越集中，排列得越整齐、有规律，越能成为相互联系的整体，注意的范围就越广；反之，注意的范围就狭窄一些。例如，颜色相同的字母比颜色不同的字母的注意范围要大些；排列整齐的字母比杂乱无章的字母注意数目要多些；大小相同的字母比大小不同的字母注意的数量要大得多；组成单词字母比对孤立的字母注意的范围要大得多。知识经验丰富，注意范围就大；知识经验贫乏，注意范围就小。

（二）注意稳定性

注意稳定性是指对选择的对象能稳定、长时间地保持的特性。注意稳定性是能较长时间地保持在某种事物上的一种品质。稳定性的标志是在一段时间内保持注意的高度集中，在此需明确的是，稳定总是相对的。在注意稳定的情况下，感受性也会出现周期性的变化，这种现象称为注意的起伏或动摇，但它并不影响注意的稳定性。能否保持注意的稳定，与消费对象是否单调枯燥有关，但更取决于消费者的主观状态和意志努力。在学习和工作中，要保持广义的注意稳定性，就要了解影响注意稳定性的因素和掌握提高注意稳定性的方法：

（1）应该明确要完成的总任务和具体任务，并积极地去尝试解决它。

（2）要使注意对象内容丰富，活动多样化。不同的活动最好是交替进行，并在活动中不断提出新问题。

（3）注意与外部实际活动相结合，可以起到组织和控制注意的作用。因此，人在注意的时候，若能把注意与实际操作结合起来，直接接触实物，就可以使注意较长时间地稳定在所注意的对象上。

（4）注意的稳定性还与一个人的主体状态有关。例如，在身体健康、精力充沛的情况下，能以极大的兴趣从不同的方面去观察所注意的事物，并以积极的态度进行思维，注意的稳定性就容易保持。

（三）注意转移

注意转移是指由于任务的变化，人主动的把注意由一种对象转移到另一种对象上去的现象。它与注意的分散不同，它是有意识地根据任务需要而进行的，而注意分散则是由无关刺激的干扰或单调刺激的作用所引起的注意对象的改变。影响注意转移的主要因素有：

（1）原来注意的紧张程度：如果原来的注意紧张程度高，新的活动又不符合引起注意的条件，转移注意就困难和缓慢。如看过一篇生动有趣的小说之后，要立刻开始解答难度较大的数学习题，注意的转移就困难些。

（2）对引起注意的新事物的意义理解程度：如果人们对引起注意转移的新事物的意义理解得很深刻，即使原来从事的活动吸引力很强，也能顺利和较快地实行转移。

（3）神经过程的灵活性：神经过程灵活的人，注意的转移就来得快，反之则来得慢。

（4）已有的习惯：一个在学习或工作中养成长时间不集中注意习惯的人，其注意很难有目的地、及时地从一个对象转移到另一个对象上。

（四）注意分配

注意分配是指在同一时间内，把注意指向于不同的对象，同时从事几种不同活动的现象。其条件是：所从事的活动中至多有一种是不熟练的；所从事的几种活动之间应该有内在的联系；两种活动在同一感觉通道也很难做到注意分配。早在1400多年前，中国北齐的刘昼就设计了考察注意分配的测验，结果表明：“使左手画方，右手画圆无一时俱成”，其结论为“由心不两用，则手不并运也”。近代用复合器作的实验也发现，不同种类的刺激严格地同时作用于两个感官的时候，注意分配相当困难。

三、影响注意的因素

（一）刺激物因素

刺激物因素指刺激物本身的特征，如大小、颜色、位置、运动等，是营销者可以控制的，所以在营销实践中它们常被用来吸引消费者的注意。

1. 大小和强度

一般来说，大的刺激物比小的刺激物容易引起注意。研究表明，广告版面扩大10倍，注意率提高七倍。因此广告的惯用策略是大尺寸广告。刺激强度越大，如更大的声音、更明亮的色彩，更容易引起注意。因此，广告中多采用明亮色彩的印刷广告、响亮的广告声。

2.色彩与运动

彩色画面通常较黑白画面更容易引起注意。黑白广告的注意率为3%，彩色为50%；黑色与单色结合的广告，比黑白广告的注意率提高7%；四色广告的注意率比黑白广告高出54%。

具有动感的、变化的刺激物较静止的刺激物更容易捉住人们的视线。所以，电视广告吸引注意力的效果要强于印刷广告。平面广告是静止的，就要采用似动效果，用活动的布局、表现动态活跃的照片来增强吸引力。

3.位置与隔离

刺激物的位置不同，所引起个体的关注也不一样。如视野正中的物体较处于边缘的物体更容易被人注意，所以与视线平行的货架位置争夺激烈。对于杂志来说，位于封面的广告要比封二、封三以及封底的广告更容易引起关注。就电视节目之间所插播的系列广告来说，系列开始以及末尾的广告更容易引起人们的关注。

隔离是将某些特定刺激物与其他物体分隔。隔离有助于吸引注意力。如报纸或印刷媒体，将大部分版面空下来而不是用文字或图画填满整个版面，采用空白、花边、边框等形式将某广告与其他广告相区别。

4.对比与刺激物的新颖性

对象与背景有显著差异、形成鲜明对比的刺激物，更能引起人们的注意。有强度对比、颜色对比、动静对比等。当刺激物具有新颖性时，出乎意料的不平常的刺激特征性，与人们预期大相径庭的画面、内容，更能引起人的注意。

5.信息展示的方式与信息量

通常，简单、直接的信息呈现方式较复杂的方式更多地受到注意。给消费者提供过多的信息，会使他处于信息超载状态，从而降低信息处理水平。

（二）个体因素

个体因素是指个人的特征，它们通常是企业不能直接控制的，主要有需要与动机、态度、人的情绪和精神状态等。当人处于某种需要状态时，会对能够满足这种需要的刺激物主动关注。人在心情愉快时，即使平时不被他注意的事物，也会引起注意。而心情郁闷时，平时容易引起注意的事物也不易引起注意。

四、发挥注意特征在服装市场营销中的作用

以上注意这些特征表明，注意在消费者的心理活动中具有重要的作用，合理运用这些特征规律，可以维持和增加心理活动的强度，也可以减弱心理活动的效率，为此服装设计、生产和服装销售终端的企业要充分利用注意的特征，在服装设计、包装、广告宣传、终端陈列设计等，应该采取多元化的营销手段，以引起和保持消费者的有效注意，具体如下：

（一）在服装消费中，加强消费者在购物过程中的刺激，引起无意注意，引发消费需求

无意注意即无目的、不需意志努力的注意，常由环境变化引起。在服装设计、营销中充分运用以下元素，实现注意的转移。

1. **加大服装商品的自身刺激强度**

加强服装的色彩、造型、面料、细节等方面的特性，强化刺激作用，如运用面料的二次再造设计、运用反流行现象等。三宅一生的作品——褶皱是最为独特和出名的。从1989年有褶皱的衣服正式推出与顾客见面，三宅一生的名字和他衣服上的褶皱就连在一起了。运用褶皱表现他的个性，是他的出发点之一，另一个出发点是他希望自己设计的服装像人体的第二层皮肤一样舒适服帖，褶皱能够很好地完成这个任务，它能给穿衣人足够的活动空间，也能给他们充分展示自己体态的机会。三宅一生很好地解决了东方的服装给人留出空间和西方式的严谨结构之间协调的问题，使顾客为自己找到了完美的解决方案，所以三宅一生的褶皱服装是通过顾客的穿着行为最后完成造型的。同时他也用完美的色彩感觉给他的服饰以商标式的外观。这些独特外观刺激，引起消费者注意和增强消费者的需求（图4-1）。

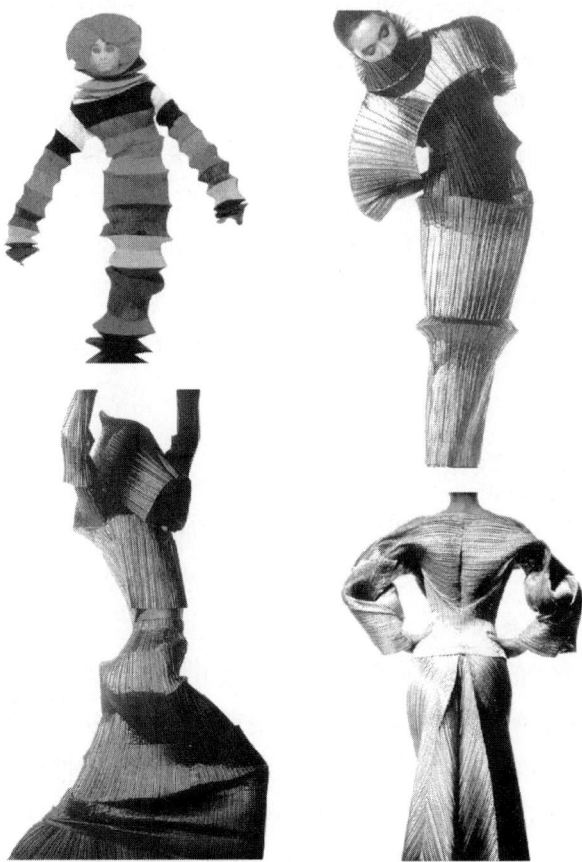

图4-1 三宅一生的作品

2. 充分利用服装的动感

在不同的光照下，变换颜色的面料；皮衣上装饰的流苏，不停地飘动；各种金属饰物；古人的发饰物步摇；利用OP艺术设计的具有动感的面料等，都充分地利用了注意的这一特点。

3. 创新立异

不规则的东西，不规则的款式；数量多的复杂的事物；组成饰物成分之间的不同性质；不同质感材料组合所完成的设计，如金属与软面料，皮毛与纤维，反光的与不反光的等；多种不同分割线所完成的设计面料图案上的凌乱。与事物规则化相反的、不协调的东西，易引起人的注意力，如内衣外穿。

4. 充分满足人的需要、兴趣、情绪状态等心理特点

处于不同的心境下，人的注意力也表现为不同的特点，高兴时喜欢穿亮丽色彩、新潮一些的款式；忧伤时喜欢低调的、保守一些的款式。整个时代的情绪气氛也影响人的选择。

（二）合理运用注意广度特征，做好服装终端陈列设计特色，促进购买行为形成

在服装陈列设计中力求醒目突出，以便能够迅速引起消费者的注意，合理定位摆放高度。消费者走进商店，经常会无意识地环视陈列商品，通常情况下，无意识的展望高度是0.7~1.7米；同视觉轴大约30°角上的商品最容易让人清晰感知，60°角范围内的商品次之；在1米的距离内，视觉范围平均宽度为1.64米；在2米的距离内，视觉范围达3.3米；在5米的距离内，视觉范围8.2米；在8米的距离内，视觉范围就扩大到16.4米。因此，商品摆放高度要根据商品的大小和消费者的视线、视角来综合考虑。一般来说，摆放高度应以1~1.7米为宜，与消费者的距离约为2~5米，视场宽度保持在3.3~8.2米。在这个范围内摆放，可以提高商品的能视度，使消费者清晰地感知和注意商品形象。

（三）广告宣传需要引起消费者的注意

服装企业在进行广告宣传时，要使广告很快被消费者接受，可以从以下四个方面进行展示：

1. 通过动态的时装秀展示

随着现代互联网技术的发展，微信、微博、微电影等微媒体的传播，精短的动态时装秀，更能够给消费带来新鲜的刺激感，引起消费者的关注。从着装的美学角度来看，人即衣、衣即人是最和谐、最融洽的状态。要求人的衣着要代表其性格、爱好、理想、兴趣，以及仪表、风度和气质的个性风貌。一场时装秀通过模特的表演把服装内在的精神气质、风格神韵、特定个性展现出来，并通过形体语言的变化和各种造型姿态，将服装的内涵表现出来，并传达展示在消费者面前。人们通过服装模特的展示表演，感觉服装的魅力所

在，并由此感受生活、感受美。

2. 利用大小、强度的变化强调注意

形状大的刺激物比形状小的刺激物容易引起注意，所以服装的广告宣传选择户外大的广告牌宣传效果较好；同时具有动感的、变化的刺激物较静止的刺激物更容易捉住人们的视线。通过电视广告进行服装促销吸引注意力的效果要强于平面印刷广告；平面广告是静止的，要用活动的布局、似动的效果来增加图片的吸引力，可以采用留白的形式，而不是将文字和图文填满这样会增加动感，如图4-2所示。

图4-2　服装广告留白

（四）服装店铺营销

从消费者购买偏好和习惯来看，越来越多的消费者是在商场看到商品后才做出购买决定的。市场调查显示，不少人进商场是随便逛逛：83.6％的消费者是非计划性购买，91.6％的消费者是到了店铺才决定购买商品的。

店铺营销并非新的发明，它只是以前人们在策划广告活动时，注重了电视、报纸等大媒体的宣传，仅将店铺营销视为最末端的营销工具。然而，从目前的市场现状看，服装销售，尤其是品牌服装销售，需要以店铺营销作为主要传播活动，更能刺激消费者的购买欲望。

店铺营销首先面对消费者的是店面广告，尤指门头广告和店堂内灯箱广告。以前店面广告只是占据零售点固定的位置，作为传达的工具而已。可现在店面广告已不仅是传达信息的工具，还能担负诱导购买的重任。

店铺营销还包括商品陈列和音乐的配置。商品陈列并不是把几箱商品往商店的过道或门口一放就万事大吉了，而是要使这堆商品活起来。品牌折扣服装，应该根据服装特性来

设置特殊的广告柜以吸引消费者对服装的购买欲望。

调查研究显示，70%的人喜欢在播放音乐的店铺购物。但并非所有音乐均能达此效果，柔和而节拍慢的音乐在店铺播放时，使销售额增加40%，但节奏快的音乐反而使顾客在店里流连的时间缩短而购买的物品减少。

包装广告节省陈列广告费却效果显著。店铺营销还包括POP陈列、店内海报、折价券、人员推荐展示、柜台上样品展示，甚至商品包装本身的陈列与展示也能起到很好的店铺传播作用。

有效的店铺营销必须能够引起消费者注意，让顾客的脚步停留在自己的服装前，提起其兴趣，激发购买欲望，最终采取行动，这是店铺营销的终极目标。

第二节　消费者的记忆

人的大脑是一个记忆的宝库，经历过的事物，思考过的问题，体验过的情感和情绪，练习过的动作，都可以成为人们记忆的内容。在信息的处理上，记忆，就是大脑接受并存储外界信息，在适时的情况下并进行提取的过程。从"记"到"忆"是有个过程的，这其中包括识记、保持、再认和回忆。

一、记忆的概念与分类

（一）记忆的定义

记忆是指人脑对经历过事物的反应。如见过的人或物、听过的声音、嗅过的气味、品尝过的味道、触摸过的东西、思考过的问题、体验过的情绪等，这些经历过的事物都会在脑海中留下痕迹，并在一定条件下呈现出来，这就是记忆。

（二）记忆的基本环节

记忆是一个复杂的心理过程，共由三个基本环节构成：

第一是识记，即识别和记住事物，积累知识和经验的过程。

第二是保持，即巩固已获得的知识和经验的过程。

第三是回忆和再认，即经验过的事物不在面前，能把它重新回想起来称为回忆，经验过的事物再度出现时，能把它确认出来称为再认。识记、保持、回忆和再认三个环节是相互联系、相互制约的。可以说，有"记"才有"忆"。没有识记就谈不上对经验的保持；没有识记和保持，就不可能对经历过的事物的回忆或再认。

（三）记忆的种类

1. 按记忆的内容划分，有以下四种类型

（1）形象记忆：以感知过的事物形象为内容的记忆，称为形象记忆。显然记忆的是形象。如对自己熟悉的人，在记忆中总能加快记起他的音容笑貌，再见面时一见如故，就属形象记忆。

（2）逻辑记忆：以概念、判断、推理等逻辑方式为内容的记忆，称为逻辑记忆。如对数学、物理公式、化学反应方程式的记忆，就属逻辑记忆。

（3）情绪记忆：以体验过的某种情绪或情感为内容的记忆，称为情绪记忆。如被蛇咬过的人对伤痛难忍心情的回忆，就属情绪记忆。于是，才有"一朝被蛇咬，十年怕井绳"的成语之说。

（4）运动记忆：以做过的运动或动作为内容的记忆，称为运动记忆。如练习太极拳时对一招一式的连贯动作的记忆，就属动作记忆。

当然，在记忆活动中，这几种记忆都不是单一进行而是互相关联的。

2. 按照记忆保持的时间划分，有以下三种类型

（1）感觉记忆：又称为瞬时记忆，是指外界信息瞬间一次呈现后，一定量的信息在感觉通道内被迅速登记并保留一瞬间的记忆。这是记忆的起点，所以，又称为感觉登记。感觉记忆时，对信息保持的时间极短，例如，视觉的感觉记忆保持时间仅为0.5秒以内，听觉记忆保持时间为4秒左右。对营销者来说，让消费者看到广告或信息也许并不太难，但若不能引起消费者的兴趣而做进一步处理，则所得到的也不过是残存在消费者的感觉记忆中的1~2秒。

（2）短时记忆：是指保持在1分钟以内的记忆。如初到的陌生人介绍姓名，寒暄过后，有可能忘记，就属短时记忆。

（3）长时记忆：1分钟以上长达多年甚至终生不忘的记忆。如大多数人对童年趣事记忆犹新，就属长时记忆。

这三种类型是相互联系的，即外界刺激引起感觉，其痕迹就是感觉记忆；感觉记忆中呈现的信息如果受到注意就转入短时记忆；短时记忆的信息若得到及时加工和复述，就转入长时记忆，如图4-3所示。

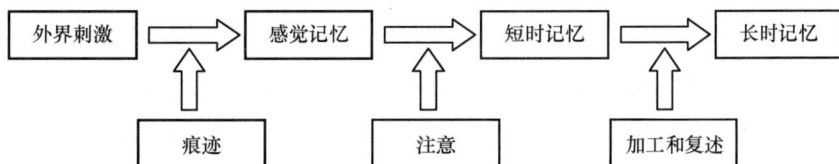

```
外界刺激  ⟹  感觉记忆  ⟹  短时记忆  ⟹  长时记忆
              ⇑            ⇑             ⇑
            痕迹          注意        加工和复述
```

图4-3　三种记忆类型的联系

二、记忆的规律

（一）艾宾浩斯曲线

德国心理学家艾宾浩斯（Hermann Ebbinghaus，1850-1909）对遗忘现象做了系统的研究，让实验者记忆了100个陌生单词，经过测试，得出了如表4-1所示的时间与记忆量的关系。他又根据这些数据描绘出了一条曲线，这就是非常有名的揭示记忆性规律的曲线——艾宾浩斯记忆曲线，也称为艾宾浩斯保持曲线，如图4-4所示。它的纵坐标代表保持量。曲线表明了遗忘发展的一条规律：遗忘进程是不均衡的，在识记的最初遗忘很快，以后逐渐缓慢，到了相当的时间，几乎

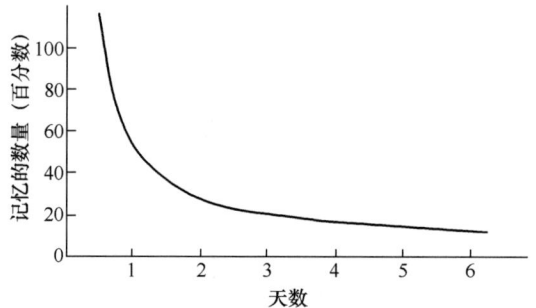

图4-4　艾宾浩斯记忆曲线

就不再遗忘了，也就是遗忘的发展是"先快后慢"。遗忘的进程不仅受时间因素的制约，也受其他因素的制约遗忘。进程不是均衡的，识记后短时间内遗忘的数量多、速度快；长时间内虽然遗忘的总量会增加，但在同样多的时间内，遗忘的数量比前一时期少，遗忘的速度慢。

表 4-1　记忆遗忘的时间规律

时间间隔	记忆量（%）	时间间隔	记忆量（%）
刚刚记忆完毕	100	1 天后	33.7
20 分钟后	58.2	2 天后	27.8
1 小时后	44.2	6 天后	25.4
8~9 小时后	35.8	1 个月后	21.1

（二）魔力之七

美国心理学家约翰·米勒，1956年发表的论文《神奇的数字7加减2：我们加工信息能力的某些限制》（*The magic number seven plus or minus two*）明确指出，短时记忆容量为 7 ± 2，即一般为7，并在5~9之间波动。这是一般承认的短时记忆平均值，即正常成年人一次的记忆广度为 7 ± 2 项内容，多于7项内容则记忆效果不佳。这个"七"被称为"魔力之七"或"怪数七"。

组块（Chunk）是指一个熟悉的单元，即将若干单位联合成有意义的、较大单位的信息加工的记忆单元，是信息材料的意义单元。美国心理学家约翰·米勒曾对短时记忆的广

度进行过比较精确的测定：我们在记忆时可利用这一特点，把需要记忆的内容分配在七组之内，而这七组中的每一组的容量可适当加大。这样每一组相当于一个集成块，加大了集成块的含量，记忆效率应会大大提高。如百家姓，若是一个一个的记，就得记100组，若按"赵钱孙李，周吴郑王"即四个四个为一组记，则只需记25组，25组与100组相比，记忆效率当然会提高了。

（三）斯特鲁普效应

斯特鲁普效应（Stroop Effect）在心理学中指干扰因素对反应时间的影响。如当测试者被要求说出某个颜色和其覆盖的文字字面意义不符的词语时，被测试者往往会反应速度下降，出错率上升。准确的表述是当人们对某一特定刺激作出反应时，由于某种因素的干扰，被刺激者难以集中精力对特定刺激作出反应的现象，因为是斯特鲁普发现的，故以其名叫"斯特鲁普效应"。如图4-5所示，有几个不同的表示颜色的词语，例如红、绿、黄、蓝这四个字，但是如果把红色字涂上绿色、黄色字涂上红色

图4-5　斯特鲁普效应

等，这样马上读出来就会觉得很难，而且反应也慢了，这是因为看见这些颜色不同的字后大脑会首先对文字做出反应，但是那些文字的颜色与大脑贮存的文字资料并不相符，大脑就必须用一段时间来思考。

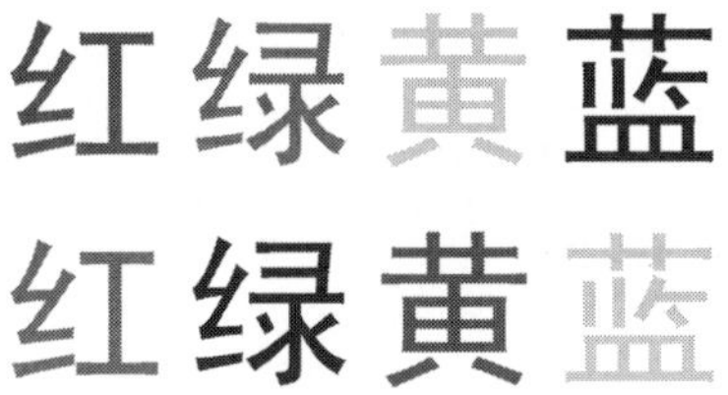

三、记忆在广告营销中的作用

（一）媒体广告时间间隔

消费者对广告信息的记忆及品牌认知随着时间流逝将逐渐衰退，根据艾宾浩斯"标准遗忘曲线"理论，广告投放停止一个月后，消费者对品牌的记忆度降低到最初的20%；广告出现三个月以上的空档，则广告记忆度几乎为零；而广告在每个月重复，品牌认知建立在过去的记忆上，全年则呈现成长现象。为此媒体排期中，广告空档以不超过一个月为宜，媒体预算较少时，广告空档可延长至两个月（最低限度），如果超出这个限度，媒体效果将大打折扣。

（二）把歌曲植入广告中

广告歌是音乐与广告词的完美结合。轻松愉快的广告歌，能减少收听者的抗拒，是记忆度极强的诉求工具。不过对于商品名称、效用等属性的直接记忆度较弱，若能把商品名称直接连接到广告歌之中，其效果尤大。研究认为，广告若采用广告歌的方式来进行，在广告结束后，会产生余音效果，透过听觉暂留的概念，可对消费者的记忆有正面的助益。

（三）广告内容及广告位置

形象和突出的材料较平淡、缺乏形象性的材料遗忘得慢。要使广告内容被消费者记住并长期保持，广告主题、情境、图像等应当具有独特性或显著性，否则，广告内容可能很快被遗忘。广告中经常运用对比、新异性、新奇性、色彩变化、特殊规模等表现手法，目的就是为了突出宣传材料的显著性。

材料的开头和结尾更易被记住，而中间部分更难记住，最先呈现的材料较易记忆，可称为首因效应，最后呈现的材料易记忆，称近因效应。广告中应把最重要的信息放在开头和结尾。如果一则广告能够首尾呼应地突出同一重点信息，则更容易使消费者记住有效的信息。

第三节　消费者的自我意识

案例

改变命运的那个发夹

一年一度的圣诞夜到了，往日平静的小镇瞬时也疯狂起来，但在开派对对面的是一间破旧的茅屋，里面一个小女孩用颇羡慕的眼光呆呆地望着那与她隔绝的圣诞舞会！她是这小镇上最贫苦的人，小女孩的内心充满自卑。

卧病在床的母亲仿佛知道女儿内心的凤愿，从口袋中摸出那张已被拧得皱巴巴的20美元递给她，女孩接过钱，眼中含着泪花告别母亲而去。

在路上，女孩因自卑而不敢抬头看任何人，低着头，默默地从人群中走过。当她走到圣诞舞会里时，看见了一位令她心仪的男生，目光逗留短短的一秒钟时间，她又低下头来，默默地离开人群。

到了商店里，她看见了一个颇为艳丽的发夹，为之心动，此时店老板走了过来，不经意间将那顶发夹戴在她头上，镜子里出现一个美丽典雅的形象，与原先的自己判若两人。仿佛就在那一瞬间丑小鸭竟变成美丽的天鹅，她决定买下这个发夹，将钱交给了店老板，飘飘然向外面冲去。正好撞到一位老绅士，发卡飘落在地。

一路上，她的秀发随风飘动，她越加楚楚动人！所有的人都被她的容貌惊呆了。那位令她心仪的男生此刻已走到她面前，邀请她成为自己的舞伴！这时她发现发卡不见了，当她再次来到那家商店时，又遇到了那位老绅士。这位绅士淡淡地对她说："我就知道你会回来的。"说着把那个发夹交给了她。这时的发卡已经不重要了，重要的是她找回了自信，改变了自我意识。

案例分析：与其说是那个发夹改变了小女孩的命运，不如说是小女孩心中那种获得自信的心态驱散了内心自卑的阴霾，重新认识了自我，这种自我意识改变了小女孩的命运，同时服饰在自我意识提升中，起到非常重要的作用。

一、意识的概念

意识是心理发生时的觉醒状态，以及对于心理活动的维持、调控、监管功能。与之对应的是潜意识。"如果没有意识，人们将无法趋利避害、体察世界和感受幸福。"

意识是心理活动中最基本、最普遍的一种非常重要的形式。它是心理活动的基础，也参与到其他的活动中去：

首先，人们是在清醒意识的状态下，才能进行正常的其他心理活动，不管是潜意识、无意识、下意识还是有意识，都是意识的不同觉醒状态。

其次，人的意识、情绪、意志等心理活动进行的时候，意识使人的行为一直朝着自己的目标进行。

再次，意识一直调节和监督人的心理活动和行为，激发各种心理活动来参与到某一行为中，促使该行为的实现，如果实现该行为出现了困难，意识会激发和调节人们的心理活动来克服这些困难。

人们对于事物的专注就会产生一定的意识。可以用事物的特性来进行命名，如现代服装消费中，人们对于品牌的重视与关爱，称为品牌意识；对于低碳绿色消费的关注，称为环保意识；对于生态健康关注强烈，称为健康意识。

二、潜意识概念及理论

（一）潜意识的概念

潜意识是意识的一种状态，是指人们不知不觉中意识到的一些事物或在长期的行为中对于原来已经处于意识中事物逐渐习惯化，不是处于清醒的意识中。如对于道路两旁的广告牌不一定十分留意，但当别人说起某个广告来，头脑中模模糊糊地有那么一种印象，这就是潜意识。

（二）潜意识的冰山理论

西格蒙德·弗洛伊德（Sigmund Freud，1856—1939），对于人类的潜意识，提出"冰山理论"，他认为人的意识是由不同意识水平的三部分组成，即潜意识、前意识和意识。意识是人最表层的部分，它由人能随意想到、观察到的主观经验组成。而潜意识则由人的原始冲动和各种本能，以及出生后和本能有关的欲望组成。把心灵比喻一座冰山，认为人的意识是冰山上的尖角，浮出水面的是少部分，能看到的代表意识，而埋藏在水面之下的大部分则是潜意识。潜意识在意识结构中处于最低层次，还有一部分是波浪线与水平线之间的部分时而会受其他心理活动的影响而浮出水面，时而又潜入水下，称为前意识。如图4-6所示。

冰山潜在水面下的部分就是潜意识，它具有无比巨大的能量，只是常被人们忽略。但事实上，每个人每一天，在任何时间任何地点，都在对应自己的潜意识。

不论你是否知道自己正在使用潜意识力量，潜意识都时时刻刻在影响着我们。他认为人的言行举止，只有少部分是意识在控制的，其他大部分都是潜意识在主宰，并且是主动的运作，人却没有觉察到。

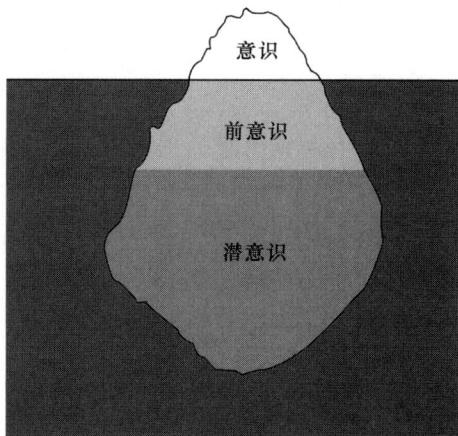

图4-6　潜意识冰山形态

（三）与服装消费相关的潜意识特性

潜意识是人类精神世界的基础和人类外部行为的内动力。消费者潜意识中形成的对待事物的某种思维方式及潜意识中的需求，在特定条件的刺激下会转化为显现的欲望。也正是因为潜意识里存在着的需求和动机，所以它在消费者对服装的认知和购买决策过程中默默地起着重要作用。

1. 潜意识强大的信息储存功能

从出生到死亡，人们每一个阶段的认知和思想感情，在一定条件下都会进入潜意识并储存起来。这个条件就是潜意识需要通过反复刺激，才能将人们的所见所闻、所感所想牢记，并被真正的储存进大脑。如长期生活环境中的习俗、观念、人物景象、他人的某些思维习惯和行为特点等，通常不需要经过明显的意识记忆，就会不知不觉地储存进人的潜意识。俗语"近朱者赤，近墨者黑"就是潜意识吸收和反馈的一个典型表现。

在日常服装消费行为中，消费者对品牌、款式的选择除了购物时的偶然性以外，通常都来自平日逛街、读书看报、观看电视、上网等途径的信息累积。例如，许多服装品牌会选择各类杂志刊登广告，这些广告有时整版刊登，读者往往是在阅读文章时不经意地获取了这些关于服装的信息。日积月累，对于这些服装品牌和款式会产生一种印象或偏好，形成诸如"这个品牌很有名""这件衣服是今年冬季的流行款式""这个品牌档次很高"之类的潜意识。在日后人们有消费需求时，这些潜意识将会影响其购买行为。

2. 潜意识的自动排列组合及分类功能

各种复杂多样的信息保存于人脑中之后，会被潜意识进行自动的重新排列组合和分类，以随时应付各种需要。当我们思考某个问题的时候，与此问题相关的潜意识就可能被唤醒，并上升为意识为思考服务。而与此问题无关的其他潜意识，一般情况下都不会被唤醒。

消费者通过平时的信息积累，对不同品牌的顾客定位、服装风格、价位等内容都会有一定的认识，这种认识会使他们形成一种潜意识：服装品牌所属的档次、价位是否适合自己；何种服装风格适合自己的年龄、身份等。消费者早已在他们的潜意识中对各种内容进行了相应的组合与分类，因此在服装消费中，面对品牌或款式时能马上作出反应：购买或放弃。

3.潜意识的隐秘性和模糊性

所谓隐秘性是指潜意识需要由特定的情景或特定的意识指令才能被唤起。模糊性是指存入大脑的潜意识会变成人们无法识别的模糊的"代码"，只有通过意识的重新"翻译"才能清晰起来。当我们要思考回想某件事的时候，比如回忆过去一件开心的事情，就给潜意识下一个特定的指令，于是这方面的潜意识很快便会被唤起，并经过意识的"翻译"而栩栩如生重现出来。

当人们在某种特定情景的刺激下，一些相对应的潜意识有时会自动地重现出来。如曾经所购买的A品牌的服装质量出现过问题，因此当我们再次来到A品牌专卖店选购服装时，以前的产生那种不愉快的经历很可能会从潜意识中被唤醒，提醒我们再次购买时一定要慎重。显然，这种带有负面、消极情绪的潜意识会影响到人们的消费行为，也正是为何商家都力图为消费者营造一种快乐的购物经历，希望他们能产生积极的潜意识，从而在日后的服装消费中起到推动作用。

4.潜意识的行为支配功能

潜意识可以控制一个人的行为。人的很多思维模式、惯性动作和行为等实际上都是由潜意识所支配。人们很多自己都没有意料到的行为，实际都是过去不同经验的潜意识在起作用。

人们在长期的着装过程中会逐渐形成一种穿衣风格或者穿衣习惯，这种风格或习惯一定是本人较满意并乐于接受的，一旦这样的意识和行为形成，人们在服装消费时就会明显受到自身潜意识的支配，潜意识会"告诉"他们："这个款式适合自己，可以买。"或"这件衣服太前卫，不适合自己稳重的形象。"等。可见，潜意识对人们的服装消费起着多么重要的引导作用。

三、自我意识

（一）自我意识的概念

自我意识是意识构成中的一个重要组成部分，是指人们对于自己的认识和态度，是对自己与周围事物关系的一种认识和评价。作为一种高度主观的意识，自我意识是个体意识发展的高级阶段，也是人类区别于其他生物的一个主要标志。具体来看，它包括自我观察、自我评价、自我体验、自我教育、自我监督和自我控制等多个方面。

（二）自我意识的特点

自我意识具有以下方面的特点：

（1）自我意识是后天习得而非天生具备的：在儿童和少年时期，人的自我意识都处于不成熟的朦胧阶段，它大约需要20年左右的时间才会逐渐成熟、定型。

（2）自我意识具有相当的稳定性和持久性：一旦形成，人们在日后几十年甚至一生中的自我意识都会保持不变，除非生活环境发生重大变化，才有可能使得自我意识发生一定程度的改变。

（3）自我意识具有一定的目的性：它在很大程度上对一个人的自我起到保护和加强的作用，它是隐藏在内心深处的心理结构，具有很强自我防御功能。

（4）自我意识还具有独特性：每个人的自我意识都不相同，于是形成了人与人之间各不相同的性格与着装风格。不同条件下的人们可能受不同自我意识的影响，因此我们会看到不同地区、年龄的人在各种行为方式上有着不同的表现，如年轻人较为注重服装的款式是否流行，而年龄偏大的人则对服装的舒适性、耐穿性更在意。

（三）自我意识的构成与服装消费

自我意识表现为关注自己的思想、情感和别人对自己的反应，因此，它总是在与别人相处时表现出来，特别是表现在一个人的态度和行为上。也就是说，每个人都会在行为上与他的自我意识保持一致。自我意识在日常生活中消费者的消费决策、消费过程、享受产品的价值以及自我评价等各个阶段中都发挥了重要作用。从内容构成上看，自我意识主要包括了物质的自我、精神的自我和社会的自我，这三者之间相互关联、相互依存，对人们的服装消费心理和消费行为都有着重要的影响。

1. 物质的自我

物质的自我是自我意识最原始的形态，它具体表现为人们对自身生理状况的认识，如对自己的身高、体重、体形、外貌满意与否，从而表现出相应的自信或自卑情绪。在它支配下，人们在确定购买需求之前首先会对自我生理状况作一定了解，然后基于这个认识来选购适合自己穿着的服装。例如，对矮小丰满的人来说，如果他们对自己的体形不满意，在选购服装时则会绞尽脑汁来扬长避短，努力通过服装的选择和巧妙搭配使其形象看上去更理想。若上半身的衣服较为合体，下半身可以略带宽松；若上半身的衣服较为宽松，下半身则反之，这样的穿着搭配能把本来矮胖的身体衬托得更平衡。

2. 精神的自我

精神的自我是人们对自身的人格特征、心理过程、心理状态、个性心理和知觉等心理特征的认识，它具体表现为对自己的兴趣、爱好、性格、道德水平、价值观等方面的自我认知。其中自我人格特征的认识对服装消费行为影响最大。

所谓人格特征，主要是指在特定的社会环境中形成的，具有稳定性、系统性的心理特征的综合，它是一个人在与其环境相互作用的过程中表现出来的独特的行为模式、思维方式和情绪反应的特征。

每个人的人格特征都具有直观性和差异性，这也就决定了消费者在服装消费行为方面会表现出各不相同的情况。例如，在日常生活中，对于追求生活品质的人，在买衣服时会特别注重其品牌知名度和款式的流行感，喜欢购买那些和他们认为与自我身份、形象相吻合的品牌，穿着的服装一定是要求符合所谓的"自己的风格"。对于制作质量，如色牢度、变形性、面料的质地、舒适感或透气性，甚至是服装洗涤要求都会比较关注。相反，对于不太追求生活品质的人，他们更多的只是考虑服装的价格、实用性、耐穿性等因素，其他方面不太能左右其消费行为。

3. 社会的自我

社会的自我是指消费者对自己社会属性的意识，包括对自己与他人的关系和自己在各种社会关系中的角色、地位、权力、名声、威信、友谊、经济条件等方面的意识。从心理学角度来看，每个人都需要在行为上与其自我意识保持一致。因此，内容多样的社会的自我认知，必然影响到人们的服装消费行为。

以社会的自我认知中人们对自己社会角色的认识来说，每个人在社会生活中分担着各种不同的角色，而服装作为表现不同社会角色的重要物质手段，与人们的日常生活息息相关，人们通过自己的着装以求获得社会的认可或接受，于是逐渐形成了一套符合每个社会角色的着装规范。

性别角色是以人类性别差异为基础的社会角色，人类早在数千年前就分化成男女不同性别特征的着装。在我国古代封建社会，"男尊女卑""男女有别"的传统观念映射到日常穿着上规定了"男女不通衣裳"，逐渐产生了具有两性不同特征的服装样式，并纳入了社会礼教的框架当中，受到严格的监管。而西方也形成了男裤女裙、具有明显性别特征的服装穿着模式。服装样式发展至今，无论是东方、西方，发达国家或发展中国家，当代服装在整体上性别特征都较为明显。虽然近年来，中性化服装在流行潮流中充当着重要角色，但是我们应该清楚地看到，所谓"中性化"只不过是保持在各自性别的体系中，寻求与对方的某种相似性，而不是做到完全意义上的男装与女装同化，男女着装的模式依旧存在差异。纵观服装发展史，虽然每个阶段男女性别特征有时强化、有时淡化，但是男子服装追求稳重、阳刚和女子服装突出温婉、柔美的区别始终存在。服装两性模式至今仍然影响着我们的着装方式和着装观念，在选购服装时，人们首先都会基于自己的性别认知来进行选择。

儿童本来并不清楚自己"应该"或"不应该"穿什么，随着父母的一次次指引，他们会逐渐了解自己应该穿哪一类的服装，甚至穿哪一类的色彩。例如，男孩会知道他们应该穿蓝色而不是粉红色的T恤，而女孩也会知道她们的衣服上可以有蝴蝶结、蕾丝而不适合印上小汽车或者机器人图案。随着年龄的增长，他们的这种认知会得到强化，而对服装的选择也会更有针对性。

在不同的场合人们通常扮演着不同的角色，而角色的分化与服装的场合性又紧密联系在一起，因此人们对自己社会角色的认知也影响到他们的服装消费行为。在中国改革开放之前，国人的生活条件普遍低下，物资缺乏，服装样式十分单调。一件服装"新三年、旧三年、缝缝补补又三年"，更没有场合之分。不论是上班或下班，也不论是聚会还是赴宴，人们都穿同样的服装。在当时，社会角色的认知对人们服装消费的影响比较小。随着物质生活水平的提高，服装成为表现自我、塑造自我的工具，人们逐渐形成服装的场合意识，即在不同的场合，从事不同的活动，扮演不同的角色，并且根据角色的改变而更换服装。

（四）消费者自我概念及其对服装的象征性意义的影响关系

自我概念属于自我意识的一部分，也是最重要的一部分。是指个人对自己多方面的、综合的看法。消费者在知觉自我概念的同时，也对产品的品牌形象进行审视，并分析自我概念与品牌形象之间的关系，然后才对符合自我概念的服装和品牌产生消费行为。伴随消费行为的产生，消费者会根据服装是否有助于自我概念而产生某种体验，即满意与不满意。一旦消费行为使消费者感受到满意，这种体验促使消费者将服装所具有的形象性价值看作是其人格或者自我的一部分。强化其自我概念，最后消费者自我概念所受到的强化，将进一步坚定消费者对自我的认识，从而导致再次购买行为的发生。因此，可以说消费者的消费行为就是，为了拥有某种产品并通过产品的形象性价值向社会传递关于消费者自我概念的不同方面。这也意味着应该努力塑造产品形象使之与目标消费者的自我概念相一致。自我概念及其对产品的象征性意义的影响关系如图4-7所示。

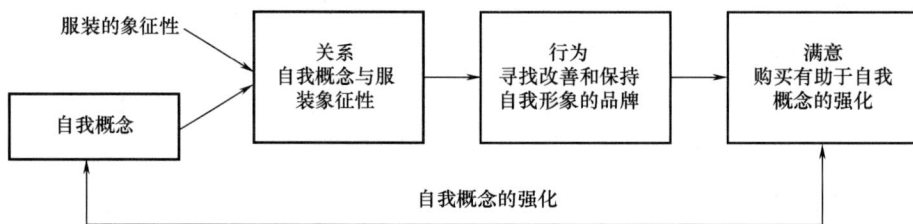

图4-7　自我概念及其对产品的象征性意义的影响关系

一般来说，最有可能成为传递自我概念的商品应具有三个方面的特征：

（1）应具有可见性：它们的购买、使用和处置能够很容易被人看到。

（2）应具有变动性：能够体现经济能力的差别。某些消费者有能力购买，而另一些消费者则无力购买。

（3）应具有拟人化性质：能在某种程度上体现一般使用者的典型形象。

复习思考题

1. 查阅有关视觉营销的案例，并进行案例分析，写出服装商品销售中如何运用视觉营销的方式进行促销。

2. 如何运用记忆的规律特征进行广告设计与位置安排。

3. 注意的概念和特征？用注意的特征进行商品营销的方法？

4. 记忆的分类和具有哪些特征？广告营销中怎样运用宾浩斯曲线原理？

5. 自我意识的定义和内涵及其在服装中的应用有哪些？

6. 潜意识的定义？与服装相关的潜意识特性有哪些？

购买动机、决策过程基本理论——

消费者购买动机与决策过程

> **教学内容：** 1.消费需要的概念、分类及马斯洛需要层次论
>
> 2.消费者的购买动机及购买动机理论在营销中的应用
>
> 3.消费者购买决策过程的心理分析
>
> 4.影响服装购买行为的因素
>
> **上课时数：** 4学时
>
> **教学提示：** 讲述消费者的消费需要及马斯洛的需要层次理论；消费者的购买动机及购买动机理论在营销中的运用，通过学习消费者购买决策过程中心理分析，了解影响消费行为因素
>
> **教学要求：** 1.了解消费者的需求和购买动机
>
> 2.掌握消费者购买决策的过程
>
> 3.了解影响消费者购买行为的因素

第五章 消费者购买动机与决策过程

消费者的需要、动机和消费行为的关系，是消费心理学研究的一个核心课题。人们对服装的选择、服装的穿着行为和服装消费量的多寡都与需要、动机有关。服装不仅可以满足消费者自身的基本生理需要，还可以表达个人的归属、自尊的愿望，服装的选择和消费反映了一个人对穿着打扮的态度及对服装的偏好和关心程度，服装购买行为是购买心理的体现。

案例

购买八千元裤子的男士

一位男士到某高档商场购买裤子，他在浏览裤子新品的时候，导购就说道："先生很有品位啊！这款裤子是我们前天刚从意大利原装进口回来的，这个款式也是今年最流行的，裤型非常好，您可以试一下！"这位男士随意回答："我就随便看看！"但导购微笑着说："没关系，这种款式就是专门为像您这样的时尚人士设计的。您买不买都没有关系，但试无妨！"并且用崇拜的眼神望着他。他在"崇拜"眼神"鼓励"下进入试衣间……最后，在"崇拜"的眼神中，购买了这条售价八千元人民币的裤子。与其说是购买的裤子，不如说是购买一种心理满足。

案例分析：男士买了这条裤子的驱动力是什么？其心理动机不仅仅是为了裤子本身的使用性，更多的是为了显示个人的社会角色、经济实力、身份地位、为求得心理需要的满足。

第一节 消费需要

在影响消费者行为的众多因素中，需要和动机占有主要地位，并与消费行为的产生有着密切的联系。由于人的消费行为是有目的性的活动，这些目的的实现是为了满足人们的某种需要或欲望。需要是消费者行为的初原动力，动机是消费行为的直接动力。消费者的消费行为是受动机支配的。

一、消费需要的概念和分类

（一）消费需要的概念

需要是个体缺乏某种东西时产生的一种主观状态，它实质上是人们客观需求的主观反映。需要作为客观需求的反映，这种反映并不是消极的、被动的，而是一个积极的、主动的过程，是人们行动的积极性的源泉。马克思在《德意志意识形态》一书中这样论述到："每个人都根据需要和为了这种需要的满足而行动""需要和生产方式决定人们之间的物质联系，这种联系不断采取新的形式而形成历史"。从马克思的理论中我们可以懂得，人类不断产生的需要和为这种需要采取的行动，并由行动创造的物质联系和生产方式是推动历史前进的动力。

消费需要包含在一般需要之中，反映了消费者某种生理体验的缺乏状态，并表现为消费者对于获取以商品形式的存在的消费对象的要求和欲望。例如，感到寒冷时，就会产生对于御寒服装的需要；感到气候炎热时，会产生对于凉爽衣物的需要；感到被人轻视时，会产生有助于提高身份、地位的高档名牌服装和贵重首饰等的需要。这些需要成为从事消费活动的内在原因和根本动力。

（二）消费需要的分类

人类的需要是多种多样的，并且是无止境的。从不同的角度，根据不同的方法和标准可把需要分为不同的种类：

1. 按照需要的起源可分为自然需要和社会需要

（1）自然需要：也称为生理需要或初级需要。自然需要是人类生而具有的生理需要，这种需要是人类维持生存和发展所必须的客观生理需求的主观反映，自然需要通常是通过利用一定的对象或获得一定的生活条件而得到满足的。自然需要是人和动物均共有的，但两者却存在着本质上的区别，人类的自然需要还受社会生产、社会生活条件的共同制约。如人类为了生存需要食物、水、空气、适宜的温度和其他生态条件，穿着服装保护身体不受伤害和维持正常体温，这些都反映了人的正常的生理上的需要。

（2）社会需要：也称为高级需要。社会需要是人类在社会历史发展进程中，在自然需要的基础上所发展和形成的，它反映了人对社会生活的要求，也表达了个体在社会中期望发展、获得承认的愿望。如劳动创造的需要、交往的需要、成就的需要、社会赞赏的需要、文化艺术的需要、道德的需要等，这些需要实质上是人类为了维持社会生活，进行各种消费活动，开展生产、处理各种人际关系和社会交往的过程中，逐步形成和不断发展起来的。服装就是人们常常借助的道具之一，用其来满足特定的赞赏、归属的需要。社会需要是受历史条件、社会政治制度、民族文化、风俗习惯和社会道德规范等因素制约的，并随着社会的发展而不断地深化和提高的。

2. 按照指定的对象可分为物质需要和精神需要

（1）物质需要：是人们生存的基础，人通过物质产品的占有和使用而获得满足。物资需要既包括对自然界的天然物质的需要，又包括对社会生产的文化用品及艺术用品的需要。物质需要随着文化、科学技术的不断进步和社会生产力的高度发展而日益广泛地更新发展。

（2）精神需要：是人特有的需要，人通过对社会意识形态产品获取和欣赏而得到满足。精神需要是对智力、道德、审美等方面逐步完善和发展的需要，是人们在社会群体中交流思想、沟通感情和不断学习发展的需要。随着社会的进步和经济的发展，人类的精神需要也同样会不断增添新的内容。

物质需要与精神需要密切相关，作为表现的对象本身，往往她能同时满足人们的以上两种需要。如人们在购置一件喜爱的服装时，不仅获得物质需要的满足，同时也获得精神需要的满足。

二、马斯洛的需要层次论

马斯洛（A.H.Maslow，1908–1970）的需要层次论是其在《人类激励的一种理论》一文中提出的，这一理论对心理学的贡献是具有里程碑意义的。人类的需要尽管是多种多样的，但他把人的需要看作多层次的组织系统，这些需要是互相联系的，是按顺序由低级向高级逐级形成和实现的。

马斯洛认为人的需要可以分为五个层次（图5-1）。

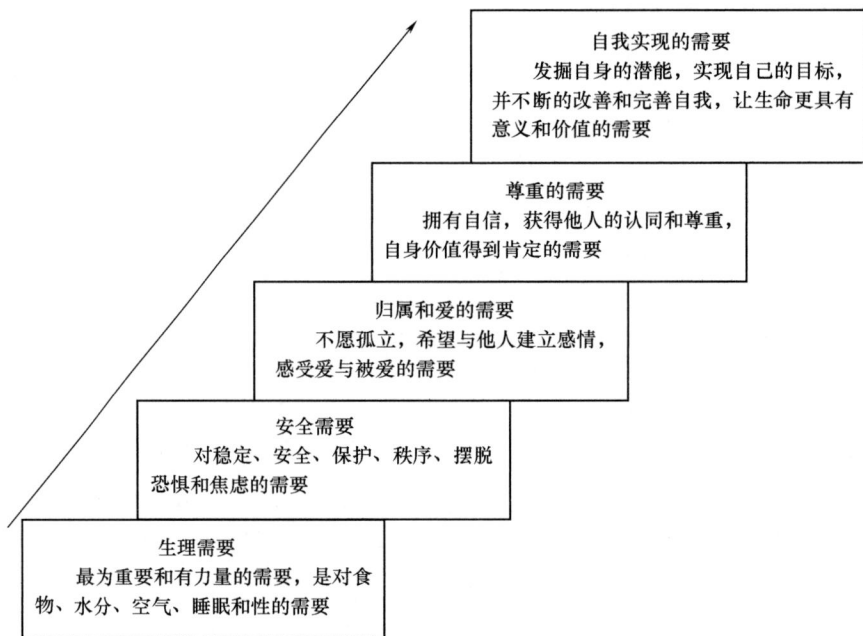

图5-1 马斯洛的需要层次和递进关系

（1）生理需要：维持个体生存和群体发展的一种基本需要，如对食物、水、空气、温度、性等的需要。马斯洛认为生理需要是所有需要中应最先满足的需要。

（2）安全需要：在生理需要获得了相对的满足后，就会出现安全需要，表现为人希望生活在一个安全的、有秩序的环境中，有稳定的生活和工作保障。安全需要如果得不到满足，人就会产生威胁感和恐惧感。

（3）归属和爱的需要：假如一个人的生理需要和安全需要都很好地满足了，就会产生爱、感情和归属的需要。表现为人们希望在群体中，情感融洽或保持友谊与忠诚，渴望得到爱情，希望归属于一个群体，成为其中一员。

（4）尊重的需要：人都有自尊和希望获得别人尊重的需要，希望个人能力和成就得到社会的认可。尊重的需要得到满足，可以增强自信心和自我概念。

（5）自我实现的需要：当上述几种需要基本满足后，人们便会产生自我实现的需要，表现为希望最大的发挥自己能力的需要或潜能的愿望，希望实现自己的理想和抱负。

五种需要可以分为高低两级，其中生理上的需要、安全上的需要和感情上的需要都属于低一级的需要，这些需要通过外部条件就可以满足；而尊重的需要和自我实现的需要是高级需要，他们是通过内部因素才能满足的，而且一个人对尊重和自我实现的需要是无止境的。同一时期，一个人可能有几种需要，但每一时期总有一种需要占支配地位，对行为起决定作用。任何一种需要都不会因为更高层次需要的发展而消失。各层次的需要相互依赖和重叠，高层次的需要发展后，低层次的需要仍然存在，只是对行为影响的程度大大减小。

马斯洛和其他的行为科学家都认为，一个国家多数人的需要层次结构，是同这个国家的经济发展水平、科技发展水平、文化和受教育的程度直接相关的。在不发达国家，生理需要和安全需要占主导的人数比例较大，而高级需要占主导的人数比例较小；而在发达国家，则刚好相反。在同一国家不同时期，人们的需要层次会随着生产水平的变化而变化，戴维斯（K.Davis）曾就美国的情况做过估计，如表5-1所示。

表 5-1　不同时期需要所占的比例

需要的种类	1935 年所占百分比	1995 年所占百分比
生理需要	35%	5%
安全需要	45%	15%
感情需要	10%	24%
尊重需要	7%	30%
自我实现需要	3%	26%

三、服装消费需要的特征

服装消费需要是随着服装的流行趋势、社会进步、经济繁荣等因素而不断变化的，消费需要虽然受多种因素的影响，但它具有一定的规律性和特点。

（一）服装消费需要的驱动性

当某种需要萌生后，便产生一种心理紧张感和不适感，这种紧张感便成为一种内驱力，驱动人们寻求满足新需要的目标和对策，迫使人们去从事各种购买活动，以满足这种需要。这一特点在冲动型消费者中表现得最为突出。

（二）服装消费需要的多样性

由于消费者存在着生理、心理、经济、文化、民族、风俗、习惯等方面的差异，消费需要也存在着千差万别，即使是同一款服装，不同的消费者对其规格、花色、质量等方面有不同的需要。随着人们生活水平的不断提高，消费者的审美观念逐渐向个性化发展，要求服装市场的多样性。靠单一款式造成火爆消费的时代一去不复返。 服装消费需要多样化，已经成为一种趋势。

（三）服装消费需要的选择性

人们的需要是多种多样的，已经形成的需要经验使消费者对需要的内容能够进行选择。消费者将根据自身的消费经验、个人爱好、文化修养、经济收入等情况，重新选择自己的消费需要。服装商品可选择性的提高也对服装店员的专业素质提出了更高的要求。需要的变化是随着社会生产力的提高和进步而改变的，需要由低级到高级，由物质到精神，由简单到复杂不断地发展变化。消费的个性化，也是消费需要发展的必然趋势，消费内容越丰富，消费需要的层次性变化越大，需要的层次越高，消费选择性越强，就越能促进消费生活的个性化。需要是永无止境的，是无限发展的。

（四）服装消费需要的时尚性和流行性

随着社会的不断发展，物质文明的高度进步，使得消费者的消费需要也在不断地变化和更新。服装是时尚的商品，它随着流行而变化。消费者购买服装时，首先会考虑它的时尚性。当基本的功能性完全被满足后，款式的时尚与否将成为购买的主要因素。服装的流行具有时间性，服装消费者接受的时间就是服装款式的流行时间。服装消费需要的流行性，并不意味着所有的消费者或者大部分消费者的认可，某一款式常常只能为某一目标群体的人所认可，但它仍可以被确定流行。服装消费需要通过流行来体现出时代的特征，例如，20世纪70年代流行的喇叭裤；20世纪90年代后期至今始终流行的吊带裙和近年来配合高弹面料的修身的弹力裤等。

（五）周期性服装消费需要

对于需要的历史考察表明，人们对于许多消费品需要具有周期性的特点。周期性是指消费需求不断地"出现——满足——再出现——再满足"周而复始地循环状态。人们的需要永无止境，是由于人们生存的需要永远不会完全被满足，因而就促使人们不断地进行活动以满足它。一旦旧的需要得到满足，就会产生更新的更高级的需要，达到目标的消费者会为自己确定更高的目标。店员通过观察消费者身上的着装品质，就会考虑是否要提出让消费者更换新装的建议。

（六）满足性服装消费需要

满足性消费需要是相对的，需要的满足性是指需要在某一具体阶段中所达到的满足标准。消费需要的相对满足程度，取决于消费者的消费水平。人们的消费需要是伴随着社会的发展、经济状况的改变、审美观念的提高等因素而得到相对满足的。这种相对的满足阻碍了新的消费，服装店的各种促销活动就是希望通过刺激欲望而不断产生。

（七）配套性服装消费需要

不协调的搭配，给人以不伦不类的感觉。人们在购买某款服装时，首先考虑的是与其他服饰品是否相配套。服装的配套包括上装与下装、内衣与外套、衣物与服饰等，服装销售要考虑服装种类、色彩、款式和造型配套设计和陈列的连续性，消费者往往根据自身服饰搭配的需要来购买，如购买上衣时，可以附带购买裤子、围巾、配饰等，这样不仅给消费者带来方便，还能够扩大商品销售。

（八）互补性服装消费需要

消费者对服装的需要具有互补性的特点。在市场上，人们常常看到某种服装销量的减少而另一种服装销量在增加的情况。如天然纤维面料的服装增长会使化纤面料的服装相对减少，又如长裙的流行会影响短裙销量。这就要求服装设计、生产和销售，不失时机地根据市场发展趋势，有目的有计划地推出适销对路的服装产品。

（九）诱导性服装消费需要

需要的诱导性是指通过营销人员的营销活动，潜在的需要可以变为明显的行为，未来的需要可以转变为现实的消费。消费需要受外界的引导和诱导而产生。例如，人们近期并没有准备购买服装的打算，但是受广告宣传、商品陈列、店员介绍、群体、亲朋好友等方面的诱导，由不准备买或不愿意买而演变为现实的购买行为。现实生活中女性更多的时间是"逛"商店，并没有真正的购买目的性，有时并不知道自己要购买些什么，商家的诱导性对于消费行为的产生很重要。

第二节　服装购买动机

消费者的消费行为是受动机支配的。动机来源于需要。需要是客观刺激物通过人体感官作用于人脑所引起的某种缺乏状态，当人产生某种需要而又未能得到满足时，人体内便出现某种紧张状态，形成一种内在动力促使人去采取满足需要的行动，这就是心理学上所说的动机。人们常说，行为之后必有原因，这里所说的原因就是动机。动机与需要是紧密联系的。如果说需要是人的活动的基本动力的源泉，那么，动机就是推动这种活动的直接的力量。

案例

表达情感的鞋

美国麦尔·休·高浦勒斯制鞋公司经过市场了解，发现美国市场人们购买鞋子的目光已不仅仅停留在"质优价廉"上，更多的是需要能体现和寄托消费者自我情绪的个性、情感型产品。于是，该公司设计人员便发挥想象力，设计能激发人们购买欲望，引起感情共鸣的鞋子，并有意赋予鞋子以不同个性的情感色彩，如"男性情感""女性情感""优雅感""野性感""轻盈感""年轻感"等。此外，他们还费尽心机地给鞋起了一个个稀奇古怪的名字，如"笑""哭""愤""怒""爱情"等，充分满足消费者的情感需求，同时高浦勒斯公司也创造了巨额利润。

案例分析：本案例说明消费者购买行为的产生，是由感情动机驱动的，购买需要是否得到满足，直接影响到消费者对商品的态度，并伴随有消费者的情绪体验，这些不同的情绪体验，在不同的消费者身上，会表现出不同的购买动机，决定消费者的购买行为，设计者要了解消费者的消费动机，才能获得成功和更多的效益。

案例来源：藏良运主编的《消费心理学》

一、动机和购买动机的概念和特征

（一）动机和购买动机的概念

动机这一概念是由伍德沃斯（R.Wood-worth）于1918年率先引入心理学，他把动机视为决定行为的内在动力。一般认为"动机是引起个体活动，维持已引起的活动，并促使活动朝向某一目标进行的内在作用"。

动机的概念的内涵包括：动机是一种内部刺激，是个人行为的直接原因；动机为个人的行为提出目标；动机为个人行为提供力量以达到体内平衡；动机使个人明确其行为的意义。

购买动机是直接驱使消费者实施某种购买活动的内部驱动力，反映了消费者在心理、精神和情感上的需要，是消费者为满足需要而产生购买行为的直接动力。

（二）购买动机的特征

1. 起动性

动机对人的行为具有发动的作用，如每年的换季时节，人们会主动到服装店去选购服装；希望获得他人赞赏的人也许会在出席重要宴会前刻意修饰打扮。

2. 指向性

动机不仅发动行为，同时也将行为引向具体的目标物或具体的活动。受成就欲望的驱使，人们会积极工作，力争得到上级领导的赞许；参加运动和旅游，人们会选择舒适的运动装。

3. 可变性

在消费者的诸多消费需要中，只有一种需要占有主导地位，同时还有许多辅助性的需要，当外部条件满足时，占主导地位的消费需要产生主导性动机，辅助性需要引起辅助性动机。主导性动机引起优先购买行为的实现，优势需要得到满足，如果消费者在购买的活动中出现新的刺激，原来的辅助性购买动机就可转化为主导性购买动机，如消费者本来换季时需要一件羽绒服，但是到商店之后受新品毛呢服装的款式、造型吸引，经导购的引导和劝说，最后还是买了一件毛呢服装。

4. 强度和持久性

动机对行为的强度也起着决定作用，人们在某项活动上的持续时间也与动机相关。当某一个服装品牌宣传达到"家喻户晓"的地步，人们想拥有的欲望就越强烈，而消费群体也会扩大；服装企业家为了成功和追求成就，会为自己目标持续工作几年或更长。

二、购买动机的分类

根据消费者的知识、感情和意志等心理过程，可以把购买动机分为感情动机、理智动机和惠顾动机。

（一）感情动机

感情动机是指由于人的喜、怒、哀、乐等情绪和道德、情操、群体、观念等情感所引起的购买动机。感情动机又可分为情绪动机和情感动机。

1. 情绪动机

情绪动机是由外界环境因素的突然刺激而产生的好奇、兴奋、模仿等感情而激发的购买动机。影响情绪动机的外部因素很多，如广告、展销、表演、降价等。

2. 情感动机

情感动机所引发的购买欲望，多注重商品的外在质量，讲究包装精美、样式新颖、色彩艳丽，对商品价格不求便宜，而求适中或偏高。

（二）理智动机

理智动机是指经过认真考虑，在理智的约束下所产生的购买动机。消费者对所购商品有一定的了解、认识、经过一定的比较和选择。理智动机的形成比较复杂，有一个从感情到理性的心理活动过程。

在理智动机驱使下的购买，比较注重商品的质量，要求实用、可靠、价格适当、使用方便、设计合理以及高效率等。

（三）惠顾动机

惠顾动机是指消费者出于对某家企业或某种商品的信任和偏好而产生的购买动机，也称为信任动机。在惠顾动机的支配下，消费者会重复、习惯地向某一推销商或商店购买商品。消费者之所以产生惠顾动机，常常是因为促销员礼貌周到；商品品质优良、价格适当、品种繁多；商店信誉良好，提供信用、服务、时间地点都很便利，店面布置美观；每个商店的特色都可以给予消费者一种不同的印象等。

三、服装购买动机的类型与表现

赫洛克在《服饰心理学》一书中这样写道"服装的一个很重要的价值就是它能使人们在某种意义上获得他人的注意和赞赏"，求异的服装心理彰显自我，寻求与众不同的注意效果。

案例

公元1491年，意大利的贵族少女伊莎贝拉·狄斯蒂（Isabella Disti）在去法国之前，给她的代理人写了一封信让其代买衣服的信，当时年仅17岁的她在信中写道："我切盼的珍品是：雕刻紫晶石，镶金的黑色湖泊项链，社交活动服装所用的蓝色布料，制作斗篷的黑色面料……"她吩咐完后，又郑重写上："如所购物品中，若已见到他人穿着，则请坚决舍弃之。"

案例分析：服装购买的过程中表现出求美、求异、求新的心理动机。

服装购买动机，是指消费者为满足自己一定的需要而引起购买行为的愿望或意念，它是引起消费者购买某一服装产品或服务的内在动力。服装购买动机的类型与特征如表5-2所示。

表 5-2　服装购买动机的类型与特征

购买动机类型	服装购买动机	目标	表现状态	特征
感情动机	求新动机	追求时尚、新颖和流行	不太关心服装的价格	关心服装款式、品种、花色、面料的新颖
	求名动机	追求服装品牌	舍得花钱，可一掷千金	显示个人的社会角色、经济实力、身份地位、为求得心理需要的满足
	求美动机	追求服装的审美艺术价值	注重服装色彩、造型、包装的外在形式美感	强调服装美的感受，注重服装对于人体的美化作用
	求异动机	彰显与众不同，追求自我	注重服装的流行与独特性的结合	追求在社会群体中标新立异

续表

购买动机类型	服装购买动机	目标	表现状态	特征
理智动机	求实动机	服装的性价比	注重服装的款式与价格之间的关系	重视服装的实用性及穿着效果
	求廉动机	追求价廉物美	追求价廉、选购折价和优惠的服装	从经济角度出发，不计较产品的外观质量，如款式、包装等
惠顾动机	求信动机	追求某一品牌或商店的信誉、服务等	重复、习惯地前往购买场所	具有明确的、经常性、习惯性
	偏爱动机	满足个人的特殊偏好	对于某种服装或饰品经常持续性购买	持续性和经常性

四、动机的驱动理论在服装消费中的应用

动机的内驱力理论内容

美国心理学家赫尔（Clark. L.Hull，1884–1952）是内驱力理论的主要代表。他认为，机体的需要产生内驱力，内驱力驱动有机体的行为。

在赫尔的理论中，内驱力是一种中间变量，其力量大小可以根据剥夺时间的长短或引起行为的强度或能量消耗，从经验上加以确定。但他认为，剥夺的持续时间是一个相当不完善的指标，因而强调用行为的力量来衡量。

内驱力主要有原始性内驱力和继发性内驱力：

原始性内驱力同生物性需要状态相伴随，并与有机体的生存有密切的联系。这些内驱力产生于机体组织的需要状态，如饥、渴、空气、体温调节、睡眠、活动、回避痛苦等。

继发性内驱力是指情境或环境中的其他刺激，这种情境伴随着原始性内驱力的降低，结果就成了一种内驱力。也就是说，以前的中性刺激由于能够引起类似于由原始性内驱力所引起的反应，而具有内驱力的性质。

赫尔认为，为了使被强化的习惯产生行动，必须要有与之相适应的诱因，而且必须引起内驱力。因此，产生某种行为的反应潜能（SER）等于内驱力（D）、诱因（K）和习惯强度（HSR）的乘积。这样，赫尔的理论体系可用下列公式来表示：$SER = D \times K \times HSR$。

这个公式表明，反应潜能是由内驱力、诱因、习惯强度的乘积决定的。如果D=0或K=0，则SER也等于零而不发生反应。同时，无论驱力水平有多高，诱因和习惯强度低，反应潜能也低。

由此可以看出，在服装购买的过程中，购买行为的产生是由消费者的内驱力、诱

因、习惯强度影响的，如果其中内驱力、诱因和习惯强度的任何影响购买行为发生的因素加强，对于服装购买行为的发生至关重要。在服装市场运作中，要充分利用这一理论：

1. 加强继发性内驱力的驱动

在消费者购买过程中导购员的细致周到引导、服务和创造购买的情境等，如在服装陈列设计展示中，将服饰整体配套展示，色彩、造型、面料搭配风格时尚典雅，构建消费者驱动购买的环境，加强内驱力的刺激，产生购买行为。

2. 加强服装购买诱因的引导

促使消费购买的诱因包括以下两个方面：

（1）服装本身固有元素的影响，包括服装的色彩、造型、质地、包装等，这些元素的其中一种或综合性设计的刺激构成购买诱因。

（2）来自产品营销和服务方面的影响，品牌的宣传、服装的广告和销售服务等都是购买诱因的形成因素。

3. 加强习惯强度的刺激

服装广告在购买行为的产生中，起到积极的促进作用，消费者对于反复的广告刺激，能够加深品牌的印象，同时良好的品牌形象和优质的服务，会刺激消费者对于品牌的信任，继而产生反复购买动机。

第三节　消费者购买决策过程

购买决策是消费者为了满足某种需要而实施的选择、评价、判断和决定的一系列心理活动，是消费者在可选择的若干种购买方案中确定一种最佳方案的心理过程。

案例

小李大学毕业的第一年，父亲的生日要到了，小李认为父亲很辛苦的培养自己，决定送给父亲一个能够体现儿子孝心又能让父亲开心的礼物。他首先询问同事什么样的礼物最合适，有的倾向于营养品，有的倾向于日用品，有的倾向于服装，小李认为父亲平时酷爱运动，送一套运动套装比较合适。

他对运动品牌的服装不是很了解，于是跑了几家专卖店，又在网络上收集各种信息，比较品牌的知名度、服装面料的舒适性、款式是否适合等，最后选择了一套耐克的运动套装和鞋子，他认为耐克的品牌知名度以及款式、质量比较适合，于是就去了几个耐克品牌专卖店，在服务员热情推荐下，购买了适合中老年运动时穿着的运动套装和鞋子。

案例分析：小李在购买决策中经历了选择、评价、判断和决定等一系列心理活动。

一、影响消费者购买决策的因素

消费者购买决策过程是消费者购买动机转化为购买活动的过程。消费者满足某方面的需要，而对产品购买的一系列行为进行决策所经历的过程。不同的消费者，购买过程的复杂程度也有所不同，这是因为消费者的购买决策受诸多因素的影响，其中最主要的因素有以下两个方面：

（一）购买介入程度

购买介入程度是指消费者对购买活动的重视程度和感觉到的购买风险的大小。对不同产品或同一产品不同情形下的购买，消费者的介入程度是不同的。如果服装或服饰品单价昂贵，消费者缺乏对相关这一种类产品的知识了解和购买经验，购买具有较大的知觉风险和高度的自我表现性，则这类购买行为称为高度介入购买行为，相应的这类消费者称为高度介入购买者。如果产品价格低或消费者具备产品的有关知识和购买经验，购买无风险或无自我表现性，则这类购买行为称为低度介入购买行为，此类消费者称为低度购买介入者。

（二）备选产品的品牌差异程度

同类产品不同品牌之间的差异大小，也决定着消费者购买行为的复杂性。同类产品不同品牌之间的差异越大，产品价格越昂贵，消费者越是缺乏产品知识和购买经验，感受到的风险越大，购买过程就越复杂；反之，差异越小，无须在不同品牌之间精心选择，购买行为就简单。如袜子、内衣等与名牌服饰品的购买介入程度显然是不同的。

二、消费者购买决策的一般过程

消费者的购买决策过程由于受到很多内在自身的因素的影响，决定了购买过程的差异性、特殊性和复杂性。但是作为一位理性的消费者，其购买过程也有共同性或一般性，西方营销学者对消费者购买决策的一般过程作了深入研究，提出了若干模式，其中采取较多的是五阶段模式，如图5-2所示。

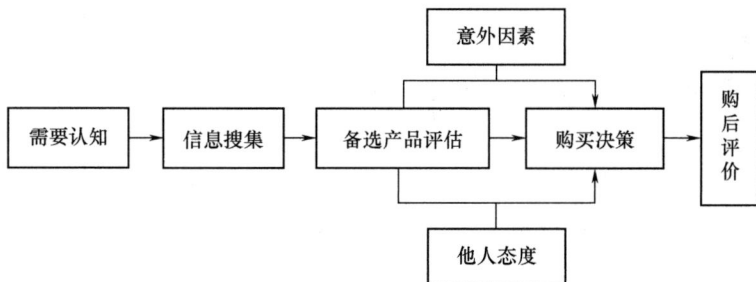

图5-2　五阶段模式

这种购买决策过程模式适用于分析复杂的购买行为，因为复杂的购买行为是最完整、最有代表性的购买类型，其他几种购买类型是超过其中某些阶段后形成的，是复杂购买行为模式的简化形式。该模式表明，消费者购买决策过程是一个目标导向的问题解决过程，并且早在实际购买以前就已开始，并延伸到实际购买以后。

（一）需要的认知

认识需要指消费者自己需要什么，需要是购买活动的起点，上升到一定阈限时，就会变成一种驱动力，驱使消费者采取购买行动使购买需要得以满足。需要可由内在刺激和外在刺激唤起，内在刺激是人体内的驱动力，如饥、渴、冷等，人们根据以往的经验，去寻找能够满足这种驱动力的物品，如食品、饮料和服装等。外在刺激是外界的触发诱因，如食物的香味、服装的色彩和造型等都可以形成触发诱因，形成刺激，导致购买行为的发生。但是需要被唤起后可能逐渐加强，最终驱使人们采取购买行动，也可能逐渐减弱至消失。

营销人员在这一阶段的任务就是要了解消费者的需要，加强设计诱因，增强刺激，唤起消费需要，产生购买行动。

（二）进行信息收集，探索解决方案

消费者一旦意识到某个需要问题的存在，并且感到有必要采取行动来解决这一问题，信息搜集活动就开始了。信息搜集是消费者有意识的激活记忆力储存的知识或者在周围环境中获取与购买活动相关的信息的过程。消费者进行信息搜集可能会导致更低的购买价格、更满意的样式、更优的质量或对选择更加充满信心。消费者花多大力气搜集信息、搜集哪些信息、从何处和如何搜集信息，对企业营销活动十分重要。

消费者为了满足需要，往往会主动的以各种方式寻找所需要的信息，这些信息大部分来自外部，向外部寻求信息和帮助的过程一般称其为外部探索过程，获得外部信息的渠道是多种多样的，但主要有以下四种途径：

1. 经验来源

经验来源主要是指直接使用产品得到的信息。即消费者自身通过参观、试用、实际使用、联想、推论方式获得的信息。

2. 个人来源

个人来源是指家庭成员、朋友、邻居、同事和其他熟人所提供的信息。

3. 公共来源

公共来源是指社会大众媒体发布的有关信息、报道及常识介绍，如消费者权益组织、政府部门、新闻媒介、消费者和大众传媒的信息等。

4. 商业来源

商业来源是指营销企业提供的信息，如广告、推销员介绍、产品说明书、店内信息、宣传手册和商品展销会等。

　　这些信息来源对于消费者的影响程度，取决于消费者所购买的商品类型、消费者自身特征、信息来源的方式等的区别，消费者在广泛收集信息的基础上对于所获得的信息进行适当的筛选、整理和加工，探索满足需要的多种方案。一般来说，消费者从商业渠道得到的信息最多，其次为公共来源和个人来源，最后是经验来源。但是从消费者对信息的信任程度来看，经验来源和个人来源最高，其次是公共来源，最后是商业来源。研究认为，商业来源的信息在影响消费者购买决定时只起"告知"作用，而个人来源则起"评价"作用。

　　营销人员应通过市场调查了解消费者的信息来源以及何种来源的信息对消费者购买决策起关键作用。

（三）比较评价

　　也称为备选评价，消费者在获得全面的信息后，根据这些信息和一定的评价方法对于同一产品的不同品牌进行比较、评价并做出选择，从而达到购买的目的。

　　消费者得到的各种有关信息可能是重复的，甚至是互相矛盾的，因此还要进行分析、评估和选择，这是决策过程中的决定性环节。在消费者的评估选择过程中，评价行为包含以下四个方面：

1. 分析产品属性

　　是购买者所考虑的首要问题。产品属性是指产品所具有的能够满足消费者需要的特性，产品在消费者心中表现为一系列基本属性的结合。例如，羽绒服的保暖性、羽绒的质量、面里料密度、不露绒、色彩流行、款式时尚、品牌的知名度等；运动鞋子的舒适耐用、透气性好、品牌知名度、款式新颖性等。在价格不变的条件下，一个产品有更多的属性会增加对于消费者的吸引力，一件产品所包含的属性越多，生产成本增加，因此营销人员应对于所售产品进行消费者兴趣调研，有针对性的加大产品属性范围。

2. 建立属性等级

　　属性等级是指消费者对产品有关属性重要程度所赋予的权数大小。在非特色的属性中，有些可能被消费者遗忘，而一旦被提及，消费者就会认识到它的重要性，营销人员既要关心属性权重，又要关心属性特色。

3. 确立品牌信念

　　品牌信念是指消费者对于某种品牌优劣程度总的看法。每一种品牌都有一些属性，消费者会根据各品牌属性权数大小，建立对于各品牌不同的判断并进行评价，然后将这些判断连贯起来，就构成他对该品牌总的看法。

4. 形成"理想产品"并做出最后评价

　　消费者从众多的可选择的品牌中，通过各自不同的评价方法，对于各种品牌进行比较评价，从而形成对它们的态度和某种品牌的偏好，并将实际产品同自己理想中的产品进行比较，形成购买意向。

（四）购买决策

消费者对商品信息进行比较评价后，已形成购买意愿，然而从购买意图到决定购买之间，还要受到两个因素的影响：

1. 他人的态度

消费者的购买意图，会受身边人的态度增强或减弱。影响力的强度取决于其态度的强弱及其与消费者的关系。一般来说，身边人的态度越强关系越紧密，其影响力越大。反对态度越强烈或持反对态度者与购买者关系越密切，修改购买意图的可能性就越大。如丈夫想购买某款式和色彩的服装，妻子反对，丈夫就有可能降低甚至放弃购买意向。

2. 意外的情况

消费者购买意向的形成与预期收入、预期价格和期望从产品得到的好处等因素密切相关，如果这些预期的因素发生意外的情况，如因失业而减少收入、因产品涨价而无力购买或者有其他更需要购买的东西等，都有可能使消费者改变或放弃原有购买意图。如已经谈好购买的服装，因导购员的态度不好而放弃购买。

（五）购后评价

消费者购买商品以后，往往通过使用或消费购买的经验过程，检验自己的购买决策，重新衡量购买决策是否正确，确认满意程度，作为再次购买决策的参考依据。

消费者对其购买产品是否满意，将影响到以后的购买行为。如果对于产品满意，将产生重复购买，并向他人宣传该产品的优点；如果对于产品不满意，则会尽量减少或者避免再次购买同一产品，同时宣传和影响他人不要购买该产品。

三、消费者购买决策过程心理分析

购买过程是消费者的购买需要、动机、行为三者统一的过程。购买动机是建立在购买需要的基础上的，而购买动机支配着购买行为。

只有消费者感觉到对某种商品的需要，发展到动机时，才会形成购买行为。消费者进入购买行为之前，已经预先有了所想购买的某种商品的形象，它可能是非常具体的某种商品，也可能是很不具体、很模糊的一种概念，但是这两种情况的最终结果都是需要在购买过程中加以考虑而确定的，这样消费者选购商品的过程实际上是非常复杂的一系列心理活动，主要表现以下八个心理变化过程，如图5-3所示。

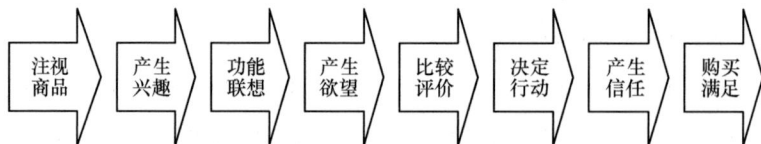

注视商品 → 产生兴趣 → 功能联想 → 产生欲望 → 比较评价 → 决定行动 → 产生信任 → 购买满足

图5-3 选购商品八个心理变化过程

（一）注视商品

注视商品阶段是消费者从意识到需要并产生购买动机，寻求目标商品的形成，对服装店的选择及服装状况的具体预测，这是准备阶段。消费者如果需要购买某种商品，进服装店来就会环顾四周，注意橱窗和货架上陈列的商品，寻找自己所需服装或注意力集中某件服装上反复观察。这是消费者购买商品心理活动的第一判断，也是重要的阶段。如果在这一阶段，不能使消费者对于商品引起注意，购买行为可能就此中断。如商品的陈列、橱窗的布置、导购员的热情接待、礼貌服务等条件，可能会引起消费者的好感，为购买行为的发生打下重要的基础。

（二）产生兴趣

当消费者停留在某一商品或是POP的信息前时，可能会对商品的价格、外观、颜色、款式、功能等方面的某一点产生了兴趣或好奇心，同时会询问一些他所关心的问题。在自己主观判断此商品的同时，还会根据很多客观的条件去做合理的比较和评判。这就是消费者对商品最初的一个认识过程，他是通过感觉、知觉、记忆、联想等心理机能活动来实现的。这一过程往往是消费者购买的前提。

（三）功能联想

消费者对某种商品产生兴趣并获得一定印象后，还会通过联想这种扩展性思维活动，把商品与自己的日常生活联系起来，把感兴趣的服装和自己的日常生活联系在一起。如女性在购买衬衫时，会联想到如何搭配裙子或裤子更好看，配什么款式的外衣更合适，搭配什么样丝巾更时尚等。如果时装店陈列时尚的配套设计服装及服饰或导购推荐各种搭配穿法，必然会引导消费者对服装产生美好的联想，这一阶段非常重要，因为直接关系到对商品表示满意或不满意、喜欢或不喜欢的最初印象和感情阶段。

（四）产生欲望

消费者对于服装产生联想之后，会由喜欢而产生一种将这种商品占为己有的冲动和欲望，当消费者对某款服装的功能联想发展到一定阶段时，就会产生拥有它的欲望，因而准备购买。但并不是立即就会购买，消费者还希望寻找到更理想、更满意、更价廉的同类服装，因此即使具有强烈拥有它的欲望，也还会货比三家，谨慎购买。这时消费者会把中意的服装放在身上比照，对着镜子观察并进行试穿等。

（五）比较评价

欲望仅仅是消费者准备购买，尚未达到一定要购买的程度，消费者可能会做进一步的选择，消费者会根据曾经看到过或了解过的同类产品，彼此间做更详细、更综合的比较分析，如商品的品牌、款式、颜色、性能、用途、价格、质量、售后服务等，比较评价是购买过程要达到顶点的阶段，即消费者经过比较之后有了更全面的认识，将会决定购买与否的关键阶段。消费者对于服装质量、性能、价格、使用效果等方面存在不同程度的心理疑虑，担心购买行为会有负面风险，如穿着效果不好看、产品质量不能保障、其他品牌同类价格低等。因此，消费者在购买服装时，对其心理疑虑不断地做利弊权衡：对产品产生穿着联想，如果预期效果不太好，服装价格高、风险大，即弊大于利，那么消费者就会随即放弃尝试；如果预期估计的效果比较满意，就会产生购买行动。

（六）决定行动

消费者做出购买决定，是购买过程中关键的环节。这一阶段消费者对于购物或放弃购物的决定做出反应，是建立在消费者对服装的信任感之上的，对服装的信任是消费者决定采取购买行动的激励力量。消费者只有对所要购买的服装满意，对接待服务感到满意，才能做出购买的决定，否则将做出不购买的决定。导购员要巧妙地抓住时机，始终热情周到的服务，促使消费者做出购买的决定。

（七）产生信任

消费者在进行了各种比较之后，大部分消费者会对此商品产生信任。这种信任受三方面因素的影响。

1. 相信导购员

导购员诚恳待客让消费者产生愉快的心情，从而对其产生好感。消费者对导购员的专业素质非常信任，尤其是对其提出的有价值的建设性意见表示认同，从而产生信任。

2. 相信商店

消费者比较注重商店的信誉，对一些大商场或老字号的商店比较信赖。某家专卖店或大型百货商店的经营信誉好、服务项目多、管理严格、处理问题及时，从而使消费者产生信任。

3. 相信商品

年轻的消费者多崇尚名牌商品。某品牌的质量管理工作严格、售后服务的声誉好，企业也在为以消费者为导向的基础上不断地进行产品创新，加上这些优势又及时得到宣传推广，使消费者通过广告和人们的口碑传播对某品牌商品产生信任。

在消费者即将产生信任的阶段，导购员的接待技巧、服务用语、服务态度以及对商品的了解就显得格外的重要，因为这些知识与销售服务技巧直接关系到能否当好消费者的参谋，使其产生信任感。

（八）购买满足

消费者在购买服装后，会有各种各样的心理感受，导购优质服务，服装店的购物环境，因而产生满足感。在这一阶段虽然是消费者决定购买过程中的最高点，但还不是最终点。因为消费者在购买服装付款后，仍有可能发生一些不愉快的事，如在交款找零、包装商品时、售后服务等方面引起消费者的不满意，甚至发生退货。因此，导购员不应存有只要消费者交过钱，取走货就算完事的想法。要始终保持优质服务，使消费者满意而归。

综上所述是消费者购买活动心理变化的八个过程，并不是说所有的消费者在购买活动中都要经过八个阶段，只有在购买选择性强、比较复杂的、高档的服装时才会出现这种心理变化过程，而对简单的、经常性的购买活动，就不一定要经过这八个阶段。

一个成功的服装企业营销者应深入了解消费者的不同需要，掌握消费者各种心理活动的规律，预测服装的消费趋向，为制订服装营销策略和生产经营服务。

四、影响服装购买行为的要素

服装是一个涉及面广而特殊的商品，除了社会文化和个人的因素外，影响服装购买行为的因素还有服装的设计营销、服装的流行和时尚等。

（一）产品的固有属性

产品的固有属性包括服装的色彩、款式、面料、做工、搭配性、实用性等，这是构成服装消费的非常主要的因素，也是满足消费者对服装功能的基本需求，更是实现消费的载体。

1. 服装的色彩

服装的色彩是影响消费者对服装判断的重要因素。从人体的生理规律上来看，消费者大脑对初次接触的服装认知，色彩占65%的比例、款式占25%的比例、面料占10%的比例。日本色彩研究中心曾经对消费者进行调研，消费者进行消费时，其中非常关心产品色彩的人占72.9%。而通常对产品的接受程序依次是远看色，近看款，最后关注面料。消费者根据自身对不同色彩的喜好来评判服装的接受程度。因此，服装企业应着重开发服装面料色彩与花型，形成自身品牌的独特性与竞争的不可替代性。例如，某些知名服装品牌在每季的新产品开发中，总有5%~10%的花色面料被企业独立买断，在面料色彩与花型上形成独特的竞争优势。这样保障了消费者对于服装独特性、身份性、象征性的表现需要。

2. 服装的款式

款式是表现服装风格与造型的主要手段，关键性地表达了消费者的着装意愿。当消费者仔细浏览服装款式的时候，大脑就在进行着装信息整理与分析，如服装的风格、装饰的元素、服装的搭配、穿着的时间及场合等信息进行整理。服装中轮廓线、结构线、分割线、装饰线条等是否适合自身的特征，服装的板型以及尺寸大小是否合体、是否改善、修饰体形，来判断该服装是否满足自身的穿着需要，同时款式是否时尚流行等元素直接影响消费者的判断与决策。

3. 服装的面料

消费者对于服装面料材质、工艺技术手段、实用性等的关注和评判，也是服装购买的重要因素之一。对于服装面料成分、手感，穿着过程的方便性、舒适性美感与功能性等，消费者个性心理特征不同需要的差异性较大。例如，崇尚自然、强调穿着舒适、对绿色环保物品关注度高的人，对麻质服饰比较认可；但希望自己的衣服不起皱、穿着笔挺气派的人来说，麻质的服饰不但保养麻烦而且穿着皱皱巴巴的很难看，这是他心理不能接受的。这与消费者个性心理特征有关。

（二）产品营销对于服装行为的影响

卖场形象、商标、广告宣传、产品包装等，是服装产品表现附加值的关键，更是文化内涵的主要载体。服装是集艺术性、潮流性、文化性于一体的特殊商品，特别是高档的服装能充分激发消费者的社会性需求，并使他们在拥有商品的同时感受到身份的体现，内心充满愉悦。例如，国际知名的服装品牌，阿玛尼（Armani）、普拉达（Prada）、爱斯卡达（Escad）、迪奥（Dior）、香奈儿（Chanel）、路易·威登（LV）等，非常重视其卖场形象与服务、商标维护、包装、广告宣传等，把品牌视作企业发展的生命线。

1. 卖场形象与服务

卖场形象是迅速让消费者感知服装品牌文化的场所，能通过设计要素体现服装的定位。卖场形象的提升是消费者对于品牌的认知与信任的基础。服装企业应重视卖场的形象设计，统一形象、统一标识，并不断探索创新，同时将卖场服务做到深入细致，对消费者购买服装行为的阶段过程和特点有充分的掌握。例如，有的女装品牌会将卖场的试衣镜略微倾斜15°左右，以便消费者穿着服装的整体修饰效果提升；调整试衣间的灯光，显得柔和而温馨，让消费者试穿的过程舒适，降低产品穿着不便而引起的烦躁；配置具备装饰美感或高档、舒适的试衣鞋，以便消费者对服装的协调搭配；在试衣间内配备女性的化妆棉、口红等，以备服装的穿、脱过程中弄花了女性消费者的妆容等深入周到的服务。并通过一定的空间、结构、灯光、货架、色彩、声音等，使消费者在购买过程中产生良好的心理感受和心境体验。建立符合品牌定位特点的卖场环境，给消费者创造良好的购物氛围是服装经营者在市场营销中要进行研究和思考的内容。服务的过程是需要从消费者的角度出发，以尊重为本，从细节和人性化的方面提供服务。

2. 商标维护

商标是按照法定程序向商标注册机构提出申请，经商标注册机构审查，予以核准，并授予商标专用权的品牌或品牌中的一部分。商标是区别众多服装品牌的基本要素。商标的突出性、品质性是在设计商标时要重点考虑的因素之一。服装品牌出现多元化发展以满足不同的消费需要。

一个好的服装品牌能提升该商品的档次和品位，引发美好联想，给消费者留下深刻印象。目前国内一些高端的服装品牌的商标多以英文为主，这主要还是由于国内服装消费者潜意识里具有"崇洋"的心理倾向。例如，某女装品牌，在商场女装销售排名一直保持前几名。最近进行了系列包装改造，包括商标LOGO的改变：将原有的中文书写字体改成英文，并将颜色更换成黑、白组合，顿时将品牌的时尚、欧化、高档表现出来。让消费者感知到产品的"物超所值"。

3. 包装

包装的形感是指包装的造型、材质、图形和文字。包装的造型和材料只有贴切地表现出商品的特征才能达到效果，例如，真空塑料包装食品使人觉得方便卫生；铝箔泡罩包装的药品让人觉得科学可信；贴体包装的小五金产品又令人感到质量可靠；采用丝带、内衬包装的服装让消费者觉得高档。对消费者而言，商品包装中信息包含量最大的部分是图形，其次才是文字和色彩。图形包括图案、绘画，图形是商品特色的放大镜，图形还可以对产品的特点或风格定位作比喻化、象征化和联想化的阐述。文字是商品包装中记忆强度最大的元素。商品吊牌包装应该有说明性的文字，客观简明地介绍商品的名称、产地、规格、面料成分和使用洗涤方法等，并尽量做到重点突出，一目了然。巧妙地运用服装包装语言能够产生强大的视觉冲击力，成为包装促销的点睛之笔。

4. 广告宣传

广告本身的意义，旨在唤起人们对商品的需要并对生产或销售这些商品的企业产生了解和好感，提示消费者的注意，进而让消费者产生兴趣，在体验和使用后与其他人分享消费经验。服装广告是传播品牌文化、扩大服装企业知名度、提升服装商品美誉度、创造顾客忠诚度的有力武器，服装广告的目的就是借助各种符号的潜在功能，激发消费者对品牌服饰的兴趣和购买欲望，服装广告是连接服装企业与市场的桥梁，是展现服装品牌文化的窗口，广告在服装品牌的创建与发展中发挥了重要的传播作用。广告宣传中包含各类媒体的广告和卖场的平面设计广告。这是有效传达服装品牌文化和讯息的重要工具，也是刺激消费者购买的主要方式。

5. 服装的价格

消费者在对服装的价格进行评判的过程，首先，会将商品的要素，如款式、面料、色彩、质量、品牌、包装等综合起来进行分析，这种价值的认定标准是以自我心中的"价值认识体系"来确定的。其次，消费者在价格的接受过程中，通过对比、联想、经验总结等心理活动，对商品的价格进行进一步的审核、评判。例如，当一位女性消费者在商场看到某款连衣裙价格时，她会自然地同其他类似连衣裙的价格进行对比。消费者甚至会用商场的定位档次潜在定义服装品牌价格的合理性，当消费者进入国际品牌云集的商场时，对其服装产品的高昂价格就已经有了充分心理准备，认为是属于正常现象；但如果他在大众化贩量的商场内，出现高昂服装价格是完全不能接受的。其实，消费者在确定选择购买渠道时，就确定了大致的购买服装的价格范围，一旦超出他的预期价格范围，消费者不会产生购买行为。同时消费者还会用以前购买服装的经验来判断价格的合理性。消费者的经济收入与价格敏感度成反比，即：收入越低对服装的价格高低就越关注和敏感，希望"价廉物美"；收入越高，对服装的价格高低关注就相对弱一些，此时重点关注的是服装的品质和品牌带来的身份效应。例如，价格万元的路易·威登（Louis Vuitton），简称LV，品牌包从来不打折，但其在国内的销售一直呈上升的趋势，这就是来自法国巴黎一百多年的奢侈品牌所带来的身份效应。

五、需要、动机与服装行为的关系

需要是人的动机和一切行为的基础。当人产生某一种需要，而此种需要又没有得到满足时，它就会产生一种不安和紧张的心理状态，推动人们去寻找能满足需要的对象，从而产生消费活动的动机。动机推动人们去从事某种消费活动，向既定的目标接近，产生消费行为，在目标达到后，需要就得到满足，紧张的心理状态就消除了，但同时人们又产生了新的需要。这样循环往复，使人的需要在不断的追求和不断的社会活动中得到满足，如图5-4所示。

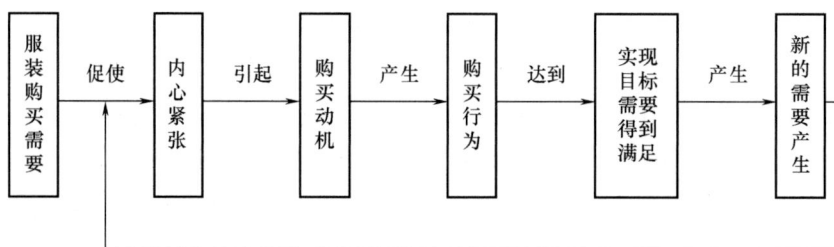

图5-4 需要、动机与行为的关系

在实际服装消费活动中，由于人的需要的多样性，所以就同时存在多种不同的动机，而且这些动机的强弱也各不相同，人们服装消费行为一般由这各种各样的动机所构成的动机体系中最强烈的动机决定。动机和行为的关系有时是简单明了的，有时却是错综复杂的。如两件在款式、做工、面料上几乎相同的服装，其中一件标有较高的价格，但仍然有一些人乐意购买，究其需要和动机，原因在于这是一件名牌服装，它有助于使消费者获得社会群体对着装者的尊重，而且还可以此来显示其经济能力、社会身份和其他代表身份特征。这就是说，人的某一服装消费行为可能是由许多不同的内在动机引起的。同样，出于相同的动机，也可导致不同种类的行为。

动机不仅与需要有关，还会受到能够满足这一需要的外部诱因的影响，人的某些潜在的需要可能受到特定情景或刺激物的作用而增强。新潮独特的时装可以激起人的表现欲望而去消费；品牌服装的"打折"可能会鼓动出暂时不想购置服装的人们的购买欲望，使其产生服装消费行为。需要是内在的、隐蔽的，是服装消费行为的内部因素，诱因是与需要相联系的外部刺激，它吸引人产生服装消费动机，从而形成服装消费行为，导致人对服装需要的满足。

复习思考题

1. 怎样理解马斯洛的需要层次理论？在服装消费中怎样运用这一理论？

2. 内驱力理论的内容？在服装市场营销中怎样应用内驱力理论？

3. 简要概述消费者购买决策过程的心理变化过程？

4. 影响服装购买行为有哪些要素？

5. 简要概述需要、动机与服装行为的关系？

6. 到服装专卖店观察和体验消费者购买服装的心理变化过程，并形成调研报告。

消费者个性心理特征理论——

消费者个性心理特征与服装消费

教学内容： 1.消费者的气质类型及对于营销活动的意义

2.消费者的性格及在服装消费中的外部表现

3.消费者的价值观、兴趣、态度特征及服装消费行为中的应用

上课时数： 4学时

教学提示： 阐述了消费者的气质、性格、兴趣、态度及其特征，讲述了消费者的气质、性格及在服装消费中的行为表现，并针对不同的气质、性格，采取不同的营销策略

教学要求： 1.通过本章的学习了解消费者的气质和特征、针对不同的气质采取不同的营销策略

2.了解消费者的性格特征，掌握性格与消费行为的关系

3.了解兴趣和态度的概念和特性及应用

第六章 消费者个性心理特征与服装消费

案例

在公司任经理的岳光小姐每月收入5000多元，可她不仅月月光，而且还负债累累。为了追求时尚，彰显个性，她贷款买了一辆轿车，买高级时装，消费高档化妆品，不到月底口袋已经空了，可她又看上了一部新款电脑，没有钱只好厚着脸皮去找老妈借。像岳光一样的"单身负族"通常收入不菲，但仍然月初富裕、月底赤字，经常入不敷出。"新负翁""月光族""车奴""房奴""卡奴"层出不穷。

案例分析：说明消费者的个性特征，包括需要、动机、兴趣、理想、信念和价值观等方面的特性。这些消费者个性心理特征决定了消费态度和产生不同的消费行为。

个性（Personality）也称为人格，个性是人本质的、稳定的心理特征和品质的总和，这些特征和品质决定着人们的行为方式。个性包含两个方面的内容：

一方面是指个性的意识倾向性，包括消费者的兴趣、爱好、需要和动机，它决定着消费者的购买行为是否发生。

另一方面是指个性心理特征，包括消费者的能力、气质和性格，它决定着消费者购买行为的独特风格，本章学习的重点是消费者的气质、性格、价值观、兴趣和态度。

消费者个性的种种表现，由先天遗传因素和后天环境因素共同决定。先天遗传因素多指生理因素，具有与生俱来的生物特征，遗传基因是个性心理的生物学基础。后天环境因素则是消费者心理的社会属性，个人所处社会环境、生活经历、家庭影响等方面的因素，对消费者心理的形成、发展和转变具有决定性作用。

在服装消费过程中，消费者要经历感知、注意、记忆、思维、学习、联想、情感、意志等心理活动，这一过程体现了消费者心理活动的一般规律，但是不同消费者对于外部作用是有选择性的，消费者自身的个性心理特征，对于服的选择和消费是有差异的。在服装的审美选择中，如几何风格、新古典主义风格、国际现代风格，中国古典风格，往往是消费者生活方式、审美趣味的外在表现，体现了一个人、一个家庭的个性化的消费需要。成功的产品开发应该将设计的个性与消费的个性化审美需要和生活风格联系起来，以此满足不同消费群体的多样化、个性化审美需要。

第一节　消费者的气质

一、消费者气质的概述及其理论

（一）气质的概念

气质是不以人的活动目的和内容为转移的典型的、稳定的心理活动的动力特征。人的不同气质表现在情绪体验的强弱，意志力的大小，知觉、思维等心理活动的快慢，注意时间的长短，转移的难易等各方面。

气质是人的心理特征之一，是人与生俱来的心理特点，是个性中相对最为稳定的因素，俗语说"禀性难移"，就是指气质难以改变的特点。它规定着人的心理活动的特色，是性格的动力基础，并且对行为起着动力作用。气质往往使一个人的心理活动涂上个人独特的色彩。

（二）气质类型学说

1. 气质的体液学说

公元前五世纪时，古希腊医生希波克·伍德（Sybok Wood）最早提出气质学说，他认为人体内有四种体液：血液、黄胆汁、黑胆汁和黏液。根据每种液体在人体内所占的比例不同，把人的气质分为多血质、胆汁质、黏液质和抑郁质四种类型。人们的行为方式的不同，是这四种液体在人体所占的比例不同而决定的。

（1）多血质气质类型：血液占优势的称为多血质，这种气质的典型特征是活泼好动，交际广泛，应变能力强，反应迅速，动作灵敏，但情绪易起伏波动，注意力易分散。

（2）胆汁质气质类型：黄胆汁占优势的称为胆汁质，这种气质的人，其行动往往表现为热情直率，精力充沛，易于冲动，性情急躁，心境变化剧烈。

（3）黏液质气质类型：黏液占优势的称为黏液质，其行动特点是安静稳重，反映缓慢，沉默寡言，情绪不易外露，注意力强，难以转移，善于忍耐等。

（4）抑郁质气质类型：黑胆汁占优势则称为抑郁质，其行为特点是孤僻多疑，行动迟缓，感情体验深刻，观察细致等。

这四种气质是典型的类型。现实生活中属于这种典型的人并不太多，一般是处于两种类型之间的中间型或者是混合型。

2. 体型论

德国心理学家、精神病学家克瑞其米尔（Krich Mir）主张人的气质取决于他们的体型，把人的体型分为三大类：肥满型、细长型和筋骨型，不同的体型具有不同的气质类型和行为倾向，如表6-1所示。

表 6-1　人的体型与气质

体　型	气质类型	心理特征（行为倾向）
肥满型	躁狂气质	善于社交，表情活泼，热情，平易近人
细长型	分裂气质	不善社交，孤僻神经质，多思虑
筋骨型	黏着气质	迷恋，认真，理解缓慢

3.条件反射法

俄国生理学家巴甫洛夫（Pavlov Lvan Petrovich）利用条件反射法，揭示了人类高级神经活动的规律，为气质学说提供了生理依据。人的高级神经活动的兴奋过程和抑制过程，在强度、平衡性、灵活性等方面都具有不同的特点，这些特点的不同组合就形成了人的高级神经活动类型，表现在人的行动方式上就是气质。

巴甫洛夫把人的高级神经活动分为四种类型：

（1）活泼型：这类人的神经素质反应较强，而且平衡，灵活性也强。

（2）安静型：这类人的神经素质反应迟钝，但较平衡，灵活性较低，抑郁过程强于兴奋过程。

（3）兴奋型：这类人的神经素质反应较强，但不平衡，兴奋过程强于抑制过程，容易兴奋而难于抑制。

（4）弱型（沉静型）：这类人的神经素质反应较弱，但较为平衡，兴奋速度较慢。

这四种类型的行为特点正好同气质血液说的四种类型相一致：即活泼型相当于多血质；安静型相当于黏液质；兴奋型相当于胆汁质；弱型相当于抑郁质。高级神经活动的一般类型就是气质类型的生理基础。由于气质是人最为稳定的个性心理特征，在服装消费购买过程中，起到了很大促进作用。

二、气质理论对营销活动的意义

在现实的购买活动中，营销人员主要是观察和判定构成消费者的气质类型的各种心理特征，以及构成气质生理基础的高级神经活动的基本特征。因为消费者的言谈举止、反应速度以及精神状态等一系列的外在的表现，总是会不同程度地反映出他的气质。研究消费者的气质类型及其特征，目的就是帮助营销人员学会怎样根据消费者在购买活动中的行为表现，发现和识别他们的气质方面的特点，从而揭示他们的购买活动规律，利用和引导气质的积极的一方面，有针对性地提供各种服务，更好地满足消费者的需要，在服装购买行为中把握消费者心理。

（一）多血质（活泼型）

这类消费者在购买行动中，情绪外露，喜欢与营业员或其他顾客交换意见，面且反应灵活，行动敏捷，兴趣广泛，能适应各种环境与气氛，但感情易变，注意力和兴趣也易转移。因此，接待这类顾客，要求营业员要热情周到，尽量主动为顾客提供各种服务和信息，为顾客当好参谋，取得顾客的信任与好感，会有力地促进购买行为的完成。

（二）胆汁质（兴奋型）

这种气质类型的消费者在购买商品时，情绪反应热烈，对商品以及营业员的服务或肯定或否定，其表情丰富，言语坦率，同时也喜欢提问题、提意见，常表现出脾气急躁，行动毛躁。这类消费者的另一显著特征是冲动性，一旦被某一商品所吸引，往往会立刻导致购买行动，而事后又后悔不迭。对待这一类型的消费者，要求营业员要头脑冷静，充满自信，动作快速准确，语言简洁明了，态度和蔼可亲，使顾客感到营业员是急他所急，想他所想，全心全意为他服务。

（三）黏液质（安静型）

该气质类型的消费者在购买活动中，情绪稳定，不易外露，对商品服务的好坏不轻易下结论，行动稳重、缓慢，语言简练，善于控制自己，自信心较强，不轻易听信他人意见，也不易受营销环境的影响，也不喜欢营业员的过分热情。对这类顾客的服务，营业员既不能过早地接触顾客，如顾客一接近货架就问需要什么；也不要过早地阐述营业员自己的见解；特别是在顾客没有征询意见时，回答问题要尽可能简明扼要，尽可能让顾客自己了解商品、选择商品，但亦要提供必要时的服务。

（四）抑郁质（弱型）

相当于这类顾客在购买商品时，情绪变化缓慢，观察商品仔细认真而且体验深刻，往往能发现商品的细微之处。语言谨慎，行动小心，决策过程也比较缓慢，老是犹豫反复，不相信自己的判断，比较信任营业员的介绍。其购买活动易受外界因素干扰，如营业员的服务态度，其他人对商品的评价，商品广告等，都会加强或中断其购买行为。对待这类顾客，要求营业员能熟知商品的性能，耐心细致地回答顾客的问题，尽可能消除其疑虑，做到体贴周到。

第二节　消费者的性格

播下一个行动，我们将收获一种习惯；播下一种习惯，我们将收获一种性格；播下一种性格，我们将收获一种命运！

——伟大的心理学家与哲学家威廉·詹姆斯（William James）

性格就像人的指纹一样，世界上没有完全相同的性格的两个人。人从出生之日起每天都要感知各种各样的客观事物，经历各种情感体验，也就是说有着各种各样的心理活动。

这些心理活动会表现出每个人的特点，如有人活泼、有人开朗，这是由于人的认识、爱好、能力、气质、性格等不同造成的。

一、性格概述

（一）性格的概念

性格是指一个人在生活过程中所形成的对现实比较稳定的态度和与之相适应的习惯行为方式中所表现出来的个性心理特征。如认真、马虎、负责、敷衍、细心、粗心、热情、冷漠、诚实、虚伪、勇敢、胆怯等就是人的性格的具体表现。性格是一个人的个性中最重要、最显著的心理特征。它是一个人区别于他人的主要差异标志。

人的性格构成十分复杂，概括起来主要有两个方面：一是对现实的态度，二是活动方式及行为的自我调节。对现实的态度又分为对社会、集体和他人的态度；对自己的态度；对工作和学习的态度；对利益的态度；对新的事物的态度等。行为的自我调节属于性格的意志特征。人对现实的态度和与之相应的行为方式的独特结合，构成了一个人区别于他人的独特性格。

人对现实的态度，表明其追求什么，拒绝什么，如对服装的态度表现在接受什么样的服装，喜欢什么样的服装。人们的行为方式表明他们如何去追求他们所要得到的东西，如何去拒绝他们所要避免的东西。例如，如何去收集自己喜欢的服装信息，如何去想方设法买到自己所喜欢的服装等行为。一般来说，人对现实的稳定态度决定着他们的行为方式，而人的习惯的行为方式又体现了他对现实的态度。

性格可分为先天性格和后天性格。先天性格由遗传基因决定，后天性格是在成长过程中通过个体与环境的相互作用形成的。我们必须重视性格的可塑性，以前人们认为性格是与生俱来的，是不可变的，现在则普遍认为性格是可变的。这个观点很重要，如果能通过各种途径培养人的优良品格，摈弃不良的性格特征，将会为社会带来巨大的裨益。

（二）性格的特征

性格一般分为内向型和外向型性格两种。但对每一个人来说不会是完全的内向型性格和完全的外向型性格，大部分都是在某种程度上的交替。外向型性格的人具有活泼爽快、自信心强、感情表现自然、失败了也不后悔等特征，内向型性格的人则具有对外来的批评敏感、慎重、控制自己的感情表现、失败了会更加慎重等特征。

性格是由多种因素构成的一个统一整体，构成性格的心理特征大体上可以归纳为以下四个方面：

1. 性格的态度特征

人对现实的稳定态度是性格特征的重要组成部分，包括对社会、对他人、对学习、对工作、对事物、对自己的稳定态度。如对社会、对他人的正直、善良、有礼貌，对学习、对工作的勤奋、细心、创造精神，对事物（包括着装）的接受、认可、节约，对自己的自信、自爱、自律、自强、谦虚谨慎等，这些构成了一个人的性格，是人们性格和个性中的核心品质。

2. 性格的意志特征

性格的意志特征是指一个人对自己的行为进行自觉调节的特征，主要表现在行为方式方面。包括在行为的目的性方面的有无计划、有无目标、有无理想；自我控制方面的主动控制还是被动控制、意志支配还是情绪支配；紧急情况下是镇定还是张皇失措、机智果断还是优柔寡断；日常工作学习中是严谨还是松懈、坚定不移还是动摇不定等。

3. 性格的情绪特征

性格的情绪特征主要表现在情绪的强度、稳定性等。例如，有的人情绪强烈、一触即发，有的人则即使受到很大的刺激都不产生情绪反应；有的人情绪起伏、波动很大，有的人则情绪深沉、稳定，比较容易控制；有的人总是精神振奋、愉快乐观，有的人则常常萎靡不振、忧郁寡欢。

4. 性格的理智特征

性格的理智特征是指人们在感知、记忆、想象和思维等认识方面的类型差异。在感知方面有主动观察型和被动观察型；在记忆方面有善于形象记忆和善于抽象记忆；在思维方面有全面深刻、灵活变通的系统思维者和一条道跑到黑的线性思维者；在想象方面有创造想象者和想入非非的崇尚空谈者。

二、影响形成性格的因素

（一）不同国家和地区的人具有不同的个性特征

东方国家和西方国家的人有着截然不同的性格特征，即便同是亚洲地区的中国人和日本人的性格差异也很大。我国的不同民族和地区的人的性格也不一样，内蒙古草原上的人性格豪爽，南方地区的人性格细腻。

（二）使人的性格不断发展的主要因素是遗传因素

我们生活中常听到"某朋友的性格很内向，像他爸爸一样。""龙生龙，凤生凤，老鼠的儿子会打洞"等观点。但遗传因素只为一个人性格的形成和发展提供了某种可能性，真正的形成和发展主要取决于一个人的家庭环境、儿时的成长经历和社会生活。

（三）幼儿时期是人一生中性格形成的最主要的时期

人的生长环境对性格形成有着十分密切的关系。例如，父母的性格、父母间的关系温柔亲密，儿童也会自然地形成温顺安静的性格。反之，如果父母的性格不好，经常发火，使孩子在一种紧张的环境中成长，会形成情绪不稳定、神经质的性格。

三、性格的表现形式及其与服装的关系

一个人的性格必然要通过其言谈举止和外貌表现出来。

（一）性格的表现形式

1. 外部活动表现

人的外部活动包括社会、工作、学习、文化娱乐和人际交往等。外部活动是鉴别、了解一个人性格的主要依据。通过一个人的外部活动可以了解一个人的性格特征。例如，通过社会活动可以了解一个人对社会、对集体的态度，通过工作、学习表现可以了解一个人是否认真负责、有创造精神；通过文化娱乐活动可以了解一个人的兴趣爱好、特长等；通过人际交往可以了解一个人是否善于交往、是否谦虚谨慎、落落大方。

2. 语言表现

语言表现主要是指一个人说话时的态度、风格、方式等。例如，一个人的口头语与其性格就有一定的关系。常说"这个""那个""嗯"口头语的人具有小心谨慎的特点。

3. 外貌表现

着装、面部表情、姿势动作都能反映出一个人的性格特点。例如，一个人的眼神可以表现出其忧郁、冷淡、狡猾等性格特征；一个人的笑容可以反映出其性格坦率、热情或者多愁善感的性格特征；经常打手势的人说明其缺乏自制力和矫揉造作；甚至不同的敲门动作、不同的坐姿、不同的笔迹都会反映出其性格特征。

（二）性格对服装的重视

消费者对于服装的选择、穿用习惯等与性格有着密切的关系。很多学者都研究了消费者的性格与对着装打扮的关心程度。总的看来，重视服装的人和对服装关心的人属社交性的，兴趣广泛，喜欢活动；对服装不太关心的人属内向性的，对他人和环境不依赖，按照自己的想法生活。特别是以青年人为对象的研究结果表明，外貌上长得漂亮的人更具有社交性和开放性的倾向，对服装很关心。注重服装的重要性的人，能够更好地适应社会性。

（三）消费性格及其对服装的喜好

不同性格的人对于服装的选择和喜好不同，例如，有的人经常穿着黑色和白色的服装；有的人则喜欢浅颜色的服装；有的人经常喜欢穿着正装类服装；有的人则喜欢穿着休闲类服装。这些差异与他们的性格是有很大关联的。以女大学生为例，关于性格与服装设计喜好程度的研究包括五个方面：

1. 性格与服装的线条、款式

喜欢曲线的人更具有女性的特性；喜欢运动款式服装的人男性化特点更明显。

2. 性格与服装的颜色

喜欢红色的人具有实践性的、果断性的行动；喜欢黑色的人是深思熟虑的、理论性的、思索性的；喜欢绿色的人非常理论性的、客观性的、深思的、男性倾向的。

3. 性格与服装颜色的明度

喜欢亮颜色的人比喜欢暗颜色的人更有实践性、果断性和行动性；喜欢暗色的人更有理论性、内向性、深思性。活动性和社会性越强的人，越是喜欢亮的颜色，不喜欢暗的颜色。可见性格与色相、与设计有一定的相关性。

4. 性格与服装的配色

喜欢白色的人单纯，是感情性的，讨厌朴素节约、易兴奋、自制力较弱。

5. 性格与服装颜色选择的多样性

随时间、场所、季节用途的不同，选择多样颜色的人属于有自制力的。反之，选择范围小的人属感情性的、易兴奋的、自制力较弱的。

四、性格与服装购买行为的关系

（一）性格在消费行为中的具体表现

消费者的性格是在购买行为中起核心作用的个性心理特征。消费者之间不同的性格特点，形成了千差万别的消费行为。具体表现可从不同角度进行划分。

1. 从消费态度的角度划分

（1）节俭型的消费者：在消费观念和态度上崇尚节俭，讲究实用。

（2）保守型的消费者：在消费态度上较为严谨，生活方式刻板，性格内向，怀旧心理较重，习惯传统的消费方式，对新产品、新观念持怀疑、抵制态度，选购商品时，喜欢购买传统的和有过多次使用经验的商品，而不愿冒险尝试新产品。

（3）随意型的消费者：在消费态度上比较随意，没有长久稳定的看法，生活方式自由而无固定的模式。在选购商品方面表现出较大的随意性，且选择商品的标准也往往多样化，经常根据实际需要和商品种类不同，采取不同的选择标准和要求，同时受外界环境及广告宣传的影响较大。

2. 从购买行为方式的角度划分

（1）习惯型的消费者：在购买商品时习惯参照以往的购买和使用经验，同时受社会时尚、潮流影响较小，不轻易改变自己的观念和行为。

（2）慎重型的消费者：在性格上大都沉稳，持重，做事冷静、客观，情绪不外露。选购商品时，通常根据自己的实际需要并参照以往购买经验，进行仔细慎重的比较权衡，然后作出购买决定。购买过程中，受外界影响小，不易冲动，具有较强的自我抑制力。

（3）挑剔型的消费者：其性格特征表现为意志坚定，独立性强，不依赖他人。在选购商品时强调主观意愿，自信果断，很少征询或听从他人意见，对营业员的解释说明常常持怀疑和戒备心理，观察商品细致深入，有时甚至过于挑剔。

（4）被动型的消费者：在性格特征上比较消极、被动。由于缺乏商品知识和购买经验，在选购过程中往往犹豫不决，缺乏自信和主见；对商品的品牌、款式等没有固定的偏好，希望得到别人的意见和建议。由其性格决定这类消费者的购买行为常处于消极被动状态。

（二）根据性格特征促进服装消费行为的方式

1. 根据不同的年龄、性别及个性设计服装

首先，根据不同的年龄、性别、个性，结合流行趋势设计不同的款式和色彩的服装，例如，老年服装要穿着合适、价格实惠；儿童服装要亮丽、穿着安全舒适；女性时装要前卫、时髦；男装要高贵、舒适及前卫。

其次，要根据不同的年龄和个性布置不同的卖场，"男人买，女人逛"表明男人往往对卖场的实用功能比较讲究，如停车、付款是否方便，款式是否会过时，是否穿着从众大方等；女性对款式及色彩比较讲究，并考虑是否和已有服装的搭配及款式的时髦等。

2. 服装价格变动的差异化竞争

企业在价格变动上要做好差异化的竞争策略，就是要根据顾客的差异需要，在符合本企业服装产品价格定位的基础上，对市场进行科学的细分，把握好不同顾客的价格需要，及时做出调整。

3. 超越顾客期待的高质量服务

重视顾客的反应和期望。也就是说既要让顾客买到称心如意的服装，还要协助顾客正确购买，只有这样顾客才能获得一种愉快的购买体验，以及充分的满足感和成就感，以得到顾客的认可。

第三节　消费者价值观、兴趣、态度与服装行为

一、价值观概述

价值观的含义很广，包括从人生的基本价值取向到个人对具体事物的态度，在人们的决策和行为方面起着主导作用。对人们的服装选择和服装行为同样也起着指导性的作用。

价值观是人们决定行动和对事物做出判断的直接动机的动力。对于个人来说，价值观的形成与其所属的社会文化、习惯、环境、家庭、亲朋、教育、经验等许多因素有关，个人的价值观一旦形成，在生活方式方面会出现明显的差异，即人们的行动的整体立场是由价值观决定的，依据个人的价值观的不同，或多或少肯定会在行动中表现出来。因此，价

值观是人们决定行动的非常重要的原动力。

（一）消费价值观

消费者的消费形态是指消费者进行消费选择、消费决定，产生消费行为时的表现形态。它是众多潜在因素在消费者进行消费选择、消费决定、发生消费行为的外在显现。这些众多的潜在因素包括：消费者各种来自于生理性的、感觉性的需要和欲求，消费者的消费心理、文化层次、性格特征、气质内涵、审美倾向、价值取向、购买行为习惯及其模式、经济支持力等生活方式内容。这些因素是消费者对某种商品产生购买行为的内、外在驱动力，是消费者对某种商品能否形成消费的直感力，取决于消费者对某种商品的价值评价、审美评价、意义评价，换句话说就是取决于消费者的消费价值观念。

（二）服装价值观念

服装学中人的价值观很多是指个人的价值，个人的价值体现在漂亮、挑战、婚姻关系、诚实、爱慕、成功、安慰、幸福、家庭、身材、性魅力、金钱等有价值的行动方面。

服装价值观念是人们的整体价值观的一部分，是在对服装的态度、消费选择、消费决定、产生消费行为时用语言和行动表现出来的价值观念。人们可以依赖服装来实现个人的价值追求，因而会影响到服装的选择和购买行为。

1. 时代与服装价值观念

人们所处的时代和文化背景不同，对服装所持的价值观念也不同。19世纪末，人们崇尚当时的贵族服饰，认为有大的裙撑的裙子很漂亮，因而会去追随。超短裙、乞丐装、紧身衣等各种服装都曾是流行服装。从20世纪70年代起，全世界的青年人都越来越重视服装的方便与舒适性，因此，牛仔装、T恤以及宽大的衬衫和裤子一直流行着，反映了青年人对服装形态的价值观念。

在我国，20世纪70年代前，一直处于物质不足的状态，人们重视勤俭节约，"新三年、旧三年、缝缝补补又三年"就是当时人们的服装价值观念写照。改革开放后，随着服装商品的丰富多彩、人们经济水平的提高，对服装的价值观念发生了巨大的变化。

人们服装价值观念的变化受政治、经济、文化和社会等环境变化的影响，也受著名设计师们的服装发布会、报纸杂志的影响，还受服装业、商店广告的影响。因此，人们的服装价值观念会一直变化着。

2. 生活方式与服装价值观念

人们的服装观念随生活方式的变化而变化。例如，在人一生的各个阶段，生活方式差异很大，服装观念也各不相同。结婚前对服装的兴趣很高，重点是为自己买衣服；要结婚时，婚礼服装要买罗曼蒂克的；正装要选择符合夫妇职业和社会活动范畴的；有了孩子后，还要考虑孩子服装的选择；到中年后开始重视服装的身份象征性；进入老年期则开始重视服装的舒适方便性。不同时期的服装观念会有很大的差异。

3. 21世纪服装消费进入时尚个性期

2008年奥运会的成功举办，全民运动热情高涨，运动休闲装已经成为当时中国最为流行的服饰；2010年上海世界博览会，金色成为流行色，传统手工艺受到推崇；2011年服饰流行风格趋向复古、中性、优雅；2014年亚太经合组织（APEC）会议在北京召开，民族风盛行，复古典雅，中式元素开始流行，高级定制个性化需求凸显。

二、兴趣与服装行为

（一）兴趣概述

兴趣是指一个人积极探究某种事物和爱好某种活动的心理倾向。是与"讨厌"相反的概念。一个人对某个对象有兴趣，就会乐于接触它，并力求认识它、了解它。

人们对服装的兴趣也各不相同。对百货商店里的各种服装，有的人对牛仔装感兴趣，有的人对唐装感兴趣，还有的人只对逛商店看服装感兴趣。实际上有的人是喜欢买服装，有的人是对服装制作感兴趣，也有的人是对服装设计有兴趣。每个人所感兴趣的内容是不同的。

人的兴趣反映了人的需要，即兴趣是在需要的基础上产生的，是需要的一种表现形式。如人们对服装感兴趣，是因为人们需要服装。

1. 兴趣的分类

人的兴趣是多种多样的，无论是工作、学习，还是日常生活中，每个人都有自己的兴趣。根据人们兴趣的内容可以分为物质的兴趣和精神的兴趣两种。

（1）物质的兴趣：它是以人们对物质的需要为基础的，表现为对衣、食、住、行等物质生活条件和家用电器等生活环境和生活条件的追求。

（2）精神的兴趣：它是以人们的精神需要为基础而发展起来的兴趣，表现为对科学、文艺及社会活动等的兴趣。

2. 兴趣的特征

人们的兴趣虽然各不相同，但都有其共同的特征。

（1）兴趣的倾向性：一个人不可能对所有的事物都很感兴趣，一般只是对某些事物兴趣浓厚。人们的这种仅对某些客观事物抱有浓厚兴趣的特征称为兴趣的倾向性。例如，很多女性喜欢逛商店看服装，把这看成是一种消遣和享受；很多男性则喜欢看足球比赛、赛车比赛和斗牛，喜欢富有刺激性的享乐。

（2）兴趣的广泛性：任何人的兴趣都会有倾向性，但绝不会是单一的，总是在某个中心兴趣的基础上有一定的范围，对于某些人来说，其兴趣范围可能很广泛。人们的兴趣有一定的广度和范围的特征成为兴趣的广泛性。例如，有的人既喜欢足球，又喜欢篮球、排球和网球，在体育球类活动中爱好广泛。

（3）兴趣的稳定性：一般来说，人们的兴趣是相对稳定的，如有的人一生喜欢养花养鱼；有的人着装一直很讲究。人们兴趣的持久性和稳固程度成为兴趣的稳定性。但这种稳定性是相对的，有的人对某种事物的兴趣持续的时间长，有的人对某种事物的兴趣持续的时间相对要短得多。如今天喜欢养花，明天喜欢养鱼的人也是有的。

（4）兴趣的效能性：兴趣会推动主体产生活动或达到一定的效果。例如，某人对某款式的新服装产生了浓厚的兴趣，虽然价格很贵，但迟早会去买它，哪怕是借钱。兴趣浓厚还会形成重复购买的习惯和偏好。因此，服装市场营销中，努力培养消费者对服装的兴趣是非常重要的。

（二）兴趣与服装购买行为

人们对服装的兴趣与购买行为关系密切。具体主要表现在如下方面：

1. 服装兴趣有助于为将来的购买行为打下基础

人们一旦对某种服装产生了兴趣，就会进一步的收集有关这种服装的信息，包括到网上、报纸杂志广告上查找有关信息、向他人咨询了解、交换信息等，这就为将来的购买奠定了基础。

2. 服装兴趣能促使消费者做出购买决定，促进购买行为

人们对服装的兴趣，使人们把购买服装视为乐趣，心情比较愉快，态度比较积极，加上购买前对欲购买服装有关信息的了解，缩短了对服装的认识过程，容易做出购买决定，完成购买行为。

3. 服装兴趣可以刺激消费者对服装商品的重复购买和长期穿着使用

消费者对某种服装所产生的持久兴趣，会形成偏好和信赖，促使其在长期的生活中形成对某种品牌的诚信和依赖，如青年人喜欢某一品牌的牛仔装，会在长时期内一直购买穿着同一品牌的牛仔装。

人们对服装的兴趣是在社会生活中逐渐培养发展起来的，随人们的生活方式、经济水平、大众传媒媒体、生活经验等多方面的因素变化而变化，这种兴趣变化既包括人们对服装产品的不断更新换代的变化而变化，也包括人们对服装的兴趣会随时代的变迁所发生的变化。

三、态度与服装行为

态度是指一个人对事物、对他人等的亲近感和厌恶感。例如，一个人表明"我喜欢女性化的款式，不喜欢像嬉皮士一样的牛仔装"的情感态度，进而还会具有"女性化款式看上去成熟、具有女性美，嬉皮士款式看上去不正经"的信念。因此，态度还会直接影响一个人的行动。如"我穿连衣裙或套装等正经服装，绝对不穿乞丐一样的嬉皮士服装"是对喜欢穿和不喜欢穿的服装的明确的态度和具体行为。

态度概述

1. 态度的基本含义

态度是社会心理学中的一个重要概念，是指一个人对某一特定事物、观念或他人的一贯的、较为固定的综合性的心理倾向。态度由认知、情感和行为倾向三部分组成。因此，态度的心理成分包括认知成分、情感成分和行为倾向成分。情感成分是态度的核心。

态度的基本含义包括如下方面：

（1）态度是人们对事物、对他人的心理反应。自我意识是一个人对自我的一种态度。

（2）态度是较为固定、较为一贯的心理反应倾向。只有那些经过长期反复形成的较为固定的反应才可能成为态度。

（3）态度是一个人在社会生活中后天获得的心理反应倾向。态度是人在意识出现后，经过情感的不断丰富、经验的不断积累后才逐渐形成的。

（4）态度是一种综合性的心理反应倾向。既有"我想……""我要……""我准备……"的作用，这种倾向性表示了心理指向性，或者说行为的准备状态。

（5）态度是行为的准备。一般来说，态度决定人的行为，与行为保持一致，但与行为有并非是一一对应关系，在特定情况下会出现不一致。

（6）态度是以价值观为核心的心理倾向，价值观的不同会导致人们产生各种不同的态度。

2. 态度的基本特征

态度是一种复杂的心理现象，具有如下基本特征：

（1）态度是人们综合性的心理过程：态度是在一系列心理过程基础上形成的，是对社交知觉、人际印象、社会情感、动机等心理过程的综合，是对这些过程整体性的心理反应。

（2）态度的社会性：态度是一个人在一定的社会环境中以及与他人交往中形成的，态度一旦形成就会反过来影响人们的交往与社会生活方式。

（3）态度的针对性：尽管态度的对象是多方面的，但总是有所指的，是针对某一对象而产生的，没有对象的态度是不存在的。

（4）态度的系统性：由于态度是对一系列心理过程的综合统一，因而它具有心理过程的整合性，使认知、情感、动机、倾向等相协调一致。

3. 态度的构成

态度由认知、情感和行为倾向三部分组成。

（1）认知：认知是指对态度对象所具有的知觉、理解、信念和评价。因此，态度的认知常常是带有评价意味的陈述，即不只是对态度对象的认识和理解，同时也表示赞同或反对。如"着装对印象形成很重要"，因此着装打扮受到重视。

（2）情感：情感是指一个人对于态度对象的一种情绪体验，如喜欢牛仔装、讨厌过于透露的服装等。

（3）行为倾向：行为倾向是对态度对象的一种反应倾向，即行为的准备状态，也就是说态度具有完成某一种行为的倾向。因此，一个人的态度对其行为具有趋动性影响。如认为某一品牌的服装适合自己，就会去努力寻找并购买这一品牌的服装。

4. 态度的形成

人的态度与其他习惯一样，都是后天习得的。态度学习的主要机制有：联想、强化、模仿。针对一个具体事物的态度，态度形成的过程一般要经过模仿与依从、认同和内化三个阶段。

（1）模仿与依从：态度的形成与改变开始于两种方式，一种是自愿的不知不觉地模仿，另一种是受外界压力的依从。

人们对他人的模仿其实就是对他人态度的认同与吸收。儿时父母是模仿对象，孩子为了模仿父母的形象，很希望穿着和父母相似的服装。随着年龄的增长，会去模仿不同的对象，如青少年喜欢穿着名牌运动服、运动鞋，达到模仿崇拜著名运动员的目的。

依从是指人们为了按照社会要求或别人的意愿而采取的行动。依从行为不是自己愿意这样做，而是迫于外界强制性的压力所采取的行动。但当这种被迫的依从形成习惯后，就会变成为自觉的服从，产生相应的态度。如军人穿习惯了军装后，会对军装产生一种特殊的感情，从心理上喜欢军装，这是很多军人离休、转业或退伍后，仍然经常穿着军装（不戴军衔）的原因。

（2）认同：这一阶段态度已经不再是表面的改变，而是自愿地接受心目中榜样人物的观点、信念，使自己的态度与他们相接近。认同可以是想象的，也可以是实际的。实际上，我们正是用其他社会角色的态度、观点等作为参照物，来指导我们自己的思想和行为。

（3）内化：是态度形成的最后阶段。在这一阶段中，人的内心已经真正发生了变化。接受了新的观点、新的行为，并将其纳入自己已有的价值体系之内，成为自己的态度。这时态度就比较稳固，不易改变了。如上面说到的军人喜欢军装的态度就是从依从开始，到认同、内化而形成的。

5. 态度的改变

尽管态度是一种稳定的心理倾向，但它并不是一成不变的。态度改变既存在着可能性，也存在着必要性。态度改变过程一般由四部分组成：外部刺激、目标对象、作用过程及结果。

我们知道，促使态度改变的压力主要来源于个体原有的立场与传播信息者所支持的立场之间的差距，差距越大，促使改变的潜在压力也越大。一般来说，自尊心弱的人对自己的不足之处很敏感，不太相信自己，因而更容易被改变。

传播者的影响力取决于以下因素：

（1）专业程度：大量的实验证明，传播者的专长或权威对加强说服效果与引起态度改变有明显的影响。

（2）可靠性：不论传播者的专业程度如何，听众是否相信这一点极为重要。

（3）受欢迎程度：人们会改变自己的态度，以便和自己喜欢的人保持一致。

四、消费者对服装的态度

消费者的一般性态度会在着装中体现出来。对服装的态度随着社会经济地位和职业地位的不同而不同。一般来说，中等阶层群体比最上层和最下层群体对服装更为重视，城市里的人比农村人更重视服装。消费者对服装的态度表现为对服装的审美性、承认性、注意集中性、心理依赖性、管理性和趣味性。

（一）审美性

审美性是指期望自己具有漂亮的外观，从而能使自己感到高兴的态度。服装审美性在服装选择中起重要的作用，一般来说，青年时期人们对服装的美学方面最重视。有学者的研究结果表明，男女学生都认为审美性非常重要，个人对自己外貌的满意程度越高，对服装的审美性也越重视；收入和学历越高对服装的审美性也越重视。反之，审美性高的人对服装的个性表现也很重视。

（二）承认性

承认性是指期望自己的着装能获得他人的承认的态度。随服装穿着者的价值观念、信念和性格等的不同，对着装的被承认性的重视程度也不同。政治性价值观高的人、男性一般都是想通过服装象征自己的身份，持有特殊目的的人期望通过自己的服装使自己的权力和职位得到承认。例如，各个国家元首们在参加特殊活动时总是以与他人不同的服装来表现自己的地位，当然这也与礼仪性有关。

对服装的承认性的态度还随时代的不同而不同，19世纪末20世纪初，西方富人阶层为了象征自己的富贵，希望能够在着装上充分表现出来，现代人则非常重视获得所属群体的承认性，即使是事业有成的富有者也很难在着装上看出来。

（三）注意集中性

注意集中性是指希望通过着装得到他人的注意的态度，人一生中的青年时期对此是最最重视的。青年期有想要向他人显示自己的身材的"注意集中倾向"，穿着服装的动机是要强调自身漂亮的部分，吸引他人的视线。一般来说，男学生有喜欢穿着和朋友相似的服装的趋势，女学生有穿着个性化服装来吸引他人注意的倾向。

（四）心理依赖性

我们每个人都有穿着不同的服装所产生的心理性感情状态变化的体验。即好的服装会使人感到心理上的愉悦。这种心理上的变化一般女性比男性更明显。有研究结果表明，青年因为没有合适的服装穿着而不能参与社会活动时，会产生一种罪责感和精神上的压力。一个人如果对自己的着装满意会心情愉快。

（五）管理性

管理性是指对经济方面的实用性态度，一般来说，年龄越大管理性态度越明显。一般中老年人对服装的管理性很重视，青年期则把服装的管理性依托给他人，因而自己的服装的管理性态度低下。一般来说，妈妈们对服装制作、修补等很重视、很关心，而子女们对服装的管理性几乎不在意。现代的女大学生们很重视选择服装的款式、合体程度和色彩，对服装的结实耐用和管理容易等基本不关心。

（六）趣味性

对服装的趣味性一般来说是指包括对服装设计、制作等感兴趣的态度。与一般的态度一样，对服装的态度也是变化的。态度随信念和价值观的不同而不同，就是说对服装的态度也是随某种因素的变化而变化的。

一般通过电视、报纸、杂志等媒体的宣传，通过广告、受教育水平、社会经济水平及年龄和身材及健康状态的变化等，人们的信念与价值观会变化，对服装的态度也随之发生着变化。另外，人们重视服装的态度随性别、年龄等的不同也会不一样的。

五、营销人员根据消费者的态度可采用的策略

（一）适应态度策略

这种策略具体有四种做法：

（1）通过不断提高产品质量、改进款式，完善售后服务，不间断地做广告以不断增强现有消费者的积极态度。

（2）为现有消费者提供新产品、新牌子，以满足他们的要求，以增加现有消费者对企业的好感。

（3）强调现有产品的特点，吸引新顾客。

（4）及时了解市场新动向，为新的消费者提供新的产品。

（二）改变态度策略

改变消费者的态度远比适应消费者的态度困难得多。这种策略的做法主要有：

（1）突出强调企业产品的优点。

（2）尽量冲淡产品较弱属性的影响，如可以告诉消费者产品的某一些不足并不像他想象的那么严重，而且无伤大局。

（3）采取一些必要的补偿措施，如降低价格、实行"三包"等，使消费者心理得到平衡。

复习思考题

1. 根据所学内容，查阅资料，了解消费者个性心理特征对服装消费行为的影响，同时撰写1000字的总结报告。

2. 气质有哪些类型？如何根据气质类型把握消费心理？

3. 论述人的性格与对服装的关心、对服装设计的喜好的关系。

4. 性格倾向（内向与外向）对服装行为有什么影响？

5. 论述人们的服装价值观念随时代和生活方式的变化会发生哪些变化？

6. 人们的兴趣如何影响服装购买行为？

7. 态度的基本含义包括哪些？有何基本特征？

8. 消费者对服装的态度表现在哪些方面？

商品因素与消费心理的基本理论——

命名和包装因素与消费心理

教学内容： 1.品牌命名与心理及策略

2.商品包装的功能及心理策略

上课时数： 4学时

教学提示： 阐述品牌命名的心理及其命名的策略，品牌命名是该品牌被认知的前提和核心要素；商品包装的功能及包装心理策略，商品的包装在销售中，对于唤起消费者购买愿望，产生购买行为起到很重要的作用

教学要求： 1.了解商品因素与服装心理的基本知识

2.掌握品牌命名的心理策略

3.了解包装的含义和功能，掌握包装的心理策略

第七章 命名和包装因素与消费心理

第一节 品牌命名与心理

品牌命名是该品牌被认知、接受、满意乃至忠诚的前提，品牌的名称在很大程度上影响品牌联想，并对产品的消费产生直接影响。品牌的名称作为品牌的核心要素甚至会直接导致一个品牌的兴衰。因此，一个企业一开始就要确定一个有利于传达品牌定位方向，且利于传播的名称，一个知名企业的名字或名牌商标是一个企业的 "无形" 资产。

案例

金利来领带名字的由来

"金利来，男人的世界"，已被中国大陆家喻户晓。曾宪梓经过30年的拼搏，缔造了不同凡响的金利来品牌。从"金利来"这个国际品牌的名字由来，可以看出品牌命名的重要性。

名字是一个符号，对人而言，决定成败的关键似乎不大。但是对于一个在市场上流通的商品，名字的好坏，直接决定商品的命运，直接影响顾客对商品的接受程度。 金利来原名"金狮"，曾宪梓先生认为"金狮"产品的销售量在香港还不够大，他注意到一个现象，就是有的顾客把"金狮"领带拿在手里左看右看，似乎无可挑剔，可是最后还是丢下来没有买，这到底是什么原因呢？后来有一位朋友告诉他，问题恰恰出在"金狮"这个商标上，因为在粤语发言中，"狮"与"蚀"很相近，"金狮"很容易被听成"金蚀"，也就是赔本的意思。曾宪梓毅然决定，放弃"金狮"这个容易被人误解的商标，他想到，香港人多半熟悉英语，"金狮"的英文拼写为Goldlion，而后半部分的Lion读音很像粤语的"利来"两字，"金利来"，金也来利也来，这个商标不但符合人们的想发财心理，而且上口好记，于是他决定改用"金利来"作为新的商标。他又想到，中国人很少用毛笔写英文，如果用毛笔写下Goldlion，字形就显得很特别，于是他就在白纸上用毛笔写下这个英文词，又用一枚钱币画了个圆，用三角尺画上个角，一个优美的商标构图就形成了。

"金利来"商标一问世，果然使曾宪梓的领带生意更上了一层楼。人们被这个"吉利"商标所吸引，很自然地就激起了购买欲。真正属于中国人的国际名牌"金利来"这个名字，成功地诞生了。

案例分析：以上案例说明，品牌名称在市场营销中占据很重要的地位，一个成功的商品名称和商标形象是决定其能否与消费者心理产生共鸣，符合消费者心理需求，产生购买行为的重要因素之一。

案例来源：摘自《曾宪梓传》，夏萍著，作家出版社

一、品牌名称的内涵和功能

（一）品牌内涵

从不同角度出发，形成了对品牌的不同理解。从法律意义上理解，"品牌"是一种商标，强调的是品牌的"不可侵犯性"；从经济意义上理解，强调的是企业知名度、美誉度、影响面及品牌所代表的商品的质量、性能以及消费者对品牌的认识程度等；从品牌的文化或心理意义上理解，"品牌"是一种口碑，一种品位，一种格调，强调的是品牌的档次、名声、美誉以及给人的感觉等。

关于品牌的定义有很多，不同的定义反映了人们对品牌理解的倾向性，也反映了人们对品牌重要性认识的进化。奥美公司的创始人、国际广告界大师大卫·奥格威（David Ogilvy）认为，品牌是一种错综复杂的象征，它是品牌的属性、名称、包装、价格、历史、声誉、广告风格等的无形组合。美国市场营销协会（AMA）在其1960年出版的《营销术语词典》（*Dictionary of Sales and Marketing Terms*）中把"品牌"定义为：用以识别一个或一群产品或劳务的名称、术语、象征、记号或设计及其组合，以和其他竞争者的产品或劳务相区别。著名营销学家菲利普·科特勒（Philip Kotler）认为，品牌是指一个名称、标记、符号、设计或它们的联合使用，以便消费者能辨识厂商的产品或服务，并与竞争者的产品或服务有所区别。品牌包含多方面的内容，至少有六个方面：属性（Attributes），利益（Benefits），价值（Values），文化（Culture），个性（Personality）以及用户（User）。

（二）品牌的功能

一个知名企业的名字或名牌商标是一个企业公认的"无形"资产，服装商品命名应该概括、准确地反映商品的主要特征和性能，以利于消费者的理解和引起联想，激发购买情感，产生购买欲望。品牌是商品的符号。市场经济时代，服装品牌名称凝聚了心理、社会文化、审美等价值内涵，其重要性在某种程度上几乎超过了商品的生产技术。

（三）服装品牌种类

服装品牌一般可以分为制造商品牌、销售商品牌和特许品牌。从品牌的流通状况和运作方式可以分为以下七种类型，如表7-1所示。

表7-1 服装的品牌类型

品牌类型	品牌特征	举 例
国际品牌	具有很高的国际声誉和影响力，许多国家设有销售点	Chanel、Christian Dior、Only 等
特许品牌	通过与知名企业签约合作获得其授权生产经营	波士（BOSS）、卡尔文·克莱恩（CK）、Christian Dior 以及乔治·阿玛尼（Giorgio Armani）

续表

品牌类型	品牌特征	举　例
设计师品牌	以设计师的名字作为品牌名称，强调设计师的个人声望，彰显品牌个性，吸引特定消费群体	Chanel、Valentino、范思哲（Versaee）、皮尔·卡丹（Pierre Cardin）等
商品群品牌	在全国范围内有广泛稳定的销售网络	雅戈尔、杉杉、报喜鸟等
零售商（企业）品牌	大型零售企业拥有的特定零售渠道所经营的品牌	南极人、埃斯普利特(Esprit)、优衣库(Uniqlo)、芒果（Mango）等
店家品牌	一些规模小的零售商业经营的品牌，前店后厂式或受特定顾客欢迎的设计工作室	很多工作室
个性品牌	具有突出商品个性，致力于差别化的品牌	奢侈品服装品牌杰尼亚（Zegna）

二、品牌命名的意义

品牌命名是创立品牌的第一步，世界各国的企业在创立自己的品牌之前，非常重视品牌命名。有的企业在开发出新产品时，委托专业的命名专家来设计制定品牌名称，这些对命名有专长的人才，一般是文学或语言学（Linguistics）专家，他们能熟练地利用语言要素（Morpheme）进行构词，能利用英语词根组成新词。国外有专门为品牌设计名称的机构，由此可见，品牌命名有着深刻的意义。

（一）提升商品档次和品味

人们从品牌名称中就能解读出商品的特点个性，解读品牌文化和企业的文化。好的商品名称，洋溢个性，耐人寻味，引发形象而优美的联想，给顾客留下美好的深刻的印象。例如，"例外"这个简单独特的名字和她的英文"Exception"曾引起几乎和它初次相识人的好奇，面对这个英文LOGO设计理念的理解——例外就是反的，也正是例外设计风格的写照。例外是不跟风的，总是游离于大众潮流之外，不断创造新的潮流，一贯保持特立独行的风格。

（二）提升企业形象

商品形象是企业形象和文化的主要载体和重要体现。良好的企业形象更容易赢得客户的信赖和合作，容易获得社会的支持。例如，做电脑代理起家，现在发展成为中国IT行业的巨人，她有个美丽而伟大的名字，她就是"联想"，她的英文"Legend"是传奇、传说、英雄故事的意思。

（三）便于塑造品牌形象

优美、个性的名字，易于识别、易于编织品牌故事。例如，美国的"Esprit"，来自法文，其意义是：才气、精神、生机，很好体现了其寄托的品牌文化，无须大量地阐述，所谓桃李不言，下自成蹊；来自法国的"Guess"女装，意义是：猜，非常的形象，生动有趣；来自德国的"ANTANO"童装，其单词的意思是"蚂蚁"，命名非常漂亮，蚂蚁是全世界儿童都喜爱熟识的小动物，蚂蚁具有集体团队主义，具有啃骨头的不懈精神，这些都方便品牌的形象识别和塑造，也容易编织动人的故事，容易进行非常有效的事件行销；我国的"七匹狼"命名起点是一部电影，"七匹狼"巧借其名，并且深入地进行文化挖掘，很聪明地将狼的勇敢、自强、桀骜不驯等与其男士休闲服装联系起来，聘请响彻全国的流行歌曲"狼"的作者、也是演唱者齐秦做形象演绎，相得益彰。

（四）节省大量广告费用

一个开始就很土或难念、难听不能引发顾客美好联想的产品，在开拓市场时，将不得不投入更多，甚至多得多的宣传费用，即便如此，其品牌形象和品牌文化很难塑造，即使知名度颇高，但是美誉度不足，没有魅力，缺乏号召力，顾客只是勉强听说过你的产品，但就是不认同、不购买，别说培养顾客的忠诚度了，最终的市场表现就是不堪一击，这是先天不良造成的后果，这种例子我们身边很多很多。相反，一个优秀的品牌名称，将减小品牌推广阻力，可以大大减少品牌推广成本，这就是名字的力量，这正是准确命名的伟大意义！

（五）品牌资产的迅速增值

品牌也是资产，品牌意义正是产品服务留给客户心中的印象，是一个企业生存发展的出路和武器。当然品牌的内涵不单是名称，还包括品质、服务、包装、承诺等，但是一个独具匠心的名字，消费者会记忆深刻。

三、命名心理与策略

（一）名实相符

商品的名称和商品实体的主要性质和特点相适应，古人所说的"名正言顺""名副其实"是命名的重要原则。

商品名注重一眼望穿，一秒钟内让消费者知道销售的是什么东西，也可省下很多宣传广告费用。美国有"白色城堡"这么个品牌，是家喻户晓的内裤品牌，一般人很难想到它会与衣服有关。

（二）便于记忆

商品命名应该简洁明了，运用发音响亮的文字，做到易认、易记、易读和容易传播，字数应该在五个字以内，如"老船长""伊可爱""衣尚时""锦衣多"等；意义丰富，音节抑扬顿挫，读来顺畅而又富于变化；两字名也较为响亮，因其简略，便于识记，如

"简竹""古歌""红豆""步森"等；三字以上的还常常类似一个音译的外来词，追求的是一种洋气，如"菲尔兹""梦特娇""卡洛贝尔""丽米特丝""艾迪雅格""波娜卡尼"等；有的四个字的，除洋化了的名字以外，常常是对某种精神的追求或某种情绪的表达，如"未知未觉""江南布衣""真我永恒""浪漫宣言""生活几何"等；五字及五字以上的，因为字数多，结构繁，音节杂，难读难记，为数不多；一个字的很少，但是为了追求别致、个性等，也有少用，如"渔"品牌等。

（三）诱发情感

积极的情感是消费者购买商品的增效剂，如果消费者对于商品没有产生情感共鸣，就不会积极购买。

案例

命名可以诱发购买情感

1.美国著名制鞋商塞浦勒斯

在企业濒临倒闭之际，聘请了心理学家弗兰克·罗里（Frank Rory），请他主抓产品设计，弗兰克·罗里认为当今的美国人已经不再为防寒和防湿而买鞋，再用廉价和高质之类的老套路很难打开市场，于是他要求设计人员发挥个人想象力，设计出各种富有情感的鞋子。因为他认为：顾客买回去的不是鞋子，而是鞋所体现的各种情感。结果，"情感鞋"一面世，竟令公司起死回生。该公司抛出的"男性情感型""女性情感型""野性情感型""轻盈情感型""幽雅情感型"等各式鞋子，引起不同消费者群强烈的心理呼应，创造了公司历史上的销售高潮。

2."红豆"服饰

位于江阴顾山的乡镇企业无锡太湖针织制衣总厂，由于生产了富有文化情趣、质量上乘、款式多样的"红豆"衬衣，在竞争中脱颖而出。不言而喻，该厂的崛起以及"红豆"衬衣的出名，与它有一个令人倍感亲切的商标名称有关。由于"红豆"两字颇能勾起人们的相思之情，以红豆命名的产品一问世，立即受到不同层次、年龄的消费者青睐：老年人把红豆衫视作吉祥物；年轻的情侣喜欢用红豆衫互相馈赠；海外华人看到红豆衫，倍感亲切。

案例分析：以上案例表明，在现代社会人们的需要观念，已不再停留于仅仅获得更多的物质产品以及获得产品本身。相反，消费者购买商品越来越多是出于对商品象征意义的考虑，也就是为了商品的象征功能而购买。商品的象征功能是通过某具体商品表现出该商品持有人的社会地位、经济地位及生活情趣、个人修养等个人特点和品质。商品之所以具有象征意义，是因为在社会生活中，某种商品总是和某种人联系在一起，人们购买这种商品不仅仅是因为它有用，而且是为了显示自我和与众不同。在西方社会，相当一部分消费者选购商品的重要标志是向往他心中所产生的感觉，以满足心理需要。

案例来源：http://www.365u.com.cn/WenZhang/Detail/Article_5098.html

（四）显示年龄特征

服装品牌命名，通过选择相应含义的字和词，传递独特的情绪，体现独特的风格。如将反映女性外表美丽动人、感情丰富细腻、性格柔顺可人的形容词，"婷""芬""芳""芝""兰""美""娴""淑""珍""怡"等加在名称中，可以营造温馨、和谐、静谧、高雅、纯净、梦幻等美好意境；而男装名称则体现男性的阳刚之气、身份地位、富有、学识渊博、胸怀宽广等特征，如"雄""九牧王""船王""精益"等；童装则体现儿童天真烂漫、活泼可爱、健康聪明以及表达父母的希望、爱意等，如"春燕""俊杰""朝阳""娃哈哈""好孩子""漂亮宝宝""非常宝贝"等，有时用孩子们喜欢的卡通动漫主题，如"蓝猫""米奇""迪士尼""阿童木""哈利波特"等。

（五）体现文化品位

随着经济的发展，消费者理念的变化，服装品牌名称由传统趋向洋化，由质朴趋向华丽，由保守趋向开放。例如，出现了许多类似英译汉的名称，使得人们无法弄清它究竟是进口产品、中外合资还是国产，如"真维斯""艾菲特""班尼路""海伦·周"等，满足消费者一种追求洋化的需求；在崇洋之后，出现了回归自然的、回归传统的古雅风格，如"春竹""景虹""银达""中信""生龙""元田"等；就连一些外来品的译名也在努力接近汉语的语音词汇系统，自觉接受中国传统文化习惯的影响，如"佐尔美""金利来""绅浪""耐克"等；还有一些服装采用人名或姓氏作为商标名，如"俞兆林""吴记""何为贵"等，给人家族感，也充分体现汉语言文化的特点，这些名称亲切、富有情感。

重点原理提示

库里肖夫效应（Currie Seaan Jeffect）的意义和价值

库里肖夫效应是一种心理效应。库里肖夫这位苏联电影工作者在19岁的时候发现一种电影现象。他给一个演员的特写镜头分别在后面接上三种不同的内容。库里肖夫曾给俄国演员莫兹尤辛拍了一个毫无表情的特定镜头，剪为三段，分别接在一碗汤、一个正在做游戏的孩子以及一具老妇人的尸体的镜头之前。他发现观众看过之后，出人意料地认为值得赞扬的乃是演员的表演：演员看到汤时表现出饥饿；看到孩子游戏时表现出喜悦；看到老妇人尸体时现出忧伤的神情。而实际上演员并没有表情，只是镜头的并列组接使观众产生了联想。因此，库里肖夫得出结论：造成电影情绪反应的，并不是单个镜头的内容，而是几个画面之间的并列。结果是观众在看的时候，根据后面出现的那个镜头的内容来断定那个特写镜头中的人的情绪。比如后面接的是一个欢乐的场面，于是观众觉得那人的脸上露出了笑容。如果接的是一个悲伤的内容的镜头，观众会觉得那个特写中的人脸是悲伤的。

从心理学来说，这是观众把他自己的感觉投射到那个人的脸上。其实那几个不同性质的例子里的特写镜头是一样的，是同样的镜头后面接了不同内容的镜头。观众认为那个特写镜头中的人的表情变了。

第二节　商品的包装心理

服装是具艺术性、潮流性、文化性于一身的特殊商品，特别是高档服装包装能充分激发顾客的社会性需要，并使他们在拥有商品的同时感受到身份的体现，内心充满愉悦。例如：国际知名的服装品牌，Armani、Prada、艾斯卡达（ESCAD）、Dior、Chanel、LV等，非常重视各种包装形象，把品牌视作生命般宝贵。

人们常常通过视觉获取外界的印象。随着超级市场和货仓式商场等新型零售方式的不断涌现，消费领域的自我服务越来越多，售货员的咨询作用也越来越被商品外表形象化的语言所取代。消费者在识别商品过程中对包装的依赖，使得货架上的"无声竞争"越发激烈。

商品销售包装随着市场竞争的需要逐渐发展成为集保护、介绍和广告宣传于一身的POP包装（焦点广告），肩负起"无声推销员"的现代使命。包装促销是通过对消费者进行心理激励而发挥作用的。

案例

买椟还珠的故事

春秋时期，楚国有一个商人，他有一颗漂亮的珍珠，他打算把这颗珍珠卖出去。为了卖个好价钱，他便动脑筋要将珍珠精心包装一下，他认为高贵的包装，珍珠的"身份"就自然会高起来，就特地用名贵的木料，制成小盒子（即椟），把盒子雕刻装饰得非常精致美观，使盒子发出一种香味，然后把珍珠装在盒子里面。有一个郑国人，看见装珍珠的盒子既精致又美观，问明了价钱后，就买了一个，打开盒子，把里面的珍珠拿出来，退还给珠宝商，把盒子留了下来。

案例分析：购物者舍本求末固然可笑，但是商人推销商品，善于以包装取悦于人则显得聪明过人，一件商品的质量性能再好，若包装平平，就无法体现它的应有价值，甚至无人问津。

案例来源：成语故事

一、商品包装的功能

商品的包装在销售中，对于唤起消费者购买愿望，产生购买行为起到很重要的作用。

（一）识别功能

消费者的记忆中保存着各种商品的常规现象，他们常常根据包装的固有造型购买商品。当商品的质量不容易从产品本身辨别的时候，人们往往会凭包装做出判断。包装是产品差异化的基础之一，它不仅可以说明产品的名称、品质和商标，介绍产品的特效和用途，还可以展现企业的特色。消费者通过包装可以在短时间内获得商品的有关信息。因此，恰当地针对目标顾客，增加包装的信息容量，可以增强商品的吸引力。

包装为消费者提供了可靠的保存手段，又便于携带和使用，还能够指导消费者如何使用。

（二）增值功能

设计成功的包装融艺术性、知识性、趣味性和时代感于一身，高档的商品外观质量可以激发购买者的需要，让他们在拥有商品的同时感到提高了自己的身份，内心充满愉悦。

消费者判断商品的优劣不仅仅以包装为基准，包装只是从属于商品，商品的质量、价格和知名度才是消费者权衡的主要因素，但是包装的"晕轮效应"能把消费者对包装的美好感觉转移到商品身上，达到促销的目的。专门生产高档化妆品的法国莱雅集团，推出每一件新产品，其包装费用都占总成本的15%～70%。

（三）包装促销首先促进认知功能

购买心理一般依次经历认知过程、情感过程和决策过程三个阶段，其中注意是认知的开始，也是整个购买心理过程的基础，注意可以分为有意注意和无意注意。

据调查，我国超级市场中62.6%的顾客是在没有购买计划的情况下购物的，而全国有这种购买习惯的人又占54.9%，也就是说，无意注意是我国消费者的主要购买心理，在这种情况下，包装促销功能将大有作为。

（四）保护产品，方便运输

包装具有保护产品，防止服装在运输的过程中玷污、损伤等功能，同时方便运输、便于使用。包装的便利性能够增添商品的吸引力。

相关链接

包装认知调研结果

1. 根据杜邦公司的"杜邦定律"，63%的消费者是凭商品的包装做出购买决策的。美国著名的包装设计公司普里莫安得公司也有这样一段座右铭：消费者一般都分不出产品与包装。对多数产品来说，产品即包装，包装即产品。包装是商品的影子，在缺乏参考信息或者质量、价格大致相同的情况下，独特的包装可以吸引消费者的视线和兴趣，进入消费者的选择范围。

2. 色彩是包装远观的第一视觉效果。调查表明，顾客对商品的感觉首先是色，其后才是形。顾客在最初接触商品的20秒内，色感为80％，形感为20％；在20秒至3分钟内，色感为60％，形感为40％。

二、消费者的心理需求

（一）追求实惠的心理

产品包装设计应该满足消费者的核心需要，就是追求有实在的价值。满足各群体中对于质朴、实惠的追求，如中老年群体中，他们反对"形式大于内容"的过度包装，否则即使能够吸引到偶然的购买，也难以赢得消费者的忠诚，缺乏长远发展的动力。

（二）追求新奇的心理

特别是对于科技含量比较高的产品或者档次较高的新产品，应该注重包装外观效果，其选材、工艺、款式和装潢设计都应该体现出技术的先进性。可以通过新颖独特的包装来反映科学技术的优异成果，映衬产品的优越性能。

（三）追求诚信的心理

在产品上突出了厂名、商标，有助于减轻购买者对产品质量的怀疑心理。特别具有一定知名度的企业，这样对产品和企业的宣传一举两得。美国百威公司的银冰啤酒的包装上有一个企鹅和厂牌图案组成的品质标志，只有当啤酒冷藏温度最适宜的时候，活泼的小企鹅才会显示出来，向消费者保证是货真价实，风味最佳，满足他们追求诚信的心理。

（四）追求精美的心理

商品的包装设计是装饰艺术的结晶。精美的包装能激起消费者高层次的社会性需要，具艺术魅力的包装对购买者而言是一种美的享受，是促使潜在消费者变为显在消费者，变为长久型、习惯型消费者的驱动力量。世界名品服饰其包装都十分考究，从内包装到外包装都焕发着艺术的光彩。

（五）追求情趣的心理

人们在紧张的生活中尤其需要轻松和幽默。美国的一家公司在所生产的饼干的罐盖印上各种有趣的谜语，只有吃完饼干才能在罐底找到谜底，产品很受欢迎。我国儿童食品"奇多"粟米脆每包都附有一个小圈，一定数量的小圈可以拼成玩具，小圈越多，拼的玩具就越漂亮，结果迷住了大批的小顾客。人们的好奇心往往可以驱使他们重复购买。

（六）追求与众不同的心理

特别是年轻人，喜欢与众不同，喜欢求异、求奇、求新，极力寻找机会表现自我。以这类消费为目标市场的产品包装可以大胆采用禁忌用色，在造型上突破传统，在标识语中大肆宣扬"新一代的选择"，以求引导潮流，创造时尚。但是这类消费者的心理不稳定又难以捉摸，潮流变幻无常，因此对其包装促销是高风险高回报的尝试。

（七）追求便利的心理

顾客购物都求方便，例如，透明或开窗式包装的食品可以方便挑选；组合式包装的礼品篮可以方便使用；软包装饮料方便携带等，包装的方便易用增添了商品的吸引力。国外流行的"无障碍"包装，如接触式判断识别包中用锯齿状标识区分洗涤剂的类型；在罐装食品中设置"盖中部凹陷状证明未过保质期"的自动识别标志等，它们原来是为迎合高龄老人和残疾人而开发的，结果深得消费者的广泛喜爱，可见求方便是所有人的消费心理。

包装是保护功能和艺术美感的融合，是实用性和新颖性的创新结合。成功的包装促销是生产者的意念心理，是创造者的思维心理和购买者的需要心理的共鸣。商品销售包装只有把握消费者的心理，迎合消费者的喜好，满足消费者的需求，激发和引导消费者的情感，才能够在激烈的商战中脱颖而出。

三、包装设计中的心理因素

（一）引人注意

是增强包装效果的首位因素。注意是人的认识心理活动过程的一种特征，是人对所认识事物的指向和集中。注意现象不是一种独立心理过程，人们无论在知觉、记忆或思维时都会表现出注意的特征。从心理学研究分析，一件包装设计要想使消费者注意并能理解、领会、形成巩固的记忆，是和作用于人的眼、耳感觉器官的包装中的文字、色彩、图形以及声音等条件的新奇性特征分不开的。

在人们的视觉认知活动中，不是被动接受客观刺激物的刺激作用。而是在客观刺激物和人的主观内部心理因素相互作用下进行的。商品包装的文字、图形、色彩及造型形态，对消费者来说，都是一种"视觉元素"的刺激物，而这些刺激物必须具备一定的新奇形象特征才能引起消费者的注意。

（二）情感与联想

设计师对包装做到醒目并不太困难，但要做到与众不同，又能体现出商品文化内涵和贡献点（需要）是设计过程中最为关键的。

在商品包装设计元素中，色彩冲击力最强。商品包装所使用的色彩，会使消费者产生联想，诱发各种情感，使购买心理发生变化。但使用色彩来激发人的情感时应遵循一定的规律。心理学研究认为，在绘制食品包装时，不要用或少用蓝、绿色彩，而用橙色、橘红色则使人联想到丰收、成熟，从而引起顾客的食欲促使购买的行动。就像我们现实生活中，消费者购买补品商品，大多会对大面积暖色调的商品包装感到满意。而对洗洁用品则对冷色调包装感兴趣。这既是商品主观原因又是消费者情感联想的作用。

（三）便于记忆，过目不忘

成功的商品包装不仅能引起消费者情感和联想，而且还应当使消费者"过目不忘"。记忆是人们对于过去经历过事物的重视，其过程包括：识记、保持、回忆和再认。只有识记和保持牢固，回忆和再认才能实现。因此，商品包装设计要想让消费者记住，就必须体现商品鲜明个性特性，简洁明了的文字、图形、形象，同时还要反映商品文化特色和现代消费时尚，才能让消费者永久记忆。

复习思考题

1. 选取两个以上国内外知名服装品牌，写出该品牌在品牌命名过程中如何适应消费者心理需要并写出调研报告。

2. 选取两个以上国内外知名服装品牌，商品包装中如何运用心理学知识进行包装设计并写出调研报告。

3. 品牌的种类有哪些？品牌命名的意义？

4. 品牌命名的心理策略是什么？

5. 商品包装的功能是什么？应该如何适应消费者的需求？

6. 库里肖夫效应的意义和价值是什么？在商品命名心理和包装设计中如何应用？

商品因素与消费心理的基本理论——

流行因素与消费心理

教学内容： 1.流行的特征、概念与表现

2.流行的规律及传播过程

3.影响流行的因素

4.流行对消费心理的影响及流行周期各阶段的营销策略

上课时数： 4学时

教学提示： 阐述流行的概念、特征、规律及其传播的过程，影响流行的因素，流行的周期性及在各阶段的营销策略

教学要求： 1.了解流行的概念、流行的发生与表现

2.掌握流行的规律及传播过程

3.了解流行与消费心理

4.掌握流行周期各阶段的特征及营销策略

第八章　流行因素与消费心理

第一节　流行的概念、发生与表现

一、流行概念

就定义而言，流行是指迅速传播而盛极一时的社会现象，它反映了人们日常生活中某一时期内共同的、一致的兴趣和爱好。流行是人类社会发展到一定阶段才出现的，是物质文明、精神文明高度发展的产物，它无处不在的渗透于人类生活的各个领域，日本社会心理学家南博（Hiroshi Minami）将流行分为三类：物的流行（如服装、手机、生活用品等）、行为的流行（如打篮球、跳街舞、练瑜伽、泡酒吧等）和思想的流行（如儒家思想、三民主义等）。其中，服装的流行在诸多流行现象中表现尤为突出，它不仅是人们精神生活和物质生活流变的反映，也是人们世界观和价值观转变的表现，成为人类社会文化中的一个重要组成部分。

在服装领域，流行专指在一个时期内，一定数量范围的人，受某种意识的驱使，广为接受某种服装风格或样式，从而形成明显穿着倾向的一种社会现象，其内容包括了服饰的款式、色彩、面料、图案、工艺以及穿着搭配方式等内容。作为服装从业人员，认清服装流行将有助于准确把握主流时尚的脉搏，设计出能迎合消费者口味的服饰，并且还能成为流行预测的依据，指明未来服装设计的方向。关注流行、运用流行、创造流行是服装界中的永恒主题。

案例

流行是永恒的主题

纵观人类服装的发展历程，我们都能发现流行的踪迹。早在我国唐代，年轻女子中就非常流行穿石榴裙。唐人万楚在《五月观妓》中说："眉黛夺将萱草色，红裙妒杀石榴花。"所谓石榴裙，即用石榴花加工成红色染料，对面料进行染色后制作的红裙。有白居易诗为证："山石榴花染舞裙"。此外，百鸟毛裙也很流行，这是一款用许多鸟毛织成的裙子，它正视为一色，旁视为一色，日中为一色，影中为一色，非常华丽。张鷟《朝野佥载》云："安乐公主造百鸟毛裙，以后百官、百姓家效之。山林奇禽异兽，搜山荡谷，扫地无遗。至于网罗，杀获无数。"此裙在官中一出现，即引得民间妇女纷纷仿效，以至于一时间山林中的珍禽异鸟都被捕杀殆尽，最后国家不得不下令禁止穿着百鸟毛裙。

新中国成立后，受经济条件和政治环境的因素影响，全社会形成了以朴素、实用为主的着装风格，服装发展、更新的步伐较为缓慢。当时大部分城市居民的主要装束基本限于"老三套"：中山装、青年装和军便装，服装用色主要为蓝色、灰色、黑色和军绿色。从某种角度看，"老三套"就是当年的流行服装，只是这种流行背后包含了些许无奈——因为也没有更多的服装可供人选择。

　　在我国，现代意义上的服装的流行始于20世纪80年代改革开放后。随着我国国力提升，生活水平逐渐提高，人们由"一季多衣"取代了过去的"一衣多季"。在解放思想的号召下，国人在服装穿着上有了更多的追求和需要，主要表现在求新求变、追求服装美观性的审美心理日趋突出和明显。1982年，日本电视连续剧《血疑》在中国热播，这是一部以家庭伦理和血缘关系为题材的电视剧，日本著名影星山口百惠扮演了纯洁善良的女主角幸子，深受观众喜爱。剧中她经常穿的一种短款针织衫受到了国人的青睐，大家把它亲切地称为"幸子衫"。幸子衫一时间大量涌现于街头，成为中国最热门的流行服装，剧中的"光夫衫""大岛茂包"也都一并被热烈追捧。此外，羊毛衫、皮夹克、蝙蝠衫、健美裤、喇叭裤等样式都曾在20世纪八九十年代受到人们的竞相模仿，成为主导一时的流行时尚。

二、流行的发生与表现

（一）流行的发生

　　服装流行是一种复杂的社会现象，它的发生不是片面的、单一的，而是复杂的、综合的，既有精神方面的原因，又受到物质方面的影响。而在人们众多的心理欲求中，有三种心理对流行的起因起到了主要的支配作用，它们分别是求异心理、模仿心理和从众心理。

1. 求异心理

　　求异是一种不断追求新奇和变化的心理。服装流行的发生，首先是人们喜新厌旧心理的反映，是追求个性与新异的结果。从人的个体心理机能方面看，每个人都会通过不同的方法和途径在他人面前凸显自己的与众不同，彰显自我的个性。这种求异心理，从时间层面看，表现为和以往不同、和传统习惯不同；而从空间层面看，表现为与他人不同。也正是由于这种心理，才导致了服装流行的新奇性特征。

2. 模仿心理

　　法国社会学家塔尔德（G. Gabriel Tarde）认为，人的行为经常在某种意义上受到周围人影响，这种情况是一种暗示和模仿。德国人类学家康德（Immanuel Kant）更一针见血地指出：在自己的举止行为中，与较自己重要的人进行比较，这种模仿的方法是人类的天性，仅仅是为了不被别人轻视，使自己获得某种精神上的满足，而没有任何利益上的考虑，这种模仿的规律叫流行。

　　因此我们可以得知：模仿是人们通过重复其他人的某些行为、意识或者观念，从而在心理上取得与他们同化的效果，这既满足了人们精神上的欲求，也协调了人与人之间的关系，是人类社会能够成立的基本条件之一。而服装流行的主要媒介正是依赖于人的模仿本能。少数人基于求异心理而追求的新样式会逐渐受到人们广泛的模仿，这种普遍的模仿则使得新样式成为流行，所以说，模仿是服装流行的主要动力之一。

案例

人的模仿心理其实从童年就已经开始了，每个人在儿时几乎都有过模仿父母穿着打扮的经历。趁他们不在家，男孩子常常穿上父亲的外套，系上领带，套上尺码大了很多的皮鞋；女孩子则给自己涂上口红，挑选母亲最花哨的连衣裙来穿……希望自己的行为和外表与比自己重要的人一致，这正是模仿心理的典型表现。另外，如今众多年轻人对明星狂热崇拜，在自己穿着打扮、外在形象方面对偶像进行刻意模仿的行为，也是较有代表性的例子。

3. 从众心理

从众心理是人们在社会群体或社会环境的压力下，改变自己的知觉、意见、判断和信念，在行为上顺从与服从群体多数与周围环境的心理反映，它是一种较为普遍的社会心理和行为现象，也是服装流行不可缺少的因素之一。

在从众心理的支配下，人们希望自己的服饰形象不要脱离周围群体，能墨守陈规，湮没在大众之中，寻求一种心理上的社会认同感、安全感和归属意识。在特定的环境条件下，从众心理会造成某一社会阶层或群体的成员对某种服装样式普遍接受和追求，从而在一定范围和时间内形成了某服装的流行普及。当一个人的服饰形象偏离了他所依存的群体或违背了群体规范，便会受到指责或孤立，从而造成其内心的孤立感。因此为了自己内心的安全感，大多数人总是趋于服从，俗称"随大流"。

（二）流行的表现

1. 服装流行的特征

（1）新奇性：法国著名服装设计师皮尔·卡丹曾说："时装就是推陈出新，这是自然界永恒的法则。"最新的、最时髦的流行服装必定与当下的服装有所不同，也许是在款式、面料和图案上，亦或是在色彩、搭配等方面（具体内容将在下一节中进行表述），这种差异有时十分明显而有时则很微妙。服装的新奇性正好满足了人们求新、求异的心理，这也是服装流行的本质特征。

图8-1　迪奥女装的"新外观"

不过，这种新奇性并不存在真正创新。有的西方学者认为在服装上真正的革新只曾有过两次：一次发生在18世纪法国大革命时期；另一次起因于1947年法国服装设计师迪奥为女装设计了"新外观"（New Look）（图8-1）。只有当社会形态发生异常突变时，服装形态才会突然性改变。一般来讲，服装流行的新奇性主要为服装表面形态的渐进式变化，如果流行服装较之前变化过大，将无法得到人们的认可而遭摒弃。

（2）短暂性：任何流行服装都具有短暂性的特征。一方面，"风行一时"正是服装流行的一个重要本质特征，若是它经久不衰，就丧失了流行的新奇性特征，也就不属于流行服装，而应归为经典的服装样式，如西服、衬衫、T恤、毛线开衫等。另一方面，不同时代对于服装的审美趣味都不尽相同，这导致了不同时代会流行各自不同样式的服装，没有哪件服装是能从古至今一直流行的。因此，从人类服装发展的全局看，服装流行的短暂性十分明显。

虽然流行服装在短时期内表面看似比较稳定，实质上其内在正慢慢累积着变化的因素，当这种因素积累到一定程度后，服装流行就会进入新的变化阶段。

（3）普及性：普及性是服装的外部特征之一，是人们从众心理的外在表现。倘若没有某一社会阶层或群体的成员对某种服装样式普遍接受和追求，就无法在一定范围和时间内形成这个服装样式的流行普及。在这个过程中，一方面是人们对某种服装流行所表现的社会心理或思潮的认同，另一方面也是社会的从众心理的作用。在这双重作用下使得流行性传播具有了十分强大的社会影响力。

（4）周期性：从流行的发展过程来看，每款流行服装从其产生开始，都会经历其发展、高潮、衰落的过程，周期性特征较为突出，这也是流行的一般规律。任何流行服装最终都会过时，当一个服装样式的魅力不再能吸引大众，它便失去了存在意义，取而代之的将是一个新的流行服装，这也是流行的循环规律。

（5）民族性：受各民族文化、风俗习惯等方面的影响，不同民族在服装穿着、服装流行方面会有所差异。例如，近年来欧美年轻人中广为流行低腰裤，这种开放的服装样式在相对保守、奉行伊斯兰教的中东地区就无法得以流行，这和该民族流行的服装无法在欧美国家流行是一样的道理。不同民族在服装的样式、色彩、面料等方面都会有不同的偏爱，就导致服装流行具备了民族性特征，但这也并非意味不存在跨民族的服装流行。

（6）地域性：服装的流行与地理位置和自然环境有着较为密切的关系。例如，分别处在热带和寒带等地区的国家，由于气候条件迥异，对服装样式、面料等方面的要求差异很大，使得它们之间不可能出现相同的流行服装。因此，在服装流行中地域性特点也较为突出。

总之，新奇性是服装流行的本质特征，是人们求新、求异心理的直接反映。短暂性和周期性是服装流行的时间特征，是人们求新、求异心理的必然结果。普及性、民族性和地域性是服装流行的空间特征，是人们从众心理的外在表现。

2.服装流行的内容

尽管服装发生着流行变化，然而万变不离其宗，服装的基本功能和目的不会改变，如人们对服装的舒适性、透气性、保暖性、装饰性始终有要求，因此，服装流行的内容不会脱离款式、面辅料、色彩、图案等多个方面。

（1）款式：服装款式是服装设计的中心内容，法国思想家罗兰·巴特（Roland Barthes）曾经说过："从一个基本流行到另一个基本流行的（来年）途径可以两种方式产生：保持同样款式，但更换附加其上的变项术语（长夹克变成短夹克），或者让某些特征消失，而标记出新的特征（长夹克可能用高腰带代替）。"这段观点实际上就指出了款式包含了服装的外部轮廓结构和内部结构两方面内容。

图8-2 直线型（铅笔型）与曲线型（圆形）的服装外轮廓

首先，服装的外部轮廓就是服装成型后穿在人体上而展示出来的外轮廓，它决定了服装造型的主要特征。服装史上出现过无数的服装样式，按它们的外形特征看，可以概括为字母型、几何型、物态型等。比如用几何型对服装进行归纳，可分为直线型和曲线型两大系列外轮廓（图8-2）。

案例

20世纪50年代，被誉为"流行之神""时装界独裁者"的法国服装设计师迪奥在女装设计中运用了一系列以英文字母为代表的服装外部轮廓。1954年，迪奥推出了"H型"，他把腰线位置提高，并且放松腰部，服装造型朝着便于活动的方向发展；1955年春夏季，迪奥推出了窄肩、自高腰位起向下摆张开的"A型"；同年秋，他又将服装的胸部位置提高，胸部以下设计的较为紧身，发表了"Y型"（或称"T型"）；1956年设计了"F型"……他将服装设计的重点关注于服装外部轮廓上，成为了当时西方服装设计界的风向标（图8-3）。

其次，服装内部结构主要表现为服装的细节变化，它们包括款式结构、省道变化、分割线、装饰工艺，以及领、袖等局部造型等。它们在服装设计中同外部轮廓一样重要，特别是现代服装流行中常常都是通过细节来表现时尚流行的，如滚边、绗缝、拉链、刺绣或花边等，它们对流行概念的表达往往起到了画龙点睛的作用。

（2）面辅料："皮之不存，毛将焉附"这

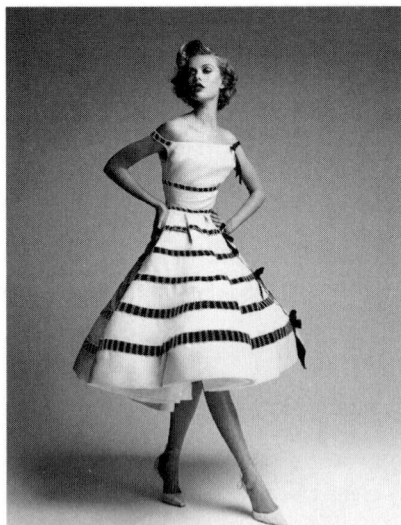

图8-3 具有鲜明服装外部廓型的时装设计

句话清楚地把面辅料在服装设计中的地位进行了界定。材料是服装的物质载体，是赖以体现设计思想的物质基础和服装制作的客观对象。没有面料，无法实现服装的穿着。

面料是服装的表层材料，决定了服装质地的外观效果，如棉布、麻布、皮革、丝绸等。它的流行主要表现在面料的原料成分、质地、织造结构、织造工艺、外观效果等方面。服装设计师常常受新面料的肌理、性能和纹样等启发，产生灵感而设计出新的流行服装。面料在服装设计中的作用正在逐步加强，甚至在某些服装中它的重要性已经超越了款式上升至了第一位。如近年来就在国内女装和休闲装中较为流行具有扎染外观效果的面料。

辅料是指构成服装的材料中除面料以外的所有用料，在服装中起辅助作用，配合面料共同完成服装的物质形态的材料，是保证服装内在质量和细节表现不可忽略的因素。如里料、衬料、填充料、缝纫线、拉链、纽扣、花边等，它们的流行主要表现在表露在服装外表的辅料的造型、材料、色彩等方面。

（3）色彩：皮尔·卡丹曾说他创作时最重视色彩，因为色彩很远就能被人看到，其次才是款式。色彩在服装设计中的重要性，使它也成了服装流行中的一项重要内容。服装色彩不仅能引起视觉上的快感，造成情绪愉悦，同时还具有一种情感（具体内容已经在第三章中做过详细叙述），是服装中最引人瞩目的形态要素之一，能引起穿着者和观赏者对服装产生的第一审美感受。

流行色（Fashion Colour）是色彩在服装流行中的专用词，它是指在一定时间和地区内，受人们普遍欢迎的几种或几组色彩。流行色是一种与时俱变的色彩，其特点是流行最快而周期最短。国内外有许多专门的流行色研究机构，每年进行调查研究，发布最新的流行色信息。这些机构通常都会在综合国内外市场流行情况的基础上，定期向社会举办流行趋势发布活动，用以指导流行服装的生产与消费。可见，流行与色彩关系十分密切，不过它的产生和发展不是由我们主观意愿所决定的，而是受社会经济、文化、科技、消费心理、色彩规律等多种因素的影响和制约。

（4）图案：图案通过某种适合服装的形式运用在服装上就变成了服饰图案。服饰图案依附于服装，其风格必须与服装风格相呼应，通过图案本身的美以及色彩、材质、工艺的协调形成服装外在美和内在美的统一，能烘托出服装或清纯、或粗犷、或优雅、或活泼的风格。在现代服装流行中，服饰图案的作用正越来越突出。图案不仅可以为服装锦上添花，丰富其装饰性，有效弥补款式造型和人体的不足，更是强调服装流行感不可缺少的艺术表现语言。如2008年在中国北京举办的第29届奥运会前后，服装中非常流行使用奥运会会徽和吉祥物的图案，它们也成为了在街头出现率最高的流行服饰图案之一。

除上述内容以外，服装板型也是不容忽视的一方面。受人体体形的限制，服装板型的长短、宽窄变化都有限度，但除了具有一般板型的合理性以外，也能体现出流行的特征。服装所处的时代特征有时就可以通过板型得以体现，如20世纪80年代，受女权主义思想的影响，在全球女装板型中普遍流行宽肩造型。另外，服装与饰品的穿着搭配方式，同样也是人们所关注的服装流行的内容之一。

三、流行的规律

在不同社会环境与自然环境下，流行所表现出的面貌各不相同。虽然服装流行的变化过程是复杂的，但是我们还是能够从中掌握它的流行规律。

（一）循环规律

经过人们长期的观察和研究，发现服装流行具有循环规律。英国学者詹姆斯·莱弗（Jimes Laver）在其《平稳与流行》（*Trade and Fashion*）一书中提出了著名的莱弗定律（Laver's Law）。根据他的理论，随着时间变迁，同一件服装进行着兴衰的循环，在这个循环的过程中，它在不同时期的表现也是不同的。他说："一个人穿上一件10年后才会流行的服装将给人感觉是无礼的；提前1年穿被认为是大胆的；在当前穿被认为是时髦的；在1年后穿被认为是过时的；在10年后穿被认为是可怕的；在20年后穿被认为是可笑的；在30年后穿被认为是有趣的；在50年后穿被认为是古雅的；在100年后穿被认为是浪漫的；在150年后还穿这件服装的话则被人们认为是美丽的。"

于是在服装界中就出现了某些流行款式在消失一个阶段后又会重现的有趣现象。不过这种循环不仅仅是过往流行服装样式的简单复制，而是在过去的基础之上，根据现代人的审美品位重新进行了调整后的新产物。

（二）周期规律

与循环规律相比，服装流行的周期规律更为明显。服装流行周期是指一种款式在公众接受方面从开始出现到大范围流行再到逐渐衰退的过程。这种周期规律决定了某种服式只能盛行一时，虽然它们流行周期的长度或长或短，但总会被另一种流行所取代。

每个服装的流行周期一般包括了五个阶段：导入阶段、上升阶段、顶峰阶段、下降阶段和消亡阶段（图8-4）。各阶段的特点如下：

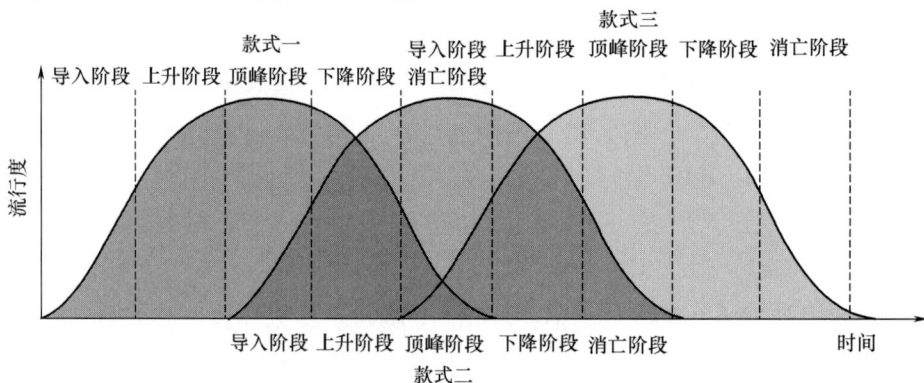

图8-4　服装流行周期

1. 导入阶段

在这个服装流行的初始阶段中，新服装样式代表了流行的最新动向。它们的价格一般都较高，最早只是被少数追求标新立异的时尚引领者所接受。因此接受的人群较少，新样式出现的范围和数量都很有限。

2. 上升阶段

当新的服装样式被越来越多的人所接受，就可以认为它进入了上升阶段。这是服装流行的发展阶段，流行急速扩散，在服装市场中表现为流行服装产销渐旺。有些服装样式从出现开始很快就达到了顶峰，有些服装样式可能会花费更多的时间。

3. 顶峰阶段

顶峰阶段是指某一款式在人们的接受程度上达到了最高的时期，也称为平稳期。具体表现为该流行服装得到了普及，被社会上多数消费者接受，服装的产销均达到顶峰。这个阶段是服装流行的高潮期，它的时间或长或短，完全取决于流行的高峰延续多久。

4. 下降阶段

当一款流行服装达到了顶峰并且在大众中得到普及后，它对人们就失去了新鲜感，逐渐显得陈旧落伍。虽然还有消费者穿着它们，但人们已不愿支付原有的价格去购买这些服装。当对这个服装样式开始有厌烦情绪后，造成的结果就是在消费需要上的减少。所有的服装款式都是因为供过于求而结束的，这是服装流行的一条规律。此时，那些引导时尚潮流的人又开始追求其他新的流行样式，进入了新一轮的流行周期中。

5. 消亡阶段

当一个服装款式已经很让人反感时，再低的价格也卖不出去，这就是服装的消亡阶段。

四、流行的传播过程

服装流行的传播是服装流行中的一个重要环节，没有传播就没有流行。在服装发展演变的历史长河中，服装流行的传播过程基本可以分为三种类型。

（一）自上而下传播

服装流行自上而下的传播形式是指新的服装样式从上层社会群体向中层社会群体再向下层社会群体流动；高收入层向中收入层再向低收入层流动；高文化层向中文化层再向低文化层流动，它是服装流行中较为广泛的流行形式。

从历史上看，无论西方还是东方，流行大多是从宫廷中率先发起，而后被富商、名流效仿，最后流传到民间而形成的流行现象。在我国古籍《风俗通义》中有着这样的记录："赵王好大眉，民间半额；楚王好广领，国人皆没颈；齐王好细腰，后宫有饿死者"，在中国古代服装史中更有"齐桓公好紫，全国尽服紫"的典故。而在西方，英国女王伊丽莎白一世为遮掩自己颈后的伤疤，在衣服上加装了高耸于后领的扇形领，这使得"伊丽莎白领"在英国风行一时；法国国王路易十三用为了掩饰秃头而使用的假发，使男子戴假发流行了一个多世纪。由此可见，统治阶级的服饰装扮对领导潮流的影响力的确非常大。

案例

在我国古代春秋时期，齐桓公一段时间喜欢上了穿紫色服装，于是国内的平民百姓也都模仿他穿紫色服装，结果导致紫帛价格上涨，10块素帛也买不了一块紫帛，从而造成市场萧条，这引起齐桓公的忧虑。于在管仲的建议下，齐桓公改穿其他颜色的服装，并对大家说他已对紫色厌恶之极，过了几日后，齐国再也没有穿紫色衣服的人了。

再如，2001年，在中国上海举办的APEC领导人非正式会议中，与会的各国领导人身着中国传统风格的改良款唐装，个个神采奕奕，让世界人民领略到了中华民族独特的服饰魅力。唐装的登台旋即在我国掀起一股流行风潮，红色和蓝色的锦缎"脱颖而出"，成为了抢手货，走在大街小巷，都能遇到身穿唐装的国人。

20世纪80年代，我国改革开放的大门逐渐打开，时任中共中央总书记的胡耀邦和中央政治局的五位常委做出了一个极富革新精神的举动，他们集体身穿西服出席了中国共产党第十三次代表大会的记者招待会，向全世界展示了中国开放的新形象。在这样的引领下，象征着社会开放和进步的西服很快在百姓中普及开来，在我国城乡掀起了一股西服热潮。可见处于社会上层的统治阶级，从古到今，它们的服饰始终是受到大众密切关注的。

20世纪初德国社会学家西梅尔（Georg Simmel）针对这种流行传播形式提出了著名的"下滴论（Trickle-down Theory）"，认为"流行的创造者是具有高度的政治权力和经济实力的上层权贵"。这是一种古典式的流行理论，它无法解释现代社会中的许多服装流行现象，有其历史局限性。因此，我们认为，自上而下的传播形式主要是封建社会和近代资本主义社会中的主要传播方式。

（二）自下而上传播

在长期的日常生活和劳作中，处于较低的社会阶层、收入阶层的人们经常创造出一些服装样式，它们因为自身的实用功能和优点特色而得到普及，进而被上层社会逐渐承认并接受。这种服装样式首先源自于下层社会，产生并得到普及后，进而向上层社会逆流传播的形式，美国社会学家布伦伯格（Blumberg）称为"逆上升论（Bottom-up Theory）"。这种形式与"自上而下传播"正好相反，处于较低地位的社会阶层掌握了流行的领导权。

案例

最早出现于19世纪美国西部淘金热潮中的牛仔裤，因其耐磨而价廉受到矿工们的喜爱，是当时下层社会人民的普通工作服。牛仔裤、牛仔帽、装饰有铆钉的宽腰带，带马刺的牛仔靴也成为了西部牛仔的典型形象。随着20世纪30年代，帅气豪放、威风凛凛的牛仔形象被搬上电影屏幕，牛仔服很快从西部进入了大都市。之后牛仔服又增添了休闲的要素，成为了人们的日常服，终于在全国流行起来。时至今日，牛仔服已由最早的工装裤，逐渐发展到外套、裙子、鞋、包等服饰领域，跨越了各个社会阶层、民族和宗教信仰，冲破了年龄和性别的束缚，可以说是当今普及率最高的服装品种，成为时装流行中不可缺少的一部分。

（三）横向水平传播

横向水平传播是指相同社会阶层、社会群体间的横向流行传播，它是现代社会流行传播的重要方式。相同阶层和群体的人在着装心理、审美品位、生活习惯和生活水平等方面较为接近，因此，一个适宜的款式通常能较快的在相同阶层和群体中传播开。值得注意的是，这种流行因为是在同一阶层和群体中进行传播，与"自下而上"或"自上而下"近乎垂直的传播关系不同，所以它被称为横向水平传播。

尽管当代仍存在着上层阶级和下层阶级，但人们对他们的关注与兴趣已大不如前，上下阶层的对立情绪也已被淡化，阶级意识越来越淡薄，这样的社会环境十分适合由大众来掌握流行的领导权。因此在现代社会中，流行服装主要通过大众传播媒介、时装表演、服装展示以及人们之间横向水平的相互影响来进行传播。

案例

作为大众传播媒介之一的影视艺术是横向水平传播中重要一环。当电影、电视这类新兴传媒出现后，影视娱乐明星取代了过去的王宫贵族成为了新一代的效仿对象。影视艺术作为一种平民化的艺术形式被广大的受众所接受，它通过最贴近生活的表现形式，将生活还原、夸张。加上现代信息社会媒体传播的大众性，影视作品成为了一种传播服装流行资讯的绝佳途径，电影、电视剧中明星们的穿着打扮对促进服饰流行横向传播起到了功不可没的作用，使得服装的流行信息在各个阶层同时进行传播。

T恤衫的流行正是始于偶像明星的影响力。1951年，好莱坞电影《欲望号街车》（*A Streetcar Named Desire*）在美国上演，除获得当年奥斯卡的四项大奖之外，还掀起了服装界的一股新风潮。影片中男主角马龙·白兰度（Marlon Brando）的一款白色紧身T恤把男人的颓废与性感集于一身，一夜之间成为了当时最热门和时尚的服装，也成为个性和性感的代名词（图8-5）。随后的20世纪50年代，美国歌手猫王埃尔维斯·普雷斯利（Presley Elvis）身着白色T恤的形象同他的歌声一起在全世界的时尚青年中成为最新的时尚和性格标签。T恤终于超越了内衣的概念，走向了服装潮流的风口浪尖。

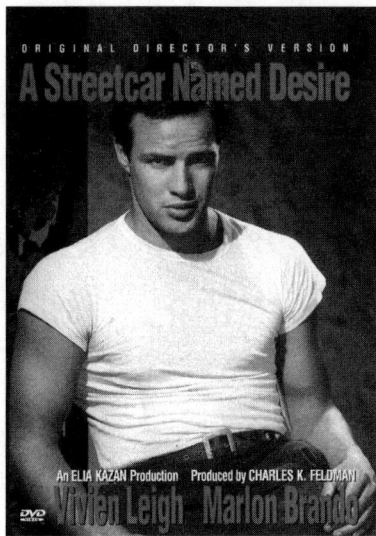

图8-5 一度成为流行主角的白色紧身T恤

（四）辐射传播

辐射传播是指流行现象从发源地向其他地域的辐射、扩散过程。辐射传播一般表现为从人口集中的文化、政治、经济发达的国家和地区向相对落后的国家和地区传播；从城市向农村传播；沿交通线向两侧扩散等形式。纵观世界著名时装中心——法国巴黎、英国伦敦、意大利米兰、美国纽约、日本东京等，它们无一不是经济和文化艺术的中心，每年从这里发布的流行讯息通过各种媒介辐射到全世界，由它们掀起了一轮又一轮的服装流行风潮。当然，辐射传播并非只是同一个服装样式的简单传播，在这种流行传播的过程中有时会衍生出许多带有民族、地域特色的其他样式，使同一流行现象呈现出丰富多彩的面貌。

综合上述，由于人们所处的社会环境不同，受到各自的文化教养和生活方式的制约，在当今这个多样化的时代中，服装流行的传播形式也变得相当复杂。在不同国家和地区中，常常是上述四种传播形式以不同的比例混合地出现于人们的生活当中的。

第二节　影响服装流行的因素及营销策略

一、影响流行的因素

服装流行是一种复杂的社会现象，它的发展有其自身的客观规律，同时又受到多方面因素的影响。这些影响服装流行的因素从宏观上可分为社会因素和个人因素。在不同的时代背景下、不同国家和地区，它们对流行的影响程度各有相同。

（一）社会因素

服装流行与社会因素的关系十分密切，从总体上来看，它是影响服装流行的主要因素。它包括了自然环境、经济、政治、科技、艺术思潮、生活方式、社会事件等因素。

1.自然环境因素

人类在享受大自然给予的各种恩惠的同时，也面临着适应它的问题，所有特定区域的服装流行，首先要符合该地区自然环境这一基本前提。

在气候方面，从古至今，它对服装流行的影响都没间断过。保护人体是服装的重要功能，人们设计、制作服装时，首先考虑的是如何使服装适应相应的气候条件，因此，气候条件有时直接决定了这一地区的服装风格，如身处寒带的爱斯基摩人，他们的服装样式再如何变化也绝离不开保暖这一最基本要求（图8-6）。在地理条件方面，不同的地理条件也会形成不同的服装形象。如中东由于处在沙漠地区，当地人为了防止风沙和阳光直射皮肤造成脱水，穿着头巾和长袍的服装样式。由此可见，服装流行受到自然环境的直接影响，那些与所处地区自然环境相背离的服装样式是永远无法得到流行的。

案例

都市和乡村中的人们由于所处的地理区域不同，他们对服装色彩的偏好也完全不同。在都市中，人们整日穿梭于钢筋和混凝土构筑的建筑群中，为了保持和周围环境相协调，在选择服装色彩时普遍偏爱素淡的色彩与图案，黑、白、灰更是衣柜中最常见的色彩。而在偏远的乡村，人们则钟情于鲜艳的色彩和花哨的图案。不同的自然环境不仅产生相异的情绪和感受，而且也使人自觉或不自觉地改变着自己的装束，因而形成了今天世界上各异的流行风潮。

图8-6 爱斯基摩人装束

2. 经济因素

同其他任何商品一样，服装属于社会生产的物质形态，它的存在与发展依赖于社会经济，因此，服装成为了社会经济水平和人类文明程度的重要标志，服装流行也被视为了社会经济发展的重要象征。一个新的服装样式能否在社会上广泛流行，从社会的物质能力到人们的经济能力都对其有着显著而直接的影响。

（1）社会经济环境：社会的经济发展水平是影响服装流行的重要因素之一。社会经济的发展刺激了大众的消费欲望和购买能力，服装需要的日益扩大，又加速了流行服装推陈出新。纵观人类服装的发展历程，在原始社会和奴隶社会，社会经济就显露出了对服装的影响。由于生产力水平低下，在数千年间服装样式都没有太大的变化，服装的流行周期是以千年来计算的；封建社会时，人类社会经济有了一定的发展，流行的周期是以百年来计算的；到了工业革命的资本主义社会，由于生产力大幅度提升和封建专制政体的解体，流行的周期大为缩短，是以10年来计算的。在当代，人类社会经济的高速发展为人们的消费需要提供了充分的物质保障，服装流行周期越来越短，它的更新速度已经以"季"为单位。

（2）个人经济条件：从个人经济条件层面看，在服装流行过程中，消费行为的选择倾向和选择条件，在很大程度上取决于消费者个人的购买能力，而这个购买能力又取决于个人的经济收入状况。因此，个人的经济收入不仅是对一个国家经济实力的客观综合评价，而且还是影响服装流行的决定因素。例如，当消费者收入增加时，其服装消费数量也会相应增多，有利于扩大服装流行现象的规模和加快服装流行的速度；而当消费者收入减少或不稳定时，服装消费的减少，势必影响到全社会服装流行的进程。因此，服装流行的一系列表现都是与经济因素相关联的。

3. 文化因素

从形式上看，人类社会文化对服装流行的影响最大。服装流行除了受自然环境、经济发展水平的影响以外，在很大程度上还会受其所处区域的社会文化的影响与制约（如道德规范、风俗习惯、法律法规等）。任何服装流行现象都是在一定的社会文化背景下产生和发展的，而不同文化背景下的人们形成了各自独特的社会心态，因此，流行的内容和表现会必然受到相应的社会道德规范及文化观念的影响和制约，随着文化背景的不同而发生变化。

不同国家和地区对服装掩饰人体程度的要求，就反映了不同的社会道德规范对服装的影响。在当今信仰伊斯兰教的国家中，受宗教文化和传统习俗的影响，不戴面纱或盖头是藐视伊斯兰国家的行为，也是不尊重伊斯兰教信仰的行为。法律明文规定妇女在公共场合除脸和手外，身体的其余部分都不准裸露在外，而未婚女子外出绝对不允许抛头露面（图8-7）。在封闭型的社会中，传统文化占着统治地位，会严重阻碍服装的流行。

当然，社会道德规范也不是一成不变的，它随时代变化而变化。如最初女式泳装的样式与今天的比基尼泳装相比（图8-8），就明显地反映了妇女社会地位的提高，社会道德观念的变化。总之，在相对开放的社会环境中，社会文化的包容度比较大，这对于流行的发生与传播是有极大推动作用的。

图8-7 伊斯兰国家的女子装束

图8-8 传统泳衣与当代泳衣的款式对照

4. 政治因素

一个国家或社会的政治状况和政治制度直接影响到人的思想观念和行为方式，它们是服装流行的外部因素。在民主和开放的社会环境下，流行的传播往往比较顺利，而在阶级意识和等级观念强烈的社会环境中，流行常常受到抑制，发展缓慢，或者只是存在于上层社会中。而社会动荡和政治变革则常常会带来服装的变化，从而引起新的服装流行。

案例

我国在过去的几千年的封建统治中，森严的等级制度和封闭专制的社会政体，使社会各阶层之间形成了明显的区别。服饰成了身份的象征和治国的工具，发挥着"别贵贱，辨等威"维护社会秩序的作用。人们的服饰都带着深深的等级印记，受到了衣冠制度的严格限制。自古就有"见其服而知贵贱，望其章而知其势"的说法。例如，唐朝规定了各品级官职袍服的用色"三品以上服紫，五品以上服绯，六品、七品服绿，八品、九品服以青"等。同样在唐朝，还规定除了皇帝可以在服装上使用赭黄外，其他任何人都不可以穿赭黄色的服装和配饰。从此，黄袍便成为了皇帝的专用服饰，一直延续到清朝灭亡。

在这段历史时期中，服装流行的规模小，周期长，人为规制的痕迹十分明显。统治阶级和被统治阶级在服饰穿着的内容上被制度化和固定化了，不允许自由选择，因此，流行被局限在同等级的社会阶层之间或在某种范围内获得允许的社会阶层间进行。

对人们的服装穿着进行限定，主要是为了维护封建社会的等级制度和统治者的政治利益。这种情况不仅在中国，在欧洲也存在着。古罗马帝国时期，托加（Toga）是最主要的外衣（图8-9），它逐渐成为古罗马人的身份证——只有持罗马市民权的人才可穿用。而长袍上的带状衣边则起到了区分等级的作用，通过衣边的不同宽窄，来显示穿着者权力的大小和等级的高低。不同的服装颜色、材料还代表了不同的身份、地位和职业。

图8-9　古罗马托加的款式造型

5.科技因素

科技的发展对人类的服装与流行具有深远的影响，产品的技术性进步越快，产品的流行周期越短。从人类历史上看，一方面，科技发展为人类服装带来巨大的变化和飞跃。另一方面，市场对服装持续的需要也促进了生产水平和科技水平的发展，新材料、新工艺的发展，同样推动了服装的流行。

案例

在20世纪50年代前，丝袜还不是现在世人所熟悉的模样。受技术条件的制约，每个袜筒都采用一片按腿形设计的平面材料，和裤子一样需要缝制后才能形成立体的造型。到20世纪50年代初期，人们发明了可以生产出符合腿形的立体丝袜大圆筒编织机，令人不适的缝迹线从此从丝袜上消失了。也正是科技，帮助丝袜得以实现从手工编织到机械编织，再到无缝针织的一次次飞跃。丝袜编织工艺的改进还使复杂的提花、精致的蕾丝、生动的条纹和鱼网纹，甚至金属线和炫目的水晶、钻石，都在丝袜上从不可能变成了可能。

现代电子技术、材料技术的进步，轻纺工业与服装加工制作技术的发展，都会从不同角度促进服装流行的发展。

6. 艺术思潮

每一个时代都有反映其时代精神的艺术风格和艺术思潮。每一时代的艺术思潮都在一定程度上影响着这个时代人们的服装风格和流行风向。

纵观人类服装史，无数的事例都证明了这一点。从中世纪的哥特式艺术风格，到近代巴洛克艺术风格、洛可可艺术风格、古典主义艺术风格，再到现代的现代派艺术风格等，其风格和精神内涵无一不反映在当时人们的服装和流行上。这些艺术风格对服装与流行的影响是广泛而深刻的，极大丰富了服装的风格与形式。尤其到当代，服装设计师纷纷有意识的追随和模范艺术流派及其风格，使得在服装流行中，各种艺术思潮的印记更加鲜明。

7. 生活方式

指人们在物质消费、精神文化、家庭及日常生活领域中的活动方式，它也是一个对服装流行有重要影响的因素。生活方式对服装流行的影响力，可以从不同群体（如不同职业、不同人种、不同民族等）在服装穿着上的差异来认识。

生活方式不同的人们，在服装的选择上也不尽相同。收入较高的成功人士，他们讲究品牌、面料质地、流行感，注重品味、个性表达，是时尚与潮流的引领者与品牌的追随者，一般购买国际著名品牌和国产名牌；工薪白领阶层，在服装消费上讲求"物美"与"价廉"的平衡，是一个较为理性的消费群体，较关注服装的整体质量、款式设计、工艺、品牌和性价比等因素，通常在经济承受力范围内通过服装适度表达品位，体现个人气质；而处于社会底层的中低收入者、失业人员以及农村的主要人口，他们的消费行为和消费观念都受到物质条件较大程度的制约，较低的收入令他们在生活上恪守节俭，看重服装的价格因素，注重实用性和耐穿性，消费行为比较理性，是低价服装的主要消费群体。

8. 社会事件

一些受人瞩目的社会事件也可以成为影响服装流行的诱发因素，促使某些服装样式流行一时。重大事件的发生势必会影响到人的着装心理，从而左右了社会中的服装流行。

案例

在西方文艺复兴时期，在服装上曾流行一种切口（开缝）装饰（Slash）。关于它的成因有很多，其中一种说法是1447年瑞士士兵打败了法国士兵，他们用敌人丢弃的帐篷、旗帜以及遗弃的丝织物，撕成条来缝补自己被划破的军服，于是两种质地的面料形成了对比。这种服饰效果引起了德国士兵的兴趣，于是他们开始模仿瑞士士兵，有意将衣服剪开口子，露出里面的白色内衣。这种装饰最终从德国军队传

遍了欧洲各国，成为文艺复兴时期男女服装上具有
时代特色的一种流行装饰（图8-10）。

（二）个人因素

1. 需要

需要是人们生理或心理上的一种缺失
状态，它是个体行为积极性的源泉。当人的
某种需要被激发到足够的程度时，就成为了
动机。动机会引导人们去寻求能满足需要或
欲望的目标物，或从事能满足欲望的特定活
动，这就形成行为。

人的需要包括生理和心理两方面。生理
方面，主要体现为人类对服装物质属性的需
求。人类为了躲避自然界恶劣的气候和生物
对人体的侵害，在服装穿着中强调服装对人
体体表的物理防护作用（如防寒保暖、防晒

图8-10　文艺复兴时期欧洲服装上的切口装饰

护体等）。而心理方面，主要体现为对服装精神属性的需要，它是生成流行的内因，在服
装流行中往往起决定作用（如求异心理、从众心理等）。具体内容已在"流行的发生"一
节中做过介绍，不再复述。

2. 态度

态度是人们所形成的对待事物的看法。个人态度与他的服装行为之间存在着复杂而微
妙的关系。每当一个新的服装流行样式出现时，有的人喜欢，有的人反感，也有人漠不关
心。不同的态度和反应，使个体在服装的选择和穿着上表现出了一定的差异。

态度并非先天就有，而是在后天的生活中逐渐形成的。态度受个人的需要或欲求、
所属群体以及经验影响。人们的态度一旦形成便具有了相对的稳定性，但并不意味着态度
不会发生变化。例如，在我国春秋战国时期，汉族人的上衣下裳对于骑马作战极为不便，
于是赵武灵王决定引进在当时被认为比较落后民族穿着的胡服，以及与之配套的冠帽、腰
带、鞋履等。最初这种服装样式屡遭汉人排斥，但胡服便于骑射，实用性较强，随着赵国
军队的强盛，大多数人逐渐认可并接受。到魏晋南北朝时期，胡服已经从军服演变为中原
地区百姓的日常服装，得到了广泛流行。

可见，社会上大多数人对某种服装样式或穿着方式的态度，则对其能否形成流行产生
了一定的影响。

3. 性别年龄

性别年龄不同的人必然会对服装流行有着不同的观念。从性别上看，女性较为注重服
装的装饰性，而男性则认为功能性是首要的。同时，由于男女两性在社会中担当的角色不

同，男女服装在款式、面料、色彩等方面的流行内容也各不同。相比而言，女装流行变化的范围更较广、节奏较快，而男装的范围较窄，步伐较慢。

而不同年龄段的人对服装流行也有着不同的观念。一般情况下，青年人追求时尚、张扬个性，有着较强的自我表现欲和好奇心，面对新的流行服装，他们比较容易产生冲动，愿意接受和尝试；中年人对待服装的情绪比较平稳，在选择上较为慎重，对待流行的态度也谨慎很多，通常只选择与自己身份、地位和经济能力相适应的服装；老年人的消费观念相对于前两者来说更为保守，属于传统的着装观念的范畴，关注流行的人很少。不过，近年来随着生活方式的变化，中老年群体的着装观念发生了很大的变化，越来越多的人开始尝试流行。

二、流行对于消费心理的影响

流行的出现会对人们固有的消费心理产生一定影响，它主要体现在以下方面：

（一）需要动机的变化

人们购买服装的行为总是由一定的购买需要所决定的，这种需要一方面是由于生活需要，另一方面是人们为维护社会交往而产生的消费需要。这两种需要共同产生了服装购买行为的心理驱动力，而这些驱动力激发了人们在购买服装时的生理动机和心理动机。

通常情况下，这些购买动机较为稳定（当然偶尔也有些动机具有冲动性，如情绪动机）。但面对流行服装，消费者的心理驱动力会产生新的变化。例如，本来近期并无消费需要，但看到市场中某个服装款式正大肆流行，在求新、求美、从众心理等动机的综合影响下，消费者可能会产生一种盲目的、新的购买心理驱动力，不顾自己并无需要的情况而加入购买服装的行列中。因此流行能刺激消费者并激发其需要欲望的作用，促使他产生新的心理需要，改变或终止原有的消费需要，而流行的强度又直接影响消费者对流行服装的需要强度。

（二）认知过程的变化

消费者在购买服装的行为之前，除了要有需要动机的驱动以外，还要经过一个对产品的认知过程。按照一般的认知模式，人们对新事物有一个学习认识的过程。面对一件新款式的服装，消费者往往最开始都会持一种观望和保留的态度，进而在学习过程中，逐渐去了解它。这种学习有的通过自己体验而获得经验，有的通过他人介绍，也有的通过大众传播媒介传递信息。消费者都是在了解对象后，才会决定是否接受并购买它。

由于在当代社会中，很多消费者生怕落在流行潮流之后，所以一旦出现他们感兴趣的流行款式，会密切关注其变化，只要具备购买条件就迅速付诸行动。所以说，流行的出现会令大部分消费者的认知过程发生变化。首先，观望、迟疑的态度会消失，肯定的倾向会增加。其次学习过程将大为缩短，提前了新款式被消费者接受的时间。

（三）偏好心理的变化

个人购物偏好心理是在较长时间的消费活动中形成的，是一种对某些商品较为固定的消费心理和行为模式。面对流行，这种偏好心理也会发生微妙的变化。

例如，在价格方面，在现代市场经济条件下，价格是影响消费者购买的最具刺激性和敏感性的因素之一。价格心理是消费者在购买过程中对价格刺激的各种心理反应及其表现，它是由消费者自身的个性心理和对价格的知觉判断共同构成的。在重复购买某些商品及对价格的反复感知过程中，人们会形成对某些商品的价格的心理习惯，这种心理习惯一旦形成，在短时间内往往难以改变。在日常生活中消费者会以自己的价格习惯去作为判断商品价格是否合理的标准。

在消费普通服装产品时，人们一般都会从习惯价格中去联想和对比服装价格的高低，对商品比价，在自己心里作出判断后选购自认为价廉物美的商品。但面对眼花缭乱的流行服装，虽然它们因为供求关系等原因被抬高了价格，与自己心中的价格习惯明显不符，但在流行的冲击和干预下，传统的价格心理会被消费者"暂时性遗忘"，高价的流行服装还是会受到大批消费者的青睐。

三、流行周期各阶段的特征及营销策略

上节中介绍了服装的流行周期一般包括五个阶段：导入阶段、上升阶段、顶峰阶段、下降阶段和消亡阶段。在不同的阶段中，服装产品的成本、利润、销售形式、竞争态势及消费者行为等都具有不同的特点，因此，针对流行周期不同阶段的特点，应当制订和采取相应的营销策略。

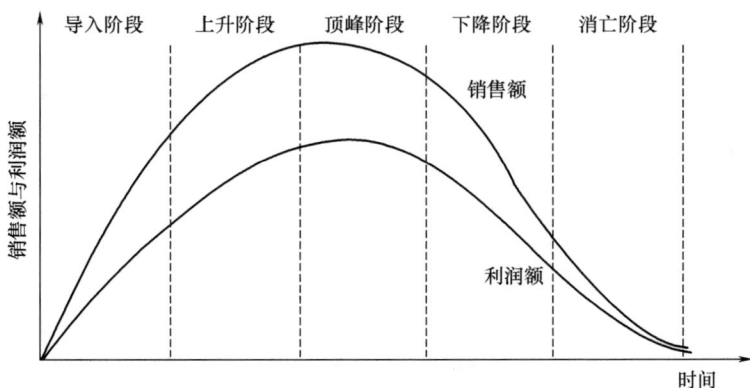

图8-11　服装流行的各阶段特征表

服装企业从开发新的服装产品到获得市场回报需要投入大量的时间和资本。从图8-11中我们可以看到，在导入阶段服装企业几乎没有销售额，利润为零；新的流行服装开发成功后进入上升阶段，服装企业通过大力宣传和推广产品，销售额和利润会呈现增长的态

势，随着产品在市场上逐步被消费者认可，批量生产能够降低产品的成本；流行服装进入顶峰阶段以后，由于它已为大多数消费者所熟悉，而且同类产品趋于饱和，竞争加剧。销量开始缓慢下降，产品逐渐进入下降阶段；当发展到消亡阶段时，企业的利润重新下降为零或负值。

（一）导入阶段的营销策略

产品刚投入市场时，需要一定的时间才能被消费者接受。它面临着生产成本高、产量小、销量低、促销费用大等不利因素，但竞争对手少。针对这一阶段的特点，企业应主要考虑如何建立分销渠道，以什么价格和促销方式来向市场推出服装产品，让消费者了解产品，并促使那些具有超前意识和革新精神的消费者购买产品。基于这些考虑，企业可选择以下四种主要的营销策略：

1. 快速掠取策略

为达到在产品推向市场后迅速树立产品和品牌的形象，让消费者对品牌和产品形成偏好，在潜在竞争对手间确立竞争优势，进而吸引目标消费者购买产品，快速回收成本的目的，企业可以采取高价格、高促销成本的快速掠取策略来推广新服装。这种策略的适用条件：目标消费者追求新异的心理较强，而服装品牌在产品质量和设计方面有特色和优势，对消费者具有吸引力，但品牌知名度不高，市场潜力大。

2. 慢速掠取策略

为了在回收成本、增加利润的同时能降低企业风险，可以采取高价格和低促销成本的慢速掠取策略。这种策略的适用条件：品牌有知名度，潜在竞争对手尚不会对自身构成威胁。而服装产品在质量和设计上具有一定的独特性，目标消费者愿意为服装支付较高价格。

3. 快速渗透策略

这是一种低价格、高促销成本的营销策略，目的在于帮助服装品牌迅速占领市场，扩大市场占有率，通过产销量的提高来降低产品成本，从而增加企业利润。这种策略的适用条件：竞争激烈的市场环境中那些还不具备相当知名度的品牌，这种策略有利于品牌的传播、争取更多的潜在消费者。

4. 慢速渗透策略

这是一种以低价格和低促销成本来推广新产品的营销策略。低价格有利于产品进入市场，扩大销售量，而低促销成本则有利于企业降低营销成本，从而增加利润。这种策略的适用条件：目标顾客对服装品牌和产品比较熟悉，品牌受潜在竞争对手的威胁较大，而品牌自身的市场潜力也较大，另外消费者对价格比较敏感。

（二）上升阶段的营销策略

上升阶段中新的服装产品逐渐被过去观望、等待的消费者接受，在一定范围内得到流行，并且市场需要持续扩大，销量迅速增加的同时，利润也随之快速增长。生产规模的扩大使得生产成本有一定幅度的降低。而该服装产品的畅销会促使众多竞争对手向市场投放类似产品，市场竞争将日益激化。利用现有设备和人力，最大限度地扩大生产规模，全力开拓市场份额是这一阶段营销的重点，在这种情况下，服装企业可采取的策略主要有：

1. 产品策略

不断完善服装产品的质量，并在原有款式基础上衍生新的款式，增加花色品种；同时通过宣传增强品牌知名度，提高服务水平。

2. 价格策略

在扩大生产规模、努力降低成本的基础上，选择适当的时机进行一些降价活动来吸引对价格敏感的潜在消费者，促进销售额的增长。

3. 销售渠道策略

企业可采取"短渠道"和"宽渠道"的销售渠道策略，即减少流通环节，增加中间商。流通环节少，甚至由生产企业直接销售，有利于流行高潮的形成；通过增加中间商数目，有助于流行范围的扩大和在相对较短时间内将产品销售出去，扩大市场占有率。完善销售渠道，有效地控制原有目标市场，并积极寻找新的目标市场，扩大企业产品的覆盖面，着力在大众市场中以建立口碑的方式增加产品的销售。

4. 促销策略

促销活动的重心要从建立产品知名度转移到以树立产品形象、宣传品牌特色为中心，争创名牌，争取更多的消费群体。

（三）顶峰阶段的营销策略

顶峰阶段是整个流行周期中最长的一个时期，服装产品在此阶段会受到消费者最大程度的欢迎，潜在的购买者也将被全部开发。市场暂时出现供求平衡的态势。随着服装产品在市场中的普及并达到饱和，销售量也将达到高峰并处于相对稳定状态。同时竞争进一步激化，广告和降价竞争十分突出，各种品牌的同类产品和仿制品会不断增加。企业应采取积极的营销策略设法延长这个阶段的时间，巩固市场占有率，可以采取的主要策略有：

1. 改变产品策略

不断提高服装产品的质量，继续扩大产品的深度，改进和完善原有的服装样式，改进包装，降低销售价格，使产品能吸引更多的消费者。并加强市场预测，全力进行新产品开发，做好转产的准备工作，以便在竞争中处在主动地位。

2. 改变市场策略

对企业现有市场进行深度的开发，也可重新细分市场，开拓新的市场销售区域，扩大市场销售量。

3. 改变市场营销组合策略

可通过对产品、定价、销售渠道和促销四个市场营销组合因素加以完善和调整，刺激销售。例如，改进产品的性能、包装，提高服务的同时调整产品价格，让利销售；优化并扩大分销渠道；调整促销重心，努力提升企业的形象和声誉等。

（四）下降阶段的营销策略

这一阶段，消费者需要的热情逐渐消失并已经发生了转移，服装流行规模开始缩小，只能在少数人身上看到这一服装流行的痕迹。市场中产品的供过于求，使得促销活动的作用大大减弱。服装价格继续不断下调，市场销量与利润也将大幅下降。随着大量竞争者退出市场，竞争会日益淡化。在本阶段服装企业可以采取的策略有：

1. 继续策略

坚持和延用原有的产品价格、销售渠道、促销方式等营销策略，直至该服装样式完全退出市场。

2. 集中策略

市场容量发生衰退会导致一些目标市场的利润下降。企业可以在一定时期内集中力量经营少数营销效率较好的目标市场，放弃低效率的目标市场，获得尽可能多的利润，进而缩短产品退出市场的时间。

3. 收缩策略

由于众多的竞争者退出市场，对于暂不退出市场的企业来说，他们的市场空间将有所增加，企业为了维持利润可以降低销售和促销的成本，将利润锁定于品牌的忠实消费者，放弃没有希望购买产品的消费群体。

4. 放弃策略

对衰退较快的服装产品，企业应当果断放弃，马上停止生产，或者逐步停止生产，采取降价销售等策略，抓紧时机处理剩余产品，加速资金周转，使其所占的企业资源逐步转向其他新产品的开发工作，力争将企业损耗降到最低。

（五）消亡阶段的营销策略

消亡阶段是下降阶段的延续，是服装产品彻底退出流行的一个阶段。企业应尽快将库存商品销售出去，同时积极开发新的产品，将企业所有的资源都积极参与到新一轮服装流行的周期竞争中。

复习思考题

1. 从中西服装发展史中举例说明流行的传播过程，至少不少于两种传播方式，完成小论文一篇。

2. 从偏好心理出发，对当代社会中流行对于消费心理的影响进行论述，完成小论文一篇。

3. 流行的周期性规律有哪些？

4. 流行的传播规律有哪几类？

5. 影响流行的因素有哪些？

6. 流行在顶峰阶段可以采取的营销策略有哪些？

商品因素与消费心理的基本理论——

价格因素与消费心理

教学内容： 1.商品的价格与功能

2.消费者价格的认知心理

3.服装定价的心理策略

上课时数： 4学时

教学提示： 阐述了商品价格及其功能；消费者价格的认知心理；

服装定价的心理策略等

教学要求： 1.了解价格的概念和功能

2.了解消费者价格的认知心理

3.掌握定价的方法和心理技巧

第九章　价格因素与消费心理

案例

　　某女性顾客准备买条裙子，她逛完服装批发城以后，准备到旁边的王府井商场买条连衣裙。虽然她相中某款裙装，试穿也很满意，但看到价格标签后，她决定放弃购买。究其原因，她说："商场的裙子与在批发城看到的某品牌的连衣裙很像，只是没有装饰边而已，面料手感也差不多，但价格却贵了10倍，要3000多元。但是我想买条价位在300元左右的。还是想再考虑考虑"。这是在销售时候人们经常会遇到的一种情况。出现这种结果的原因，价格是消费者购买行为发生的主要考虑因素。

　　实际上，这个消费者在潜意识中，理所当然地会对当天逛商场，甚至对以前收集的一些相关讯息，如对其他类似时装的价格进行对比。很多时候，消费者会根据对卖场的档次定位，判断服装品牌价格的合理性。

　　案例分析：消费者在确定选择购买渠道时，就确定了大致的购买服装的价格范围，一旦超出他的预期价格范围，就算商家将服装描绘成霓裳，也不会促成消费者的消费行为。

第一节　商品的价格与功能

一、商品价格的概念

　　价格，从理论上讲是商品价值的货币表现。商品是使用价值和价值的统一体，商品的价值是凝结在商品中的一般人类劳动，这种劳动是以量的形式表现出来的。商品的价值量由生产这种商品所耗费的社会必要劳动时间所决定的。商品的价值不能自我表现，一个商品的价值必须由另一个商品来表现，并且只能在同另外一个商品相交换时才能实现。最初的商品交换表现为一种商品同另一个不同商品的易手，商品的价值通过另一种商品的使用价值的量得到表现。把一种商品同另一种商品相交换的量的关系或比例，称为商品的交换价值。商品的交换价值，随着商品生产的发展，经历了漫长的历史发展过程，从简单价值形式到扩大价值形式，再到一般价值形式，最后发展到货币价值形式。此时，货币便从商品世界分离出来，作为一种特殊的商品稳固地独占了交换价值的形式地位。从此，物物交换形式被货币交换形式所取代。商品通过货币表现出来的价值，就是商品的价格。因此，价格体现了商品和货币的交换关系，是商品和货币交换比例的指数。由此可见，商品价格的产生是以生产力水平的提高，商品交换的扩大，货币的出现为条件的。它是商品交换发展的必然结果。

二、商品价格的功能

（一）衡量商品的功能

价格是用货币来表现商品价值的一种度量标记，就是把价格高低作为衡量商品价值和品质的标准。价格的这一功能要求商品价格如实表现价值，反映物化在商品内的社会必要劳动耗费。在消费者对商品品质、性能知之甚少的情况下，主要通过价格判断商品品质。许多人认为价格高表示商品质量好，价格低表明商品品质差，这种心理认识与成本定价方法以及价格构成理论相一致。所以便宜的价格不一定能促进消费者购买，相反，可能会使人们对商品品质、性能产生怀疑。如动辄上万的LV包从来不打折，但近几年LV销售在国内一直呈上升趋势，一些消费者觉得LV的品质、品牌效应和它的价格吻合——物有所值。

（二）自我比拟的功能

一些人往往把某些高档商品同一定的社会地位、经济收入、文化修养等联系在一起，认为购买高价格的商品，可以显示自己优越的社会地位、丰厚的经济收入和高雅的文化修养，可以博得别人的尊敬，并以此为满足。相反，使用价格便宜的商品，则感到与自己的身份地位不符。自我比拟的功能主要体现在对社会经济地位的比拟，对文化修养的比拟或者对生活情趣的比拟。

（三）调节需要的功能

作为商品价值量指数的价格，它可以因各种因素的影响高于或低于商品的价值。而价格同价值的任何偏离都意味着对所创造价值的再分配，每次离合的结果都会影响交换双方的经济利益。由于价格既符合又偏离价值的特征，使价格成为经济利益的调节者，也成为一种调节需要的经济杠杆。其水平的高低，影响社会的消费量和消费总水平；而不同商品之间的比价，又影响社会的消费结构。

一般说来，在其他条件既定的情况下，消费需要量的变化与价格变动呈相反的趋势。商品价格对市场消费需要的影响：一是消费者需要越强烈，对价格的变动就越敏感；二是价格变动的结果可能使需要曲线向不同方向发展，有时会出现"价格逆反"的现象。在服装产品投入初期，价格相对高位，人们的需要相对保守。但由于服装销售季节性的影响，很多品牌会随着销售力度加大而采用更多的促销手段，这个时候随着价格的下调，会出现销售上升的状态。当价格与价值相偏离时，价格围绕价值上下波动，发生偏离中心的变化。在季末大甩卖的时候，打折力度比较大的时候，很多消费者会感觉划算而增加消费需要。当价格上升会引起需要量下降，抑制消费；价格下降会增加需要量，刺激消费。但也有时情况相反，各种商品价格普遍上升时，会使消费者预期未来价格将继续上升，增加即期需要量；反之，则预期未来价格将继续下降，减少即期需要量，产生"买涨不买落"心理。造成这种情况的原因是消费者的生活经验、经济条件、知觉程度、心理特征等有着不同程度的差异，他们对价格的认识及心理反应千差万别。

三、消费者的价格心理

价格心理是指消费者在购买过程中由于价格的刺激而产生的各种心理反应及其表现。而价格判断是受其心理因素制约及销售场地、环境、商品等客观因素影响的一种对商品价格的合理性、准确性等进行的认知过程和心理判定。顾客在对服装的价格进行评判的过程，首先，会将商品的要素，款式、面料、色彩、质量、品牌、包装等综合起来进行分析值多少钱，这种价值的认定标准是以自我心中的"价值认识体系"确定。例如，崇尚自然、强调穿着舒适、对绿色环保物品关注度高的人，对天然质地特别是未经过人工污染的纺织产品比较认可，他们因此也能接受其比化纤类价格高的现象，虽然似乎天然质地的纺织产品的原材料加工工序少一些，成本应该少一些，保养更麻烦，但这种消费者心理还是能够接受的，这就与顾客对面料价格接受有"自我认知体系"有关。其次，消费者在价格的接受过程中，还会进行比较。借助相关的经验等手段，通过对比、联想、经验总结等心理活动，对商品的价格进行进一步的审核、评判。如消费者会用以前购买服装的经验来判断价格的合理性。当然，消费者对服装价格的判断，还会结合自己在卖场的感受体验确定付出的价格是否值得。

消费者的价格心理一般分为以下三种：

（一）习惯性心理

习惯性心理是指消费者根据以往的购买习惯而反复购买某种商品，从而形成了消费者对某些商品价格的习惯心理。这类消费者非常重视以往的购买和使用经验，对于价格低廉、经常购买、品牌差异较小的商品，在购买时不需要花时间选择比较，也不需要征集信息评价产品等较为复杂的购买决策过程。例如，人们在经常购买的日用品，一般都是从习惯价格去比较消费品价格的高低，判断所购商品的价格是否合理。消费者在购买时，往往会借鉴以往的购买经验。我们常听到消费者类似的抱怨"你们这个品牌的衣服价钱差别很大啊？同样品牌、同样的面料的两件短裙价差居然有200多元，这不是欺骗消费者吗？"这个消费者在审视价格时，觉得商品的价格给他的印象似乎与习惯性的经验值有差异，便怀疑其价值不符。消费者对商品价格的认识，是在多次购买活动中逐渐体验到，并形成对某种商品习惯价格的观念。习惯价格都有一定的阈限值，有它变化的上限和下限。消费者往往根据习惯价格的阈限值去联想和对比商品价格的高低涨落，这就是价格变动的习惯效应。对那些超出消费者习惯性价格范围以外的商品要特别慎重，弄清这类商品的价格在消费者心目中的价格上限和下限的幅度。如果商品价格变动超过习惯价格的上限时，消费者便认为太贵，如果商品价格变动低于习惯价格下限时，则会怀疑商品的质量，就会堵塞销路。只要价格变动在习惯价格上下限之内，消费者一般都能接受。当然，消费者的习惯价格观念也不固定，往往经历了从不习惯到习惯的过程。价格变动如果在阈限值范围内逐步升高，即使渐有超越，人们也慢慢地对新价格习以为常。如果操之过急，就会引起消费者的反感。

（二）敏感性心理

敏感性心理是指消费者对商品价格变动的反应程度。这种敏感性既有一定的客观标准，又有消费者在长期购买实践中逐步形成的一种心理价格变动的敏感性。一般与消费者日常生活密切相关的商品价格，特别是需要弹性系数较小的商品，消费者的敏感性就高，对那些与消费者日常生活关系密切的商品价格，敏感性较高，例如，在市场上可看到蔬菜价格每斤贵了几角钱，消费者便愤愤不平；对于一些高档消费品、奢侈品，价格敏感性较低，甚至其价格比以前贵10%都反应没有那么激烈，消费者对这类商品的价格敏感性较低。敏感性心理随价格变动的习惯性适应程度的提高而降低。在对价格敏感性高的商品提价时，做好必要的宣传，采取渐进、缓慢的提价方式。

一般而言，消费者的价格敏感性心理很大程度上还会受到经济收入的影响，而经济收入往往与价格敏感度成反比，即：收入越低对服装的价格高低就越关注敏感，希望"价廉物美"；收入越高，对服装的价格高低关注就相对弱一些。消费者对某些商品的价格变动反响强烈，对有些商品的价格变动则不太敏感。

（三）倾向性心理

消费者在购买商品过程中，对商品价格选择所表现出来的倾向性。商品的价格有高、中、低的区别。消费者在购买商品时，品质因素会成为其判断价格的一条重要标准。一般说来，品质好的商品价值高，价格也会高一些；品质差的商品价值低，价格也就低。由于消费者的社会地位、经济收入、文化水平、特点和价值观念等方面存在较大差异，不同类型的消费者在购买商品时会表现出不同的价格倾向。在一些耐用品的购买上，如冰箱、彩电等，消费者多数考虑其质量因素，追求高档次、优质量的产品，一般不计较价格高低，甚至以高价追求国际品牌为好。

1. 求实心理

这是一般消费者最基本、最普通的心理活动。人们在购买商品时，偏重于商品的实际效用和质量，讲究经济实惠，使用方便，经济耐用。

2. 求廉心理

在人们的日常生活中，特别是关系日常生活的用品，许多消费者很注重追求商品的价廉物美。另外收入水平低的城乡消费者大多都持这种消费心理。

3. 自我满足心理

有这种心理的消费者，不仅追求商品的使用价值，而且更追求精神方面的某种满足。部分消费者往往通过消费来显示自己的身价，提高自己的地位，而一些企业正是利用少数顾客的这种心理，采取高价、厚利、少销的策略。

4. 求美心理

随着生活水平提高，艺术趋向和审美观念在市场买卖活动中占有重要的地位。许多消费者购买行为的实施往往取决于商品的欣赏价值和艺术价值，他们在购买商品时，特别注重商品的包装、造型、色彩和艺术美，强调对人的精神陶冶作用。他们追求新潮，追求新生活方式。特别一部分中青年消费者由于受到广告、生活方式等影响，对产品的质量、价格等并不在乎，而对产品的流行性特别感兴趣。这类消费者相对的对商品的价格敏感度较低。

5. 求名心理

消费者对某些耐用产品或者是不了解的产品，他们往往会注意一些知名度较高的商品，他们通过对商品知名度的信赖而希望自己买的是信得过的产品，希望通过注重产品的信誉而购买到物有所值的产品。

6. 逆反心理

由于市场竞争日趋激烈，商品促销手段变幻多端，消费者对单纯价格的促销产生一定的审美疲劳，甚至会产生"薄利多销"的逆反心理，认为"好货不便宜，便宜没好货"。因此，一些高档消费品在降价之前，往往要造声势，借助一些时机，找到一些理由，避免影响产品的声望，产生"薄利"但不"多销"的局面。

7. 价格感受性心理

感受性价格是指消费者对商品价格及其变动的感知强弱程度。表现为与同类商品的价格比较所出现的差距对消费者形成刺激的程度。刺激差异的大小，形成了消费者对价格高低的不同的感受，从而直接影响消费者的价格判断。例如，在销售过程中，当把同一类产品的高、中、低价商品放在一起出售，求廉、求中、求高的消费者得到心理和物质上的满足是不一样的。

消费者的心理活动是一种复杂的思维现象，各种倾向心理因素相互影响，相互制约，并不一定是单独出现。

现阶段我国消费者的消费心理呈现出多元化特征，既有追求款式新颖、功能先进、高档名贵的价格倾向心理，也有讲求经济实惠、价格低廉的低价格倾向心理，还有要求功能适用、价格适中的价格倾向心理等。

第二节　消费者价格的认知心理

一、消费者对价格的认知心理分析

消费者的任何心理活动，都是客观现实在消费者头脑中的反映，是消费者头脑对客观现实的处理活动。消费者的价格心理活动是从其对商品价格的认知开始的。消费者对某种商品价格的认知：一方面，来自个人的主观感受，通常会根据自身的生活体验或与同类商品价格进行的比较。另一方面，消费者会受到所能接触到的社会环境的影响，主要是生活环境中广告诱导和社会其他成员的评价。由于消费者自身素质和所处环境不同，他们对商品价格的认知心态是不一样的，分析消费者对价格的认知心态既是企业定价的需要，又是稳定消费者价格心理的要求。

一般来说消费者对价格的认知心理主要有以下几个方面：

（一）物有所值心理

消费者在认知商品价格时，会借助以往自身在市场活动中逐步形成的主观感受，把商品价格看作是衡量商品价值和商品品质的标准或尺度。由于市场的商品琳琅满目，一般的消费者很难辨识其内在价值和内在质量，往往把价格的高低作为比较、判断商品价值和品质的主要标准。俗语常有的"好货不便宜，便宜无好货"或"一分钱一分货"的说法体现了人们"价格高的商品其价值就高、品质就好"的消费心理。正所谓消费者这种物有所值的心态会在市场上产生一些现象：有些消费者"只求最贵"，某些奢侈类商品价格越昂贵越好卖；在某些产品进行价格促销时候也会出现价格越低廉、削价幅度越大反而越卖不动的状况。

（二）习惯价格心理

由于受消费习惯和长期购买经验的影响，消费者在认知商品价格时会逐渐形成对某些商品的习惯价格心理。尤其是对大多数日用消费品来说，由于消费者经常购买和使用，久而久之便会形成对这些商品价格较为稳定的认识，消费时会很自然地联想到其以往的价格。当消费者对某些商品经常、重复地购买，会使其价格在消费者心理上形成一个相对较窄的价格范畴，即习惯价格。超市里面通常会用这类商品进行促销，树立价廉物美的形象，吸引忠实的消费群。此时若轻易地改变消费者已经形成的习惯价格，容易引起消费者的反感而转向购买替代产品。

（三）高价炫耀心理

消费者对商品价格的认知往往与个人的偏好、情趣、个性有关，也与社会生活中的一些观念、态度有关。将商品价格的高低与社会地位、文化修养、情感愿望、个性追求和经济收入状况等联系在一起，通过商品价格比拟来满足自己的心理需要，从而产生高价炫耀心理，也是一种常见的消费心理。具有高价炫耀心理的消费者，特别注重商品的象征意义，往往为了显示自己的社会地位或收入水平不惜购买名贵商品。这类消费者为了显示自己的社会地位、经济实力和生活情趣，热衷于追求高档、名牌的商品甚至是奢侈产品，希望通过商品价格以及商品品牌的形象来显示身份或社会地位。这类消费者对青睐的商品的价格敏感度不高，更注重商品服务、商品形象等。随着我国经济水平的发展，贫富差距的出现，已经衍生出这样的一个高消费群体。我国市场上销售的国际奢侈类服装产品的销售情况良好，也说明了这个群体的一些消费喜好。

（四）价格从众心理

对大多数消费者而言，他们对商品价格的认知一般具有从众心理。根据群体中大多数人对价格的认知改变自己对商品价格感觉和判断，并在购买行为上与群体中的多数保持一致，目的是寻求个人与社会对价格认同感和安全感，以免在价格方面上当受骗。消费者这种价格从众心理，在购买新产品、不熟悉商品以及在商品价格调整时表现得尤为突出。

（五）实用实惠心理

大多数消费者对商品价格的认知表现出显著的求实心理，即要求商品实用、价格实惠。具有求实心理的消费者往往对商品价格特别敏感。他们总是考虑性价比，重视商品的使用价值，讲究经济实惠，而不追求商品的外形美观和款式是否新颖，希望少花钱买到称心如意的商品。对具有求实心理的消费者来说，一旦他们认为某种商品性价比高时，能从购买中得到实惠，便会大量购买乃至连续购买。值得一提的是，随着生活水平的逐步提高，消费者在判断"购买实惠"时，价格已经不是唯一标准，他们也会考虑商品售后服务等带来的附加利益。

（六）数字偏好心理

受传统文化、风俗习惯、个人爱好等因素的影响，消费者对商品价格会产生数字偏好心理。通常人们在心理上通常会觉得2.99元比3.0元便宜，哪怕这一分钱在实际生活中的作用并不大；并且在不同地区人们对数字的喜好有所偏差。在欧美地区，商品价格会避免出现"13"；在新加坡、中国香港、中国台湾等地，人们更中意商品价格数字带"8"，而不是出现"4"。

当然，有的消费者购买商品时，对精确到带有尾数的商品价格会产生信任和依赖心理，感受到商品定价非常认真、精细，从而认为价格是准确、合理的，会对这类定价产生信赖感。

综上所述，消费者对商品价格的认知心理是纷繁多样的。

二、消费者价格心理的特征

市场上的价格行为纷繁复杂：有的企业按照价值决定价格的原理制订商品价格，有消费者会认为这是货真价实，也会有消费者怀疑它的真实性；有的商品价格背离价值高价出售，消费者争相购买；而压低价格出售时候却无人问津。因此消费者对商品价格认知心理的不同，会使其产生不同的价格心理，并影响其购买行为。尽管消费者价格心理各不相同，但其基本特征可以归纳为以下方面：

（一）价格心理的习惯性

消费者对商品价格的认知，是在多次的购买活动中逐步体验的，长期、多次的购买和消费活动中形成的。价格心理的习惯性是指消费者评价商品价格是否合理一般主要是根据自己以往购买商品的经验所形成的印象为依据，在头脑中会逐步地形成某种商品需要支付多少金额的习惯价格，并把它当作衡量商品价格高低、质量好坏、合理与否的标准。虽然商品价格有客观标准，但是在现代社会里，科学技术的飞速发展，决定商品价值的社会必要劳动时间变化莫测，加之人们价值观念随着社会发展而不断变化，通常情况下，消费者很难清楚地了解商品价值量，在多数情况下他们只能根据自己反复多次的购买经历对商品价格进行判断。

（二）价格心理的敏感性

价格心理的敏感性是指消费者对商品价格变动在心理上的反应程度。衡量消费者价格心理敏感性的常用指标是消费需要价格弹性，即用消费者购买量变化的百分率与价格变化的百分率之比来测量（消费需要价格弹性=消费者购买量变化率/价格变化的百分率）。购买量减少的百分率大于价格上升的百分率，说明消费者对价格反应比较敏感；购买量减少的百分率小于价格上升的百分率，说明消费者对价格反应不敏感。不同的消费者对价格的敏感性不同，同样的消费者对价格的敏感性会因商品种类或档次的不同而表现出不同的敏感差异程度。通常，对与日常生活关系较为密切的商品价格敏感性高；对耐用消费品价格的敏感性较低。如在日常生活中，有的消费者在购买蔬菜时，可能为几角甚至几分钱争执不休，而在购买高档商品时，发生的价格差异却不是很在意。

（三）价格心理的感受性

价格心理的感受性是指消费者对商品价格高低的感受程度。由于市场商品价格各有不同，消费者对某种商品价格的感受会受到周围陪衬商品价格以及商品销售的环境、方式、气氛和商品外观、功能、包装等影响，容易引起对商品价格高低识别和判断的错觉。同样，这种价格错觉也会表现在商品价格的标价上，如9.80元和10元的价格感受是不一样的。

消费者一般通过以下途径感受商品价格高低的：

1. 消费者对同一购买现场、同一价格，不同组合商品的价格感受不同

如同样的单价为30元的商品，如果分别摆在不同组合的柜台上，放在高价系列中显得价格较低，商品就会畅销；放在低价系列中显得价格较高，就容易滞销。

2. 消费者对同一商品，由于销售地点的不同，其价格感受也不同

销售地点的销售环境以及其他商品价位都会给消费者不同的心理暗示。如100元的服装，放在自由市场和放在时装精品屋出售，消费者的感觉在很大程度上受到店面装潢、市场环境的影响，不一定会认可同样商品的价格是一致的。

3.消费者对同样使用价值的商品，由于商品的商标、样式、包装、色彩不同，会引起不同的价格感受

正因为如此，同样产品的散装商品和包装商品的价格，除包装成本以外，还是有较大差异，并且市场上的消费者也认可这种差异性的存在。

（四）价格心理的倾向性

价格心理的倾向性是指消费者在购买商品过程中对价格高低进行比较后而选择商品的倾向。商品一般都有高档、中档、低档之分，分别标志着商品不同的价格与质量。由于信息不对称等缘故，消费者一般是根据商品价格以及销售环境等外在因素来区别商品档次，也会根据商品的档次来估量商品的价格。不同类型的消费者出于不同的价格心理，在选择商品时会表现出不同的倾向性：有的消费者喜欢价格高、功能先进的名牌商品；有的消费者比较喜欢价格适中、具备一定功能的商品；还有的比较喜欢低廉的商品。这些不同的选择倾向，实际上是消费者不同价格心理的反应，与消费者的经济地位、购买经验与消费方式密切相关。

消费者价格心理的基本特征表明，商品价格是影响消费者心理的重要因素。随着消费者经济实力、自我意识、审美能力的增强，消费个性化日益明显，其价格心理特征日趋多元化。

三、价格变动与消费者的心理反应

商品价格是消费者购买心理中最敏感的因素，其产生的心理效应非常复杂。商品价格尽管有一定的客观标准，但由于信息的不对称，消费者并不会很了解商品的生产、发展情况，因此，消费者对商品价格的认识，多是在多次购买活动中逐渐体验到，并逐步形成对某种商品习惯价格的观念。习惯价格都有一定的阈限值，消费者一般可以接受其在上限和下限之间波动。消费者往往根据习惯价格的阈限值去联想和对比商品价格的高低涨落。

消费者的习惯价格观念不是一成不变的。消费者对于价格变动需要慢慢地对于新价格习以为常并逐步接受，否则会因价格变化过大，引起反感，导致消费锐减。

消费者对商品的价格变动的反应程度还与商品的类别有关。一般来说，人们对日用消费品的习惯价格的阈值上下限幅度小，价格变动引起的心理反应就比较强烈；对于大宗、耐用消费品或者奢侈用品，人们的习惯价格阈值上下限幅度较大，对商品价格变动的期望效应也十分明显，当此类商品的价格开始上涨时，人们会预期它的继续上涨，而当其价格下跌时，又会预期其价格继续下跌，有明显的观望心态。这种期望很大程度会影响消费者购买商品的行为决策。

同时，在价格变动过程中，人们会有抗衡心理。在商品价格将要上涨又还没有上涨的阶段，人们会产生不安感，此时心理压力最大。价格变动以后，不安感会很快减弱，心理压力逐渐消失。

第三节　服装定价的心理策略

制订合理的商品价格，是商品成功地走向市场、取悦消费者的重要前提。因此制订商品价格必须以消费者为对象，探求、研究消费者的价格心理，发现制订价格的心理依据，以便制订出令销售者满意、让消费者接受的最佳价格。

案例

易趣网是中国著名的电子商务公司，现已拥有350万注册用户，累计成交235万件商品，累计成交额达7.8亿元人民币。易趣网上以竞价、一口价及定价形式，为个人及大、小商家提供了低成本高流量的销售渠道，为买家提供价廉物美的各式商品，包括电脑、手机、服饰、房产等。目前，易趣网上交易活跃，每30秒有新登商品，每10秒有人出价，每60秒有商品成交。其用户可以通过在线交易平台以竞价和定价形式买卖各式各样的物品，其中包括服装、古玩字画，易趣推行的定价销售方式受到了用户的欢迎。特别是当越来越多的正规企业加入到卖家的行列里来时，他们要求加快成交的速度。定价销售与原来的拍卖销售结合在一起，提供给用户多种服务选择，满足不同人群的需要，网上分销平台魅力不减。于是，易趣适时推出了一系列全新的交易方式，包括无底价竞标、有底价竞标、定价出售、一口价成交等五种交易方式。一些从事珠宝类商品交易的卖家就喜欢定价交易，这样来得比较爽快；一些喜欢竞拍氛围的网友还是可以选择时间较长的拍卖。现在，以定价方式销售的商品比例不断增加，有一半的商品都是定价销售的策略。

案例分析：随着步入消费导向时代，市场上货品琳琅满目，消费者逐步对货品有了更多的比较和选择。在现代市场经济条件下，在诸多的影响消费者心理的商品因素中，商品价格是最具刺激性、敏感性的因素之一。消费者接受一个商品的价格，并不仅仅考虑这个价格是否与价值相适应，而是受许多心理的、社会的综合因素的影响。运用心理学原理，根据不同类型的顾客来调整定价，使其能够满足消费者的心理需要，是商品定价的心理策略所要研究的内容。

案例来源：http://b2b.toocle.com/detail-2234927.html

一、定价的方法

（一）定价考虑的主要因素

1.定价目标

任何企业都不能孤立地制订价格，而必须按照目标市场战略及市场定位战略的要求来进行。商品定价目标主要有：维持生存；当期利润最大化；市场占有率最大化；产品质量最优化。目标不同，相关的定价方法就会变化。

2.产品成本

任何企业都不能随心所欲地制订价格，某种产品的最高价格取决于市场需求，最低价格取决于这种产品的成本费用。从长远看，任何产品的销售价格都必须高于成本费用，因此，企业制订价格时必须估算成本。成本又分为生产成本和营销成本，主要包括原材料费用、包装费用、人工费用、设计费用、市场调研费用以及广告费用等。在正常的运营环境下，成本是价格的最低界限，是决定价格的关键因素。

3.市场需求

产品的最高价格取决于产品的市场需求，而市场供求是与价格联系紧密。在产品供不应求时，企业可以自由的选择定价方式。一般说来，供不应求的商品，价格在一定程度内上升时候，对其需求量的影响不大，但价格上升到一定程度，会对需求产生较强的抑制作用。服装类商品本身是一种生命周期特征较为明显的产品，有明显的市场需求的季节性变化，因此，在定价时候要充分考虑产品周期带来的市场需求变化，一般会考虑在销售初期以较高利润进行销售，弥补在销售末期的损失。而在供大于求时，竞争必然随之加剧，定价方式的选择只能被动地根据市场竞争的需要来进行。为了稳定维持自己的市场份额，不得不选择与竞争对手相同的价格，甚至低于竞争对手的价格进行定价。

4.竞争因素

在产品的最高价格和最低价格的幅度内，企业能把产品价格定多高，则取决于竞争者同种产品的价格水平。在竞争条件下，企业定价的主动权往往不掌握在自己手中，而是必须根据竞争的需要来制订价格，有时甚至被迫服从竞争价格。由于纺织类市场竞争日趋加剧，市场逐步被分割、细化，企业为了获得最大的利润，根据相关财务审核，通过对同类产品，相关对手的分析对自己的定价做出符合市场的价格。如果该市场竞争激烈，那么企业的定价相对较低，反之，则会有较高的定价。因此，考虑竞争因素的主要定价手段有三种：以低于竞争者的价格出售产品，其目标是以价格为手段，打击竞争对手；以与竞争者相同的价格出售产品是为了应付竞争，被动地服从或保持与竞争者一致的价格；以高于竞争者的价格出售产品，一般考虑此类定价的产品以及企业具备特殊的优越条件，诸如资金雄厚，产品质量优越，服务水平很高或区域性垄断时，为了维护原先树立在消费者心中的威望，多以较高价格进行产品定位。

5. 产品所处的市场寿命阶段

一般而言，每一商品在某一市场上通常会经历投入、成长、成熟和衰退四个阶段。产品在投入期和成长期，市场竞争者很少，市场营销的主要任务是开拓市场，扩大产品的销售量，这时产品定价的选择比较自由。但在成熟期特别是在衰退期，由于竞争者的大量介入，市场竞争空前激烈，在定价策略的选择上更为谨慎。

重点原理提示

新产品的基础价格制订

由于同类型产品的生产者众多，花色品种各异，在许多交易中，消费者往往只能将价格作为判别产品质量、性能的指示。在制订新产品的基础价格时，应考虑以下因素：

（1）相关的细分市场。

（2）顾客或最终用户需求的多样化。

（3）竞争者对新产品的定价可能采取的行动或反应。

（4）成本因素。

（5）市场营销渠道策略。

在有了以上资料后，通常会：

（1）识别目标消费者和潜在用户及其需要。

①设计一个应用于各个细分市场的系统。

②确定每个市场部分的边际成本和特殊成本。

（2）分析细分市场的环境，并决定如何进入这些细分市场。

①确认顾客或用户的需求内容。

②确定产品的价格水平。

③决定在不同产品之间的价格和功能的差异程度。

（3）估计可能的竞争对手。

①了解竞争对手的价格水平。

②分析竞争对手的优势与劣势。

（4）确认可行的定价方案。

①估计期望价格水平和推出时机的销售额。

②估计产品的直接成本。

③识别产品改变时成本的差异程度。

（5）估计不同销量水平下生产和市场营销的直接成本和间接成本。

（6）计算不同销量水平下每个细分市场的期望利润。

①说明竞争产品中客观和主观的质量差别。

②中止无法赚取利润的项目。

（7）对产品采取差别定价。确认该产品销售能够直接或通过刺激其他产品的销售，来补偿全部产品的成本。

（8）探讨价格变化的影响，并决定不同市场条件下最有利的价格。

（二）定价策略

虽然影响产品价格的因素很多，但是企业在制订价格时主要考虑产品的成本、市场需求和竞争情况。产品成本规定了价格的最底基数，而产品所处的生命周期、竞争者价格和替代品价格则提供了企业在制订其价格时必须考虑的参照体系。在实际定价过程中，企业往往侧重于对价格产生重要影响的一个或几个因素来选定定价方法。

1. 整数定价策略

整数定价策略是指企业把原本应该定价为零数的商品价格该定为高于这个零数价格的整数，一般以"0"作为尾数，以整数值来确定商品价格、维护商品形象的定价策略。这种舍零凑整的策略实质上是利用了消费者按质论价的心理、自尊心理与炫耀心理。一般来说，对于那些无法明确显示其内在质量的商品，消费者往往通过其价格高低来判断质量好坏。经营者利用"整数定价"方法可以凭借整数价格来给消费者造成高价的印象，针对的是消费者求方便心理，给消费者一种方便、简洁的印象。

该策略适用于名牌的高档、优质商品或者顾客不太了解的名牌新品，因此在外观条件相近情况下，消费者会产生价格高、品质也高的心理。如高档时装、皮衣等，当价格凑成一个整数时，使顾客对此商品形成高价印象，以吸引社会的高收入阶层。

2. 零数定价策略

零数定价策略是指在确定零售价格时，以零头数结尾而不取整数或按照风俗习惯的要求，价格尾数取吉利数字的定价策略。采用零数定价的产品容易让消费者产生信任感，认为这种商品的价格是商家经过认真的成本核算制订的，可信度较高。并且消费者在心理上总是存在零头价格比整数价格低的感觉，零数定价它能给消费者造成价格偏低的感觉，相邻大小的非整数和整数价格虽然相接近，给消费者的心理信息却不同。如标注99元和101元价格的同样两件衬衫，虽然价格标注只差两元钱，但前者给顾客的概念是百元以内的产品，而后者给顾客的概念却是百元以上的产品。于是，在顾客的心理上就形成了这样一种印象：后者比前者贵了许多，实际上只有两元的差价。

还要注意的是在不同的国家、地区或不同的消费群体中，由于民族风俗习惯、文化传统和信仰的影响，往往存在对某些数字的偏爱或忌讳，例如，我国人民一般喜欢"8"和"6"，认为"8"代表发财，"6"代表六六大顺，吉祥如意；美国人则讨厌"5"和"13"，认为这些数字不吉利，因此企业在定价时应有意识地避开，以免引起消费者对企业产品的反感。经济学家发现，商品价格的微小差别，但它给予消费者的心理信息是不一样，确实能够激发出消费者良好的心理呼应，会对犹豫不决的消费者产生两种截然不同的效果。

3. 习惯定价策略

许多商品在市场上流通已经形成了一个人所共知的基本价格，这一类商品一般不应轻易涨价。习惯性定价指的是消费者在长期中形成了对某种商品价格的一种稳定性的价值评估。许多商品尤其是家庭生活日常用品，在市场上已经形成了一个习惯价格。消费者已经习惯于消费这种商品时，只愿付出这么大的代价，如买一块肥皂、一瓶洗涤灵等。对这些商品的定价，一般应依照习惯确定，不要随便改变价格，以免引起顾客的反感。但是，如果商品的生产成本过高时，可以采取一些灵活变通的办法。如可以用降低原材料等级，也可以减少用料，减轻分量，推出小包装等。作为服装类产品，由于其产品的个性特色，这种习惯定价策略使用得不是很多。

4. 声望定价策略

声望定价策略是指利用消费者仰慕名牌商品或名店的声望所产生的某种心理来制订商品价格的策略。因为消费者具有崇尚名牌的心理，往往以价格来判断产品质量，认为价高质必优，这种定价策略既补偿了提供优质产品或劳务的商家的必要耗费，也有利于满足不同层次的消费需求。声望定价策略通常适用于名牌产品、优质产品，主要是利用消费者对名牌产品、优质产品的崇拜心理和信任心理。该定价策略主要有两个目的：第一能提高产品形象，第二能满足某些消费者对地位和自我价值的欲望。其优点包括：

（1）利用高价产生的厚利，即能迅速收回投资，减少投资风险。

（2）借助顾客对其以往的品牌效应的认识，此时的购买动机多属于求名心理。

（3）拥有较大的调价余地，不仅可以通过逐步降价保持企业的竞争力，而且可以从现有的目标市场上吸引潜在需求者。

同时，在采用这种策略的时候还要注意：

（1）过高的价格不利于市场开拓、增加销量。

（2）价格高于价值，在某种程度上损害了消费者利益。

这是服装产品常用的策略之一，在采用这种策略必须目标市场上存在一批购买力很强、并且对价格不敏感的消费者；而且这样的一批消费者的数量足够多，企业有厚利可图；并且原有企业的产品具有明显的品牌优势；企业有一定实力，当有竞争对手加入时，本企业有能力转换定价方法，通过提高性价比来提高竞争力。

5. 撇脂定价策略

撇脂原意是指取牛奶上的那层奶油，含有捞取精华的意思。又称高价法，即将产品的价格定得较高，尽可能在产品生命初期，在竞争者研制出相似的产品以前，尽快地收回投资，并且取得相当的利润。然后随着时间的推移，在逐步降低价格使新产品进入弹性大的市场。由于消费者的收入、消费心理不同，因而对产品有不同的需求，特别是对新产品，有求新心理的消费者总是愿意先试一试新产品，一般而言，对于全新产品、受专利保护的产品、需要的价格弹性小的产品、流行产品、未来市场形势难以测定的产品等，可以采用撇脂定价策略。总的来说，撇脂定价策略给我们提供服装定价一种思路，即价格先高后低的思路，如果应用得当，可以为企业带来丰厚的利润。但它应用的前提是产品必须能吸引消费者，也就是产品要有新意。

撇脂定价策略的优点：

（1）高价小批量地逐步推进战略，能使企业随时了解市场反映，采取对策，避免新产品大批量生产带来的风险。

（2）在全新产品或换代新产品上市之初，顾客对其尚无理性的认识，此时的购买动机多属于求新、求奇。利用这一心理，企业通过制订较高的价格以提高产品身份，创造高价、优质、名牌的印象。

（3）先制订较高的价格，在其新产品进入成熟期后，可以拥有较大的调价余地，不仅可以通过逐步降价保持企业的竞争力，而且可以从现有的目标市场上吸引潜在需求者，甚至可以争取到低收入阶层和对价格比较敏感的顾客。

（4）在新产品开发之初，由于资金、技术、资源、人力等条件的限制，企业很难以现有的规模满足所有的需求，利用高价可以限制需求的过快增长，缓解产品供不应求状况，并且可以利用高价获取的高额利润进行投资，逐步扩大生产规模，使之与需求状况相适应。

撇脂定价策略不可忽视的缺点：

（1）高价产品的需求规模毕竟有限，过高的价格不利于市场开拓、增加销量，也不利于占领和稳定市场，容易导致新产品开发失败。

（2）高价高利会导致竞争者的大量涌入，仿制品、替代品迅速出现，从而迫使价格急剧下降。此时若无其他有效策略相配合，则企业苦心营造的高价优质形象可能会受到损害，失去一部分消费者。

（3）价格远远高于价值，在某种程度上损害了消费者利益，容易招致公众的反对和消费者的抵制，甚至会被当作暴利来加以取缔，诱发公共关系问题。

从根本上看，撇脂定价策略是一种追求短期利润最大化的定价策略，若处置不当，则会影响企业的长期发展。因此，在实践当中，特别是在消费者日益成熟、购买行为日趋理性的今天，采用这一定价策略必须谨慎。选择这种策略时，本企业品牌在市场上具有传统的影响力，并且拥有一批购买实力强、对于价格不敏感的消费者。当前暂时没有竞争对手推出同样的产品，本企业的产品具有明显的差别化优势；同样当有竞争对手加入时，本企业有能力转换定价方法，通过提高性价比来提高竞争力。

6.渗透定价策略

又称为薄利多销策略，是指企业在产品上市初期，利用消费者求廉的消费心理，有意将价格定得很低，使新产品以物美价廉的形象，吸引顾客，占领市场，以谋取远期的稳定利润。它与撇脂策略截然相反，此策略在向市场推出新产品时，尽量把价格定得低一些，采取保微利，薄利多销的方法。企业的目标不是争取短期更大利润，而是尽快争取最大可能的市场占有率。

作为大众服装或者低价服装常采用的定价方式，也是服装产品在新进入市场时候常采用的方式。这种策略的明显优势：

（1）依靠价格优势，新产品能迅速占领市场。甚至可以占有比较大的市场份额，通过提高销售量来获得企业利润，也较容易得到销售渠道成员的支持。

（2）在产品竞争优势不明显的情况下，微利阻止了竞争者进入，增强了企业的市场竞争能力。

但同时产品利润微薄，市场占有率扩展缓慢，收回成本速度也慢，不是很利于后期的继续开发；低价的销售还容易使消费者怀疑，不利于建立企业优质产品的形象。

采用此策略的条件是：

（1）商品的市场规模较大，存在着强大的竞争潜力。

（2）商品的需求价格弹性较大，稍微降低价格，需求量会大大增加。

（3）企业有能力通过大批量生产来降低生产成本。

7. 安全定价策略

尽量降低价格在营销手段中的地位，是一种介于撇脂定价和渗透定价之间的折中定价策略，其新产品的价格水平适中，同时兼顾生产企业、购买者和中间商的利益，能较好地得到各方面的接受。安全定价通常是由成本加正常利润购成的。例如，一条牛仔裤的成本是80元，根据服装行业的一般利润水平，期待每条牛仔裤能获20元的利润，那么，这条牛仔裤的安全价格为100元。安全定价，价格适合。正是由于这种定价策略既能保证企业获得合理的利润，又能兼顾中间商的利益，还能为消费者所接受，所以，也称为满意定价。这种定价缺点是缺乏主动进攻。

8. 折扣定价策略

折扣定价是目前市场上使用较多的定价策略。

（1）数量折扣策略：数量折扣策略就是根据消费者购买货物的数量多少，分别给予不同折扣的一种定价方法。数量越大，折扣越多。其实质是将销售费用节约额的一部分，以价格折扣方式分配给买方，目的是鼓励和吸引顾客长期、大量或集中向本企业购买商品。数量折扣可以分为累计数量折扣和非累计数量折扣两种形式。累计数量折扣是指消费者在规定的时间内，当购买总量累计达到折扣标准时，给予一定的折扣。累计数量折扣定价法可以鼓励购买者经常购买本企业的产品，成为企业可信赖的长期客户；非累计数量折扣法是一种只按每次购买产品的数量而不按累计的折扣定价方法，其目的是鼓励客户大量购买，节约销售中的劳动耗费。

（2）现金折扣策略：现金折扣策略，实质上是一种变相降价手法，卖方可据此及时回收资金，扩大商品经营。

（3）季节性折扣策略：季节性折扣策略是指生产季节性商品（如服装类产品的公司企业），对销售淡季来采购的买主所给予的一种折扣优待。在季节性商品销售淡季，资金占用时间长，这时如果能扩大产品销售量，便可加快资金周转，节约流通费用。在这种情况下，卖方以价格折扣来鼓励买方在淡季购买商品，并向其转让一部分因节约流通费用带来的利润，这对买卖双方都是具有积极意义的，其目的是鼓励消费者淡季采购，以减轻企业仓储压力。季节性折扣实质上是季节差价的一种具体应用。

厂家和中间商之间采用季节性折扣定价，可以促使中间商提早进货，保证企业生产能够正常进行 。而零售企业在销售活动中实行季节折扣定价，能促进消费者在淡季提前购买商品，减少过季商品库存，加速资金周转。

（4）推广让价策略：推广让价是对积极开展促销活动所给予的一种降价力度较大的优惠，通常在产品投放市场初期，会通过宣传，如刊登地方性广告，布置专门橱窗等进行专门性提示此类优惠。

9. 单位定价策略

价格分割是一种心理策略。卖方定价时，采用这种技巧，能造成买方心理上的价格便宜感。价格分割包括下面两种形式：用较小的单位报价，如在东方家园的装饰城里窗帘的报价按照每公分报价。或者用较小单位商品的价格进行比较，如"使用这种电冰箱平均每天0.2元电费，"在日常生活中，每天花费0.2元非常的便宜，因而大家忽略了每个月的消耗电费的费用。这种定价在服装类产品使用较少。

10. 分级定价策略

由于同类商品生产者多、花色品种各异，如果给同类商品定一个价格，会增加选购的难度，因此，在制订产品销售价格时，考虑顾客的购买能力，根据消费者的高、中、低收入定价。

某些服装饰品，如皮带品牌、手袋品牌，随着目标消费群的扩大，为了满足各类层次消费者需求，多会采用这种分级定价策略。低档货适合低收入者的需要，用料是普通牛羊皮，由于这部分消费者相对数量大，因此在定价时候价格偏低一些；有高档产品需求的顾客通常消费能力较强，选用贵重用料，定价偏高，但是这部分人较少，需要控制产品数量。商品价格是否合理，关键要看顾客能否接受。只要顾客能接受，只要是他喜欢的，价格再高也可以接受。

11. 产品组合定价策略

产品组合定价策略的着眼点在于实现企业整个产品组合的利润最大化。产品组合定价策略有以下几种形式。

（1）产品系列定价策略：当企业生产的系列产品存在需求和成本的内在关联性时，为了充分发挥这种内在关联性的积极效应，需要采用产品系列定价策略。在进行产品系列定价时：首先，确定某种产品的最低价格，它在系列产品中的作用。其次，确定某种产品的最高价格，它在产品系列中充当品牌质量和回收投资的作用。最后，对系列产品中的其他产品依据其在产品系列中的角色制订不同的价格。

（2）选择产品定价策略：许多企业在向市场提供主要产品的同时，还会附带一些可供选择的产品。选择产品的价格水平应综合考虑多方面因素加以确定。

（3）补充产品定价策略：基本做法是为基本产品制订较低的价格，为补充产品制订较高的价格，通过低价促进基本产品的销售，依靠补充产品的高价获取利润。

（4）组合产品定价策略：一组产品的价格应低于单独购买其中每一产品项目的费用总和，以便推动顾客购买。

12. 调价策略

产品价格作或升或降的调整，是价值规律的客观要求，也是企业的一种重要定价策略。赢利是企业生产经营的根本目的，随着经营成本，供求关系的变动，作为生命周期特征明显、季节性需求变化明显的服装纺织类产品企业应当主动调整产品价格，以获取生存发展所必需的动力。价格应根据市场及销售状况进行调节，科学的调价技巧不但可以使生产商获得尽可能高的收益而且还是营销推广之外的有效补充手段。随着产品的不断发展和变化，进行必要的价格调整策略是必需的。它的作用主要有以下方面：

（1）真实反映产品的价值：价格是以价值为基础的，价格的确定要正确、及时地反映产品的价值。在正常情况下，产品的质量越好，产品的价值越大，产品的价格也就越高。这种调整更容易获得消费者的认可。

（2）有利于产品销售：产品价格同市场需求是紧密联系在一起的，当产品价格上升时，市场需求就下降。相反，当产品价格下降时，市场需求就上升。有时候，由于产品效用的悬殊差别，即使产品价格不断上升，市场需求却也明显上升。如季节性价格调整时候，购买成功的可能性大得多。只要掌握好时机，那么价格不论上升或下降，都能促进产品的销售。

（3）适应市场的形势：市场的供求关系是在不断发生变化的，有些产品在此时畅销，彼时就可能滞销；有些产品在此时滞销，彼时就可能畅销。所以，产品的价格也要适应这种变化，在畅销时上升，在滞销时下降，以尽量保持供求平衡。

（4）便于掌握经营主动权：产品的价格无论是上升还是下降，只要把握好时机，对企业都是有好处的。该升则升，可以使企业得到更多的利润；该降则降，可以使企业扩大产品销售量，加快资金周转速度，同样可以增加企业的利润额。所以，产品的价格升降合理，进退有据，就可以使企业掌握经营的主动权，在激烈的市场竞争中立于不败之地。

重点原理提示

产品不同生命周期的定价策略

1. 在商品投入阶段的定价

（1）采用高价定价法：就是在商品刚投入市场时，采用高价位策略，以便在短期内尽快收回投资。

（2）低价定价法：就是将新商品初期价格定于较低水平，以求迅速开拓市场，抑制竞争者的渗入。

2. 在商品成长阶段的定价

在商品的成长阶段，价格应视投入期采用的是高价法还是低价法而定。在成长阶段，商品的销售量开始迅速上升，促销的平均费用已比介入阶段时低，此时的营销策略应以市场渗透为主。

3. 在商品成熟阶段的定价

在商品的成熟阶段，因竞争激烈，利润减少，此时，首要工作是降低价格。大量小商店将在竞争中被淘汰，从而形成以大商场为主的垄断局面。

4. 在商品衰退阶段的定价

在此阶段，产品一般会做出相应的调整。在应在对商店规模、商品性质、消费者心理等进行分析的基础上选择适当方案：有的采取价格变动策略，预测竞争者的行动后采取对策；或者在同一品牌下，以成本较低的同类商品来维持商品价格。

二、定价的心理技巧

定价是一门学问，一门科学与艺术相结合的学问。定价是商店竞争的重要策略，商店一旦在价格策略上处于劣势，会给商品竞争力、商店销售能力及活力带来很多负面影响。在五花八门的价格策略中，结合消费者心理，找到定价的一些窍门，是需要商家深入探究的一个现实课题。

1. 同价销售技巧

在国内经常看到一价店，如九元裤子店，只要顾客出九元钱，便可在店内任意选一条裤子（店内商品都是同一价格的）。低廉价格抓住了人们的好奇心理。虽然当中可能有些裤子产品有质量瑕疵，甚至有一些价格略高于市价，但仍会吸引大量顾客。如服装店内还可以采取分柜同价销售，根据商品的档次成本还可以开设10元、50元、100元商品专柜。但同价销售的关键还是要货真价实，避免商品质量过差。

2. 尾数定价技巧

根据一些消费心理学家的调查，消费者从习惯上乐于接受尾数价格，不喜整数价格。这种定价适合一般生活消费品的定价，它能给人便宜的感觉，另一方面又用标价精确而给人一种信任感，满足顾客的求实心理。对需求价格弹性强的商品，尾数定价常带来需求量大幅度上升。在价格的数字应用上，应结合本土风俗习惯，注意人们对数字的不同喜好。例如，带有弧形线条的数字，如5、8、0、3、6等似乎不带有刺激感，易为顾客接受；而不带有弧形线条的数字，如1、7、4等比较而言就不大受欢迎。所以，在商场、超级市场商品销售价格中，8、5等数字最常出现，而1、4、7则出现次数少得多。

3. 组合定价技巧

针对顾客的求廉心理，有意将组合定价产品中一种产品或几种商品价格大幅度降低，以吸引人们来本店购买商品，带动其他商品的销售。目前很多超级市场经常推出一些令人瞩目的"明星商品"，这些产品的价格比其他商店便宜得多，有微利或无利甚至亏损，但这些特价商品吸引了消费者的注意力，消费者在购买这些商品的同时也会顺带购买其他商品。因此，最后销售额会上升，创造更多利润。

4.折扣定价技巧

折扣策略在现实生活中应用十分广泛，消费者在面对折扣时，往往会联想到他们从购买中获得的优惠和利益。因此，无论何种折扣策略，关键要体现出销售者对顾客的利益的重视，并且让消费者觉得折扣得到的这部分利益是真实的、可信的，这才能有效调动消费积极性，促进销售。并且要注意对折扣的控制，持续很久时间的折扣，或者不断加大力度的折扣，都会让消费者犹豫，造成消费者对降价的观望心态或者对持续降价的不满，最终影响消费者对折扣的真实性的怀疑，或者对该折扣策略不再关注，反而会让销售陷入降价无人问津的状态。

5.安全法定价技巧

对于一般服装商品来说，价格定得过高，不利于打开市场；价格定得太低，则可能出现亏损。因此最稳妥可靠的是将商品的价格定得比较适中，顾客有能力购买，营业员也便于推销。

在实际操作中，如果企业商品名气不大，即使安全定价也不安全。追求名牌、高消费的消费者觉得产品档次太低，讲究实惠价廉的消费者又嫌价格偏高，两头不讨好。

6.高价定价技巧

很多人都有一种按价论质的心理，这种心理源于他们的求名心理，误以为价格高，商品的质量也会好。如果把商品适当提高价格，从而使那些质量差异不易察觉、价格需求弹性较低、能显示身份地位的商品的价格及名品、新商品或稀有商品的价格适应这种心理需要。这样不仅可以起到促销的作用，也能进一步提高商品的形象。

案例

几个朋友去逛商店，他们在一家门面不大的商店里看中一件T恤。虽然样式很独特，服装的标价只不过是78元而已，大家都犹豫了，怀疑这衣服会不会有其他隐蔽的缺陷，譬如面料的舒适感差、容易变形等。精明的老板走出来解释这衣服属于独板进口，样式、面料都比较特殊，市场中的仿照板也要卖到150元。而工作上的失误造成价格标注错误，市面上应该是378元。如果愿意购买，他会承担工作失误，以低于成本价228元出售。一个朋友对这衣服的评价当即来了个180°大转弯，对衣服的用料、做工赞叹不已，当即掏出78元，欢天喜地地买下了这衣服。

案例分析：如果推出的商品很受欢迎，而市场上也比较少，就可卖出较高的价。不过这种形势一般不会持续太久。畅销的东西，别人也可群起而仿之，因此，要保持较高售价，就必须不断推出独特的商品。

7.明码标价技巧

明码标价是根据商品的成本以及盈利的空间进行的标价，这是一种不讨价还价的策略。这种方法尽管在短时期内不能收到很好的效益，但从长远的利益来看，其商品的品牌效应越来越大，最后的销售效果反而会更好。顾客来买东西，会不断地对比，如果发现你这里的价格稳定，而且质量有保证，反而更容易成交。因为消费者觉得你这里的商品是可信的，标价是稳定透明的，觉得自身的利益得到保障，随着专卖店的逐步普及，更多的服装类产品选择了明码标价。

8. 调价技巧

在决定商品价格变动时候，无论价格是上调还是下降，最好应避免明调，在实在迫不得已的情况下，也应说出并尽可能大范围地宣传调价的实际原因，如原材料上涨、加工费用提高、销售渠道费用提高等。

（1）上调价格技巧：上调价格的方式多种多样，这里仅介绍两种。

①以更换产品型号种类变相提价：稍加注意便可发现，服装产品往往都是一系列若干种型号，而且消费者对服装这种个性化产品的喜好缘由不统一，因此要提价就很方便，也很隐蔽。通常会在更换一种型号代码或者在个别部位（如外观，材质）略作改动即可。这种提价，消费者几乎觉察不到，也就谈不上心理不能接受的问题了。应当说，这是一种极为科学与艺术的提价方法，而且经过市场验证的一种有效方法。

②减少产品数量而价格不变，达到实质上涨价的目的：有些产品已经有了习惯定价，但可以通过减少产品的数量来达到自己的目的。减少数量在前期会导致短期销售利润的下滑，但是如果定位相对高端，相关产品已经被消费者人认可，这时消费者反而因为"稀缺""喜欢个性"更能接受该产品。

（2）下降价格技巧：产品降价是企业的一件大事，必须慎重对待，否则将会带来不利影响。慎重对待首先应表现在对顾客反应的认识与了解上。对于企业产品的降价，消费者对厂商的降价不认为是对自己的优惠。换言之，他们对厂商的降价行动基本上是持消极态度而非积极态度。竞争对手还有可能利用降价而开展大规模的宣传攻势。保持原先价格不变，事实上就是维持自身品牌的尊严，就是守住自身的销售阵地。但为了扩展市场占有率，为了和竞争对手周旋而必须降价的话，就可采用暗降的方法。暗降的方法多种多样，这里仅举四种。

①实行优惠券制度：可通过发放或在报纸广告栏中刊登优惠券，告诉消费者拿此券可以到指定的零售店去购买指定商品，可以享受几折优惠。这种做法对消费者产生的影响是，该商品并非滞销、并非过时、并非质量差，它不是降价，而是对部分人实行优惠，拿到优惠券的消费者会有一种心理上被关注的感受，通常，消费者会踊跃地持券购买。这里应当注意的是，优惠券的发放面不应过大，使用时间不要过长，要给人以紧迫感。

②退还部分货款：告之消费者，若将证明购买特定的商品的证件或标签寄给生产厂家，厂家即通过邮局将一定金额寄还给买主。

③予以实物馈赠：这是很多品牌服装店采用的策略。让消费者得到实惠，但维持价格形象不受损害。

④以"新产品"面貌出现：所谓以新产品面貌出现系指经由简化包装，更换品牌，使之以新面貌出现。这种新产品定价较老产品要低，容易销售，而与现有产品又毫无关系。

价格暗降的好处：

首先，需要注意的是现有品牌，如果予以明显降价，今后欲想使价格回升就显得非常困难。采取以上几种暗降的方法则非常灵活，随时可放可收、游刃有余。

其次，降低现有商品价格，会使产品的形象受到损害。价廉，尤其是降价后的价廉往往给消费者的感受是商品卖不出去的无可奈何之举。采取上述几种方法降价，无损于企业与产品在消费者心目中的形象。

最后，不降价而采用变相降价的方式，也不容易引发竞争对手的价格战。

案例

1.撇脂定价

苹果公司的iPad产品是最近四年来最成功的消费类数码产品，推出后获得成功，第一款iPad零售价高达399美元，属于高价位产品，但是有很多"苹果迷"既有钱又愿意花钱，所以还是纷纷购买。苹果的撇脂定价取得了成功。但是苹果认为还可以"撇到更多的脂"，于是不到半年又推出了一款容量更大的iPad，当然价格也更高，定价499美元，仍然卖得很好。

作为对比，索尼公司的MP3也采用撇脂定价法，但是却没有获得成功。索尼失败的第一个原因是产品的品质和上市速度。当iPad mini在市场上热卖两年之后，索尼才推出了针对这款产品的A1000，可是此时苹果公司却已经停止生产iPad mini，推出了一款新产品iPad nano，苹果保持了产品的差别化优势，而索尼总是在产品上落后一大步。此外，苹果推出的产品马上就可以在市场上买到，而索尼还只是预告，新产品正式上市还要再等两个月。速度的差距，使苹果在长时间内享受到了撇脂定价的厚利，而索尼的同类产品虽然定价同样高，但是由于销量太小而失败。

2.折扣定价

某西服店为了销售商品采用了一种折扣销售方法，颇获成功。具体方法是这样：先发一公告，介绍某商品品质性能等一般情况，再宣布打折扣的销售天数及具体日期，最后说明打折方法：第一天打九折，第二天打八折，第三天、第四天打七折，第五天、第六天打六折，以此类推，到第十五天、第十六天打一折，这个销售方法的实践结果是，第一天、第二天顾客不多，来者多半是来探听虚实和看热闹的。第三天、第四天人渐渐多起来，第五天、第六天打六折时，顾客像洪水般地拥向柜台争购。以后连日爆满，没到一折售货日期，商品早已售缺。这是一则成功的折扣定价策略。妙在准确地抓住顾客购买心理，有效地运用折扣售货方法销售。人们当然希望买质量好又便宜的货，最好能买到二折、一折价格出售的货，但是有谁能保证到真正想买时还有货呢？于是出现了头几天顾客犹豫，中间几天抢购，最后几天买不着者惋惜的情景。

复习思考题

1. 通过访问某品牌公司的网站，收集相关产品定价的信息，分组研究某服装公司的产品定价，理解其定价目标、定价策略、定价技巧。

2. 商品价格具有哪些心理功能？

3. 简述消费者的价格心理特征。

4. 价格变动会影响消费者哪些心理反应，主要原因是什么？

5. 商品调价的心理策略在运用时应注意哪些问题？

6. 商品价格的心理功能主要包括哪几个方面？

7. 消费者的价格心理主要有哪几种？

8. 折扣价格的主要形式有哪几种？

9. 产品生命周期各阶段的定价策略应该注意什么？

市场营销因素与服装心理的基本理论——

服装市场营销因素与消费心理

教学内容： 1.商业广告的概念和特点

2.商业广告的心理功能和效应

3.营销场所设计与消费心理

4.营销场所的陈列设计与消费心理

5.营销服务与消费心理

上课时数： 4学时

教学提示： 阐述了商业广告的概念、特点及其心理功能和效应；营销场所的陈列设计和消费心理；营销服务与消费心理等

教学要求： 1.了解商业广告的概念和特点

2.掌握广告的心理功能和效应

3.了解营销场所设计与消费心理

4.掌握营销服务与消费心理策略

第十章　服装市场营销因素与消费心理

第一节　商业广告与消费心理

从总体来说，广告可以分为两类：商业性广告和非商业性广告。商业性广告是以营利为目的的开展的广告活动。非商业性广告是为实现某种宣传目的而发布的广告，不存在营利问题，主要分为政治广告、公益广告和个人广告。在此主要研究服装市场营销中常用的商业广告。

一、商业广告的概念和特点

（一）商业广告的概念

里查逊（Richardson）认为："所谓广告，乃对于可能购买广告商品的消费者，以大家都知道的名称及价格为目的所作的大众传播，简述商品的要点，使消费者铭记于怀。"因此，商业广告的定义概括为：商品经营者或者服务提供者承担相应费用，有计划地通过一定的媒体或形式，直接或者间接将商品和劳务信息传递给大众，而起到促进销售作用的一种非人员推销的信息传递方式。这个定义包括以下四层含义：

（1）广告对象是非特定的大多数消费者。

（2）广告内容是主要向大众传递的商品或劳务信息。

（3）广告媒体是通过各种媒体（如报刊、杂志、电台、电视等）来进行。

（4）广告目的是为了促进商品销售并取得利润。

因此，可以说商业广告是一种具有经济特点的宣传手段。随着经济水平的提高，商品生产和销售的竞争日趋激烈，商品信息量急剧增加，通过商业广告给消费者传播经济信息，说服消费者购买商品，扩大销路；或者报道相关服务内容，通过介绍服务项目，扩大某种服务业的规模，取得良好的经济效益。例如，西安伟志西服、虎都服饰为吸引消费者，占领市场，在广告中提出的"终身免费干洗"口号，取得良好的市场经济效益。恰当的广告将某种产品的特性，以一种鲜明的、悦目的方式呈现，让人们慢慢在心里接受它，认知它。

（二）商业广告的特点

1. 真实合法性

真实性是商业广告的生命。《广告法》规定："广告应当真实、合法，符合社会主义精神文明建设的要求,广告不得含有虚假的内容,不得欺骗和误导消费者。"服装商业广告必须遵循诚实守信的原则,不可弄虚作假,哗众取宠。

2. 宣传指导性

商业广告以各种形式、各种媒介,从时间或空间多个层面去宣传商品性能、特点、功用等,或把服务范围、项目、方法、对象告诉消费者,从而诱发消费者的消费行为。因此,实质上它是一种消费指南。

3. 效益性

任何商业广告通过宣传,都是为提高消费者对商品的认知度,最终以取得良好的经济效益。因此,以盈利为目的是商业广告的重要特征之一。

4. 艺术性

商业广告通过形象的语言文字、图像、声音等信息传播方式来传播商品信息,本身就是一项发现美、创造美、传播美的审美艺术。特别是服装本身具有强烈的审美价值,服装商业广告通过运用各种艺术技巧来突出服装商品的特点,吸引公众的注意力,在美的享受中接受商品知识,以引起消费兴趣。很多优秀的服装商业广告本身就是一件艺术品。

5. 时尚性

人们的思想意识、兴趣爱好、道德风尚随着经济、社会的发展在与时俱进。所以商业广告必须源于生活,"高"于生活,"高"即是要站在时尚、流行的前沿,表现方法和表现手法都要具有明显的时代性。而服装本身就是一种贴近大众生活的流行性非常强的商品,服装广告中展现的时尚性特质显得尤为重要。

6. 简明、易记性

在有限的时间、空间内,要取得最佳的传播效果,必须简洁明快,重点突出,便于记忆,所以简明、易记性是时代对商业广告的要求,也是广告的特点。

二、商业广告的种类

随着科技发展,越来越多的商业广告载体出现了。在候机厅、楼梯间可以看到分众广告,在公交车上可以看到公交移动广告……随着分众广告的普及与流行,赋予广告更贴近生活的特质,并不断出现新的表现形式。

商业广告根据其诉求对象、诉求地区、诉求目的、诉求方式及传播媒体等不同,进行以下细分。

(一)按诉求对象划分

1. 消费者广告

即广告诉求对象是一般消费者。消费者广告向广大消费者进行诉求,广告主多是生产商和销售商。这类广告在所有广告活动中所占比例最大。

2. 产业广告

这类广告由生产、经营原材料、机器设备及零配件、办公用品等的生产部门和批发部门，向使用、消费这些产品的企业、机关、团体等进行诉求。

3. 商业批发广告

这类广告主要针对流通业。服装生产企业向服装批发商和零售商发送的新产品广告等就属于此类。

（二）按诉求地区划分

根据广告市场的情况及广告传播区域的范围、大小等的不同，可划分为三类：

1. 全国性广告

广告传播面向全国范围，适用于销售和服务遍及全国的企业。

2. 区域性广告

以特定地区为传播目标的广告。这类广告的诉求对象限定在某个地区，所选择的媒体一般是在某一地区发行或播放的地区性媒体。

3. 地方性广告

针对当地或地方商业圈发布的广告。多数由商业零售业、地方企业作为广告主，一般选用覆盖地、市、县以下地区的各类媒体。

（三）按诉求目的划分

1. 以推销商品为目的广告

广告的诉求着重突出商品的特征和魅力，其目的是让广告商品给消费者留下深刻的印象，进而吸引消费者购买该商品。

2. 以树立形象为目的广告

这类广告主要以树立商品及企业的形象和信誉为诉求目的，也称为形象广告。随着经营者对营销场所越来越关注，很多专卖店注重形象墙的设置，很多品牌选择在此展示最具代表性的图片，实际上这也是一种广告，只是此时的广告更注重的是对服装品牌文化或者形象的宣传。

3. 以建立观念为目的广告

这类广告通过广告信息传播，帮助消费者建立或改变对一个企业、一种产品的认识或印象，建立或改变一种消费观念，如倡导环保等。

（四）按诉求方式划分

1. 情感广告

这类广告采用感性诉求方式，向消费者传之以情，强调以情动人，打动消费者的情感，使消费者对广告商品产生良好的态度和感情，进而采取购买行动。

案例

广告的魅力

如图10-1所示，美特斯·邦威是中国原创的本土化品牌，美特斯·邦威文化最大的特色是"不走寻常路"。这句简短而有力度的广告词可以说家喻户晓、深入人心，而如今这已不只是一句普通的广告词，它至少蕴涵两个方面的意义：对于企业员工，它是一句座右铭，鼓舞着员工在工作中学习、开拓、创新；而对于消费者来说，它是美特斯·邦威品牌的精髓，传导一种品牌的文化内涵，在"年轻、活力、流行、时尚"的休闲服饰产品中传递给消费者独特的品牌体验，满足了消费者对"不寻常"个性和感觉的诉求。

案例分析：美特斯·邦威通过持续的广告进行创新和完善的市场营销，形成自己独特的广告思想和策略，致力于沟通，而不是销售诉求；通过铺天盖地的广告来占领市场，然后进行积极有效的创新管理和大规模的分销，赢得了市场和消费者。这一独特的策略和作法，鞭策着美特斯·邦威在市场发展中迅速成长。

案例来源：美邦公司网站

图10-1　美特斯·邦威广告

2. 理性广告

采取理性的说服方法，通过向消费者说明购买广告商品的优点和好处，让消费者用理智权衡利弊，做出判断，听从劝告并采取购买行动。

（五）按传播媒体划分

1. 大众媒体广告

大众媒体广告又可分为视听广告和印刷广告。视听广告有电视广告和广播广告，也称为电子媒体广告。印刷广告主要是报纸广告和杂志广告。

2. 小众媒体广告

主要包括户外广告、直接广告、销售点广告。优点是广告成本较低，覆盖面较广。

三、商业广告的心理功能

广告传播的思想观念、社会文化、商品服务信息，对人们的消费价值观念、消费行为取向、消费生活方式乃至整个消费经济的发展，无不具有潜移默化的引导和促进作用，并通过这些作用，滋长着新的生产驱动力。简单地说，商业广告产生的心理功主要体现在两个方面的内容：一是在产品刚上市时刺激其初级需求。二是在市场上已有众多产品时刺激其选择性需求。

商业广告的心理功能主要影响消费者的消费态度，对商品或品牌的看法，培养自身的品牌意识，进而强化消费意识，最终导致购买行为。

（一）认知功能

广告对消费者的初级需求的刺激，一般是在新产品刚进入市场的时候，也就是产品的生命周期的初始阶段。企业在产品推广初期，通过广告把有关产品和市场的信息传播给消费者，使消费者产生购买行为，也就是商业广告通过传播信息，为消费者提供个人消费指导，如工具的选用、生活用品的采购以及其他衣食住行等。通过介绍各类商品信息，如名称、规格、性能、用途等，告知消费者如何利用这些产品去改善生活。此时，广告着重于介绍新商品的特点和用途，从而激发消费者的初级需求欲望，使之认为拥有这种新的消费品是一种荣耀，因而产生购买欲望，进而实现对产品的购买和消费。同时，广告还将尽可能地给消费者不断的信息刺激，使产品成为消费者生活中必不可少的东西。如近几年提出的商务休闲装概念，就是通过不同途径的广告宣传，使其成为人们选择日常工作和生活相结合的服装品种之一。

（二）暗示功能

广告的连续出现，就是对消费者的消费兴趣与物质欲求进行不断地刺激，并通过广告营造的氛围和生活方式，暗示消费者利用这些产品可以改善生活，从而促成其购买行为。换句话说就是从心理上暗示消费者进行选择性的需求。当市场上已有其他类似产品，通过广告不断地宣传和突出自己不同于其同类产品的优异之处，从而刺激消费者产生"选择最适合"的消费心理。

（三）刺激功能

广告宣传中对特定社会阶层提出针对性的广告诉求，使目标市场中的消费者产生一致的购买行为，促进了服装这类流行性商品的出现和流行。例如，耐克运动鞋在广告活动中针对年轻消费者进行"一切皆有可能"的渲染，迎合这个消费群的心理诉求，刺激消费者接受了新的消费观念，形成了新的消费习惯，使得耐克运动鞋成为年轻一族的时尚标签，创造流行商品和促成时尚的发展。

四、商业广告的效应

（一）传递信息，沟通供需

商业广告在宣传各种各样新商品的同时，也在给消费者传授各种各样的有关生活、工作的新知识。通过告知的手法，简洁讲授和介绍产品的特性、用途和使用方法，将有关知识传授给大众。广大消费者通过广告可以了解在什么地方可以买到他们所需要的产品，达到沟通产需之间联系的目的。

（二）创造需求，促进消费

广告的连续出现，就是对消费者的消费兴趣与物质欲求进行不断地刺激，从而引起消费者的购买欲望，进而促成其购买行为。一些原来并不打算购买某产品的消费者，当受到广告刺激后，认识到了这种产品的特点，可能会改变主意，产生购买行为，促进了消费。

（三）促进竞争，开拓市场

20世纪以来，世界上一些发达国家的消费者已逐步形成对广告的依赖性。这是由于广告可以不断地向广大消费者提供许多有关生活的信息，为消费者进行消费活动创造便利，从而有助于企业树立良好的市场形象，提高企业市场占有率，促进企业间竞争。

五、商业广告的作用

纺织产品企业的独立实体相对规模较小，因此产品的广告花费占整个广告业的比重是比较小的。但不可否认的是，产品商业广告宣传成为有效传达产品品牌文化和讯息的重要工具，也是刺激消费者购买和提升销售业绩的主要方式。

在这里，着重介绍作为纺织产品类商业广告中使用最多的营销场所的广告，来具体理解广告的作用。

（一）广告是不说话的销售高手

精彩的营销场所广告会吸引消费者，特别是营销场所广告甚至会让那些本没有购买计划的消费者感受到"该商品有价值"而做出购买决策。

（二）广告是消费者购物的引导服务员

有的消费者选定商品有疑虑，但销售人员的直接介入反而容易引起他们反感，此时适当的营销场所广告会减缓消费者心情,如配置于店内明显处的宣传画、价格单、海报等可以很好地帮助消费者了解更详细的相关信息,让消费者能放松地继续购物。

(三)拉近与消费者的距离

营销场所广告的形式多样,配合使用可提升店内的生动气氛,拉近与消费者的距离。

(四)可唤起消费者的潜在消费意识

张贴、悬挂在销售地点的营销场所广告时刻都在刺激消费者,唤醒消费者对商品的潜在消费意识,促进消费者做出购买决策。

(五)能够配合促销

营销场所广告可以极大地渲染营销场所促销气氛,促进展开销售活动。

(六)有助于塑造营销场所形象

统一的营销场所广告和宣传形式,塑造了统一的营销场所宣传形象,特别是对于产品专卖店,有助于消费者对商品的识别。

所以,在营销场所广告方面,应实地考察营销场所自身及周围的情况,根据人流方向、日照情况、障碍物情况、周围营销场所颜色和风格,配合营销场所的外观效果,从消费者心理角度,从人性化角度,配合使用各种广告形式。

重点原理提示

服装类商业广告的特点

服装产品为小批量、多品种生产,流行周期短,变化快,因此,服装产品具有明显的产品生命周期。结合不同种类的产品,如西服、牛仔服、内衣、睡衣等,在其不同的生命周期阶段,其广告投入是不一样的。由于服装企业的独立实体相对规模较小,因此服装的广告花费占整个广告业的比重是比较小的。但不可否认的是,服装商业广告宣传成为有效传达服装品牌文化和讯息的重要工具,也是刺激消费者购买和提升销售业绩的主要方式。

因此,按照产品周期的不同阶段,其商业广告各有不同侧重点。

1. 告知性广告

在产品生命周期的初始阶段,一般采用告知性广告。这种广告目的在于激发初级需求,主要用于产品的开拓。目的是向市场介绍一种新产品,向消费者说明产品的新功能及新用途,通知市场有关产品价格变化情况。

2. 劝说性广告

在产品进入生命周期的发展阶段,一般多采用劝说性广告,主要目的是劝导消费者购买本企业的产品。这类广告内容可突出本企业产品品牌特色，也可通过使用者现身说法提高产品可信度，激发消费者购买欲望，此类广告在企业或产品竞争阶段起到十分重要的作用。

3. 提示性广告

提示性广告的目的是为了保持消费者对该产品的记忆，它适用于处在成熟期的产品。例如，对季节性很强的产品，在淡季时可作提示性广告，以提醒消费者在最近或将来可能需要这个产品；很多服饰在季节变换时期，下一季的服装广告便会推陈出新，暗示消费者对下季服饰的需求。

4. 促销性广告

在产品竞争激烈时期，如成熟期或者衰退期，服装广告会加大在促销力度上的宣传。直接进行艺术性的时装表演，是促进服装销售有效的活动广告；利用店内POP海报或者宣传海报，告知消费者所获得的利益，产生更直观的刺激消费的效果。

总的来说，各类服装广告所告知消费者的讯息或传达的内容，应与卖场的形象设计、主题产品推广、平面系列设计、服装的陈列相吻合，通过这样前后关联系统的建设，才能在众多林立的品牌中，让消费者认知，并在购买产品时对决策起到正面激励的作用。

第二节　营销环境与消费心理

在消费行为和心理活动日趋复杂化的情况下，零售商、卖场如何树立和强化自己的品牌形象，以使自己的品牌形象、概念和特点区别于其他的卖场，怎样吸引、取悦和留住客户，就成了现代卖场最为关心的问题。也即是说，在销售现场内外利用适当手段对前来卖场的消费者进行广告传播，以促使其做出购买决定，也是目前研究刺激消费的重要途径。

案例

案例分析：如图10-2所示，该服装营销场所店铺是迅速让消费者感知服装品牌文化，通过设计要素体现服装的定位：时尚、女性。越来越多的消费者评价和购买商品时往往注重第一印象、综合感觉。营销环境气派、高雅、时尚、有现代感等抽象的、综合的感觉及所产生的情感、态度决定着消费者的购买决策。现代的营销环境不仅要满足消费者购物方面的需要，还要满足其消闲、娱乐、学习、交际等精神和心理的需要。现代商场的功能也由原来的实现商品交换，满足消费、促进生产等基本功能，日益向提高居民生

图10-2　营销环境

活质量，传递新的生活方式，传递信息、合理引导消费，不断满足新的消费需求，并且向个性化、高层次化发展。这将使现代营销环境越来越贴近消费者。

目前国内许多企业逐步开始重视卖场的形象设计，要求各店铺统一形象、统一标识，并不断探索创新、更新店铺的装修。现代的商品所处的营销环境对消费者的吸引力在营销过程中显得尤为重要。首先，在营造优雅、舒适的营销环境时应当注意以下方面：

1. 树立以消费者为中心的营销观念

企业要以消费者为中心，一切从消费者的角度进行考虑，也包括心理因素。因此，营销环境的一切设置应当以方便消费者的消费活动为中心，使消费者消费过程是一个享受良好的购物环境的愉悦过程。

2. 注意创造热点，引导消费考的心理因素向利于营销的方向发展

通过对市场和消费者潜在心理因素的精心研究，设计完美的引导型营销环境，大量市场需求转化为实际的购买力，将潜在的消费者需求引导出来。

3. 对消费者进行划分，确定自身产品的目标消费群对营销环境要求的主导心理态势

通过对主导心理态势的研究和分析，仔细研究消费者心理的变动趋势，牢牢抓住消费者心理因素中的主要因素确定营销环境的布置；加强对消费者行为的调查和分析，研究消费潮流，分析市场变化，抓住消费热点。

服装类店铺的卖场形象是迅速让消费者感知品牌文化的场所，进行营销环境设置时候一般会从这些方面进行考虑：营销场所形象是否与产品定位一致。即营销场所形象设计装潢是否跟所销售的产品的风格定位一致。营销场所形象是否能够对产品销售提供帮助。即通过设计要素体现产品的定位，能够促进产品的销售。

因此，店铺的卖场设计建立在对相关品牌有着深入而透彻的理解基础上，结合美学、色彩学、人体工程学、商品管理学、卖场规划、陈列、灯光照明等相关知识，从而实现对消费者购买行为的阶段过程的心理特点的掌握。

现代营销场所设计主要包括以下内容，即立体造型、入口、照明、招牌、营销场所广告，注重材质、装饰、绿化、技术以及室外地面与规划等综合运用。

一、营销场所细节设计与消费心理

本节内容主要研究入口、照明、招牌与广告等营销场所细节设计与消费者心理因素的关系。

（一）入口

如果说服装卖场是品牌的脸面，那么入口就是服装卖场的脸面，是影响营销场所及营业环境的第一要素。入口作为服装销售卖场导入部分的重要组成部分，它的造型与尺寸同样左右着顾客的消费行为。

不同类型和档次的品牌在其卖场入口有着不同的设计，一般来说，中低价位品牌大

多采用敞开式且开度大的入口设计
（图10-3）。由于中低价位的服装
品牌单件利润率不高，大多依赖于
服装的跑量来达到销售目标，因此
它们需要较大的人流量作为支撑。
而敞开式的入口设计能够增加消费
者进入店铺的几率，并且方便较大
人流量的进出。入口的开度越大，
顾客就能更为清楚的看清店铺内部
的服装款式、营销活动，进而激发
他们进店消费。当然入口设计不是
成功引导消费者进入卖场的唯一
条件，它还需要配以流水台、橱

图10-3 中档品牌的敞开式入口设计

窗、灯光等辅助条件，以达到增加人流量、提升销量的目的。

　　而高价位的服装品牌大多采用开启式且开度较小的入口设计（图10-4）。由于这类品牌
的定位较高，目标顾客群的数量有限，因此它们不需要通过加大入口尺寸的手段来增加人流
量，相反，它们通常都会采用尺寸较小的入口设计来彰显品牌的档次。开启式的入口设计：一
方面，能够为店内选购产品的顾客提供一个安静、舒适的购物环境，让这部分消费者产生一
种心理优越感，并感受到品牌给予他们的周到服务，增强对品牌的认同感；另一方面，紧闭
的大门也使目标顾客群以外的消费者产生一种心理上的压力，使得他们不会随意进入店铺。

图10-4 开度较小入口设计

（二）照明

　　卖场照明可以以最吸引人的光色使商品的陈列、质感生动鲜明，吸引购物者的注意

力；可以创造合适的环境氛围，完善和强化卖场的品牌形象；照明作为最为有效的手段和相对便宜的营销场所硬件投资，也可以创造购物的氛围和情绪，刺激消费；也最容易吸引和引诱目标消费者驻足、停留。

营业环境的内部照明分为基本照明、特殊照明和装饰性照明三种类型。

1. 基本照明

基本照明是为保证消费者能够清楚地观看、辨认方位与商品而设置的照明系统。目前，多采用吊灯、吸顶灯和壁灯的组合，来创造一个整洁、宁静、光线适宜的购物环境。

基本照明除了给消费者提供辨认商品的照明之外，不同灯光强度也能影响人们的购物气氛。其基本照明都很充足，人们一进入营业环境里立即会产生一种兴奋的感觉。基本照明若是比较弱，人不容易兴奋，可能让人产生平缓安静的感觉，也可能有一定程度的压抑感。

2. 特殊照明

特殊照明是为了突出部分商品的特性、特质而布置的照明，其主要目的是显现商品的个性，以便更好地引起消费者的注意，激发消费者的购物兴趣。例如，在出售局部展示的位置采用集束灯光照射，显示产品的细节。特殊照明还可以形成整个营销空间的色调，通过色调调节消费者的情绪、购物的气氛。例如，在营业环境中，通过特殊照明形成空间的温色调的颜色，能够刺激人出现一定程度的兴奋情绪，消费行为也就比较容易进行。在一些高档营销场所中，为了营造一种高贵的氛围，也会采用冷色调的光色。

3. 装饰照明

装饰照明在整个商店的商品陈列中起着重要作用，它可以把商店内部装饰打扮得琳琅满目、丰富多彩，给消费者以舒适愉快的感觉。但对于装饰照明的灯光来说，对比不能太强烈，刺眼的灯光最好少用，彩色灯和闪烁灯也不能滥用，否则令人眼花、紧张烦躁，不仅影响消费者，而且会对销售人员心理产生不利影响。

在视觉印象的层次上，恰当的光色和光环境对消费者做出购买决定有非直接的作用。由于在相同的平均照度下，高对比度的商品，更容易产生良好的视觉，商品更生动好看。更为重要的是，适当的亮度对比、明暗对比使消费者视觉满意、和谐，这种和谐导致愉悦的心情，由光色气氛给消费者带来的视觉印象，更能够唤起人们的喜爱的、迷人的等心理情感方面的活动，容易"引诱"其做出购买的决定。因此，在卖场照明中综合运用这三种照明，强调亮度对比。当然，在情感、审美这个心理层次上，因人的出身、环境和教养的不同，会表现出群体和个体的差异来，并且营销场所的不同位置的灯光要求会有所差别。

📄 案例

某时装店铺被穿透力很强的白光笼罩着，还隐隐约约透着一丝粉红（紫味红），气氛是张扬的，它的普通照明的照度较高，重点照明和商品照明的色温度又相对温暖些，突出了光色的对比。整个色光层次丰富、时尚。

案例分析：该时装品牌特征和时装特点应该是突出时尚、紧随潮流和性感的，目标消费者是讲究时尚和潮流的人群。这种高照明度的光色对比协调的灯光设置，能清晰的体现商品精致、时尚的特点，适合目标消费者心理需求。

（三）招牌

招牌是营销单位的名称及其相应的广告牌子，门口悬挂招牌已经是必不可少的一种广告形式，且表现形式越来越丰富。材质主要有木制板材、金属板材等，还使用灯箱、路牌等形式或者采用一些实用性光学技术，如使用激光照明技术、电脑控制的灯光组等，以产生动感效果。

1. 便于消费者注意、记忆

招牌名称多以新颖、奇特或者与消费者生活密切相关的元素构成，便于记忆，容易引起消费者的好奇心理和情感注意。感情动机是一种重要的购买动机，也最易诱发消费者购买商品的消费行为。同时招牌或者与名称相关联的物品，如海报、告示牌、宣传陈列品、灯箱等一定要面向人流，保证要让最多的消费者在第一时间注意到，并且根据消费者流行心理的变化对相关招牌及时调整和维护。

2. 保持清洁干净

营销场所招牌如同人的脸面，是最容易让人看见的地方，所以要给消费者一个干净的感觉。开始设计时候注意色彩运用，带给人们干净清爽的感觉。平时注意卫生维护。

3. 招牌的灯光需精心管理

招牌在晚间的效果和"吸引度"取决于店头的灯光设计。要将光的艺术淋漓尽致地体现在商业当中，不仅对有破损的电器元件要及时上报要求更换，而且要根据光线的转换合理调整灯光的开启时间以及灯光的亮度。

（四）多媒体

为了突现品牌文化及理念，多媒体已经逐渐成长为展现营销场所现代感和特色的利器，而通过多媒体能够营造购物气氛，能够迎合消费者心理，能够疏解消费者情绪，能够宣扬品牌文化等。把多媒体引用到营销场所当中，让消费者在不经意间产生良好的体验，这是一种潜移默化的人性服务。如可以通过视频设备对营销场所形象短片及商品广告片进行播放，使消费者能够深度了解商品相关内容和知识。

在引用多媒体的时候应根据店内色调及商品特点进行有目的、有节制的播放。常见的营销场所音乐播放就是服务消费者的一种多媒体语言。播放的背景音乐应使消费者感到愉悦与舒适，使售货员感到劳动的轻松愉快。无主题音乐、轻音乐是较好选择。

音乐节奏影响消费者的平均逗留时间和平均开支，尽管消费者可能对背景音乐的变化察觉不出来，音乐节奏还会影响消费者决策速度和售货员的服务速度。播放快节奏的音乐，会使消费者比较快地做出购物决策，也会使售货员更为迅捷地提供服务。相反，节奏较慢的音乐会使消费者慢慢品味欲购的服饰，售货员的效率也会降低。

音乐题材还要适合于不同的营业环境，指音乐所产生的心理和情绪反应要与营业环境基本一致。

首先，针对营销场所不同的属性或者营销场所力求创造的营销场所气氛，应选择不同的音乐种类。例如，充满青春朝气的营销场所可以播放时尚流行风格的；复古情调的营销场所可以播放古典风格的；高价位营销场所，播放的都是旋律轻柔、舒缓的音乐，以营造浪漫、温馨的营销场所气氛；价位偏低的一些规模较大的店，总是播放一些节奏欢快的流行音乐，促进人员流动；在一些营销场所搞促销大拍卖时，一遍又一遍地播放节奏激情的歌曲，让来自不同社会阶层的消费者全部陷入喧闹、急迫的大拍卖中，倾囊而出抢购价廉质优的商品。这其中除了低价的诱惑外，这些音乐可以起到很好的心理暗示的作用。

其次，客流量在营销场所一天不同时段变化是有规律的。因此，可以根据客流量的大小调整背景音乐以配合推广，达到更好的效果。例如，在刚开始营业的清晨播放欢快的迎宾乐曲；一天的营业束时，播放轻缓的送别曲。

最后，掌控背景音乐的音量也非常重要。声音过高，会令人反感；声音过低，则不容易掩饰柜台上的嘈杂声等，影响销售氛围。如果全天不间断地播放一成不变的背景音乐，那么极易造成店员的听觉疲劳，使其心情烦躁，作用反而适得其反。

综上所述，营销场所的音乐设计和音响配置需要根据品牌定位、消费者类别、消费者的消费心理和喜好来具体确定。日本伊势丹百货公司是一家很有影响的零售企业，它在每个细微的地方都能体现一种为消费者服务的经营思想。下雨时，营销场所会奏起提示音乐，告诉消费者现在外面正在下雨，导购员会给消费者买好的商品提供塑料包装，以防被雨打湿；雨停了，同样会奏起音乐，表示雨已停了。伊势丹把音乐作为给消费者提供良好服务的一种媒体，自然消费者也会流连于营销场所之中。

（五）气味、通风和温度

大多数消费者对于气味和通风质量有敏锐的要求，这与个人的感觉紧密相连。可以毫不夸张地说，营销场所内的气味和通风效果，对于夏季创造最大的销售额来说有至关重要的作用。为了保证店内空气清新畅通、冷暖适宜，要加强空气净化措施，加强通风系统的建设。

刚装修好的地面、货架所散发的油漆味，打扫不干净的试衣间散发出的怪异气味，店员不讲卫生身体散发出的体味，店员口腔的怪味道，都会直接影响消费者对营销场所的印象，继而影响营销场所的销售情况。通常对于不良的气味，营销场所应使用空气过滤设备，力求避免不利后果出现；并且最好能定时喷洒一些带有花香等舒适的味道来烘托店内氛围，香味设置应倾向味道淡雅或香甜，并且最好与商品相协调。

同时，营销场所的空调应遵循舒适性原则，冬季应达到温暖而不燥热，夏季应达到凉爽而不骤冷。如果室外和消费场所的温差过大都会引起消费者的不舒服、不适应，影响其消费情绪。人性化进行空调温度设置，维持舒适的温度和湿度是一个至关重要的小细节。在夏季，店内外温差不宜过大，以2~4℃左右为宜。比如室外气温34℃，店内应控制在30℃左右；在冬季则应适当加大温差，店内温度应控制在15~18℃。营销场所内部的空气湿度参数应保持在人感觉比较舒适的50%~60%。在加湿的同时，还必须做好通风，这样才能保持空气清新和舒适，以创造良好的购物氛围。

（六）营销场所广告设计与管理

营销场所广告多指在营销场所里为有效地吸引消费者对被强调的商品或服务特别注意放置在室内的广告。它们直接与消费者接触，有助于唤起消费者潜意识中对于商品品牌的认知记忆；同时也是美化营业环境的一种手段。整洁的POP广告悬挂、漂亮精美的广告招贴等，都能给人们视觉和听觉上的愉快享受。同时广告还是向消费者传递商品信息的工具，无形中起到推销员的作用。一部分消费者可以自己阅读广告中的内容，有利于减轻服务人员的工作强度。

店内的海报、彩页等如果是针对商品进行较为专业的标志或商品说明，可以简短、明了、有趣，让消费者清晰明确地认识商品。

案例

夏季在展示服装类样品，商家更加在意的是是否影响产品的继续销售。例如，常见的就是试衣间里面有一些小海报提醒消费者不要在试穿过程中弄脏衣物，"小心，不要让我们的产品划花您美丽的妆容"等广告，委婉的劝告和提醒消费者试衣时尽量不要弄脏商品。

案例分析：事实上，这样的提醒更是一种带有人情味的服务，更容易让消费者接受。当然，这些表示关怀的语言风格、字体风格都要根据品牌的风格和目标消费者的特点来进行设计，并保障张贴后的干净与完整性。同时注意保持其新颖度、时效性，注意更换频率。

随着经济发展、人民生活水平的提高，现代消费者不仅追求名牌商品，同时也追求名牌感觉的商店，对细节的完美追求利于产品形象的维护。

二、营销场所的陈列设计与消费心理

（一）AIDMA 法则、服装陈列设计与服装消费行为

1. AIDMA法则的提出

早在1898年，美国广告学家E.S.刘易斯（E.S.Lewis）提出了营销和广告行业中著名的AIDMA法则，它是在消费者从看到广告的第一眼开始，到最终发生购物行为之间，动态式的引导其心理过程，并将其顺序模式化的一种法则。其中A即为引起注意（Attention）；I即为产

生兴趣（Interest）；D即为培养欲望（Desire）；M即为形成记忆（Memory）；A即为促成行动（Action）。

在AIDMA法则中，广告对消费者经历的心理历程和消费决策具有较大的影响和诱导作用。具体来看，广告首先需要吸引消费者的注意（Attention），在博得关注的同时引起他们足够的兴趣（Interest），进而通过广告的内容使他们产生购买的欲望（Desire），并且还要求顾客在看过广告后仍能记住（Memory）它的内容，只有这样才能引导消费者最终下决定购买（Action）产品。在营销和广告行业里，AIDMA法则常被用来解释由广告功效而影响消费者思考和行为的一系列过程。根据这一法则，能够帮助企业和品牌更准确的了解目标顾客的消费心理和消费行为，有针对性的制作广告和制定营销策略，最终实现提升销量的目的。

2. 服装陈列设计与AIDCA法则

随着服装行业与服装消费者的不断成熟，服装陈列设计被当下越来越多的品牌所重视。服装陈列主要是通过对产品、橱窗、货架、道具、模特、灯光、音乐、POP海报、通道等一系列卖场元素进行有组织的规划，从而达到促进产品销售、提升品牌形象的一种视觉营销活动。服装陈列设计以促销为目的，以视觉语言为主要手段，其最终目的正是在于吸引顾客注意力，促进产品销售。服装陈列设计作为视觉营销中最重要的组成部分，服装品牌对它的关注也随着21世纪的到来达到了前所未有的高度。有学者根据AIDMA法则中的消费行为模式进行了修改和完善，在服装陈列设计中提出了AIDCA视觉行销法则，它包含了以下主要阶段：A即为顾客关注（Attention）；I即为激发好奇（Interest）；D即为联想体验（Desire）；C即为确认需求（Confirmation）；A即为现场购买或品牌识别（Action）。

AIDCA视觉行销法则可以视作是通过服装陈列的视觉设计手段，来实现对应的信息传播和消费引导功能，刺激、引导顾客进行消费的完整过程（图10-5）。

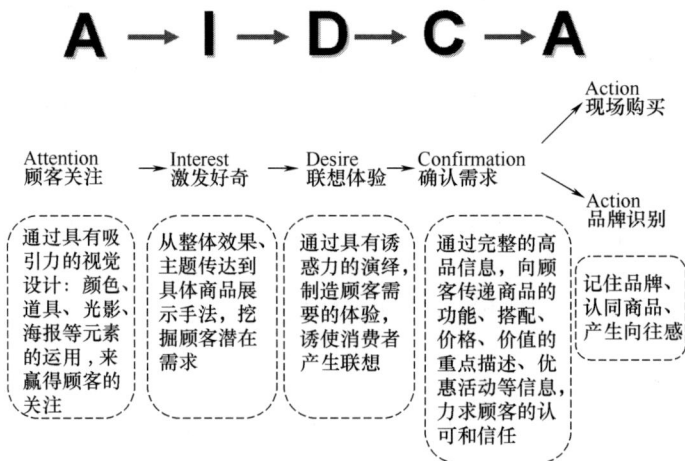

图10-5　AIDCA视觉行销法则

在服装陈列设计中，AIDCA视觉行销法则基本是按照以下步骤开展实施：

首先，在服装销售终端中，品牌需要通过侧重于传递品牌文化的橱窗设计或较强调销售信息的橱窗设计在第一时间赢得顾客的关注（Attention）（图10-6）。

图10-6　强调品牌文化的橱窗设计

图10-7　强调销售信息的橱窗设计

其次，在顾客驻足停留之际，通过橱窗设计中的故事情节、宣传海报、流水台上的服装组合等内容挖掘顾客的潜在需求（Interest）。待他们的潜在消费需求得到充分挖掘后，服装陈列又通过店铺中模特和货架上完美的服装搭配组合来演绎时尚，诱使顾客产生想要自己体验（Desire）、试穿服装的愿望（图10-7）。

当消费者对服装产生联想体验后，还需要通过确认产品的功能、质量、价格、销售活动、款式搭配等一系列内容才能最终认可（Confirmation），而这一环节也离不开服装陈列设计的作用（图10-8）。

最后，一部分消费者会选择立即购买（Action），而另一部分消费者虽因各种原因未购买服装，但是通过这次体验能够对该品牌产生较深的印象，并从心理上对品牌产生认同和向往感。

图10-8　诱发联想的服装搭配和海报设计

优秀的服装陈列设计，正是通过上述的步骤逐步实现其视觉行销功能。

（二）总体布局

总体布局是指营业环境内部空间的总体规划和安排。良好的总体布局不仅方便消费者，减少麻烦，而且在视听等效果上给人们产生一定的美感享受，这是吸引回头消费者、保持消费者忠诚度的因素之一。总体布局的原则是视觉流畅、空间感舒畅、购物与消费方便、标识清楚明确、总体布局具有美感。

1. 空间划分

营销场所空间基本由三个空间组成：商品空间、店员空间、消费者空间。商品空间是指商品集中陈列的场所，并且商品空间要本着便利的原则来展现形态。店员空间是指店员在接待消费者时候使用的地方。消费者空间是指消费者选购产品的场所。总体布局要能够较明确地划分店员空间和消费者空间，在大致空间区域划分后，再细化具体区域设置。

（1）商品空间：商品空间首先设定出重点陈列区、辅助陈列区、配饰陈列区、特卖区和展示位。合理搭配各陈列区，做到主辅相互陪衬、相互呼应，增加消费者浏览的趣味性与层次感。

①重点陈列区：以营销场所正门后左右两侧墙面为主，包括附近货架组成。

②辅助陈列区：以收银台左右两侧墙面为主，也能是由营销场所内墙部分比较零乱的分割墙面共同组成。

③配饰陈列区：属于辅助陈列区的一种。

④特卖区：可视情况单独开辟一块地方，并标以明显标识，与正价区有明显分别。便于顾客的识别。

⑤展示位：以橱窗、精品柜及模特位等展示区域组成。

（2）店员空间：店员在营销场所里一般不能在固定位置休息，要根据消费者需求进行走动服务。店员空间贯穿整个营销场所的通道，并且店员在服务过程中不能妨碍消费者的流动。

收银区是店员空间的一个重要固定组成。在一个产品营销场所里，收银区多布置在背景板或者形象板的前面。靠近收银台的背景板或者LOGO板的灯光要比营销场所里的整体照明度高，可以和营销场所形成一个明暗的对比，既突出营销场所的招牌形象，便于消费者的记忆和宣传，也方便员工收银。

（3）消费者空间：消费者空间主要是体现在通道的设置中和休息区。在营销场所面积阔绰的条件下，应该巧妙的设置休息区来为消费者打造一个购物的"天堂"。设计消费者休息区一定要结合自己营销场所的面积、结构、客流量、客流线等，做到具体问题具体对待。但不论设置的大小和位置，这都能缓解消费者在购物过程中的疲劳，也便于利用机会为消费者提供一些更好的服务。当然由于营销场所面积太小，找不到合适的地方设置消费者休息区，则可用两三个软皮凳代替，以免出现消费者等待时间太久而产生疲惫和厌烦心理。

通道连接了各个空间，也是消费者和店员的主要活动区域。合理的通道设置，能有效全面地展示商品，使消费者在店内滞留时间延长，并使商品形成对消费者心理与视线的双重包围，从而促使其完成购买过程。

2. 通道布置

（1）主通道：营销场所主通道应该是消费者进进出出、来来回回活动最方便、最宽敞的地方。店内的主通道设置的主要线路要与消费者习惯浏览的路线重合，基本能引导消费者将店内所有的角落都转遍，能有效地延伸到店内的最深处。

主通道的设计要首先考虑消费者进店后行走的路线、顺序、习惯等；其次便于摆放产品的热销款式和流行款式，以便消费者容易看到和接触到，也吸引消费者在店内有更长的滞留时间。店内主通道的宽度应保持在较宽的宽度，最窄的主通道宽度也应该满足让两个成年消费者能够同向或逆向通过。

当然每个店的特点、结构都有很大的差异，在实际运作当中可以根据每个营销场所的特点来设计。事实上太深的营销场所主通道会造成消费者的不安全感，从而影响了进店率。因此当营销场所纵深太深时，须增加店内亮度，如果营销场所的深度比较长，一定要有必要的提示或者POP引导，力争让消费者沿着主通道走到最里面；对于深度不够的营销场所要想办法尽可能地延伸主通道，使其能延伸到最里面；对于环型店等可以用地标标示出主通道，在碰到拐弯或者路障时，则用一些提示作指引和说明。

（2）辅助通道：辅助通道是除主通道以外的供消费者行走和浏览的营销场所通道。辅助通道是由主通道所引导，用于布置辅助款式及普通款式。

辅助通道设计的好坏直接影响到消费者能否顺利地进行购物活动，从而直接影响到营销场所的销售业绩。辅助通道太少，会造成消费者行走不便或者感觉麻烦；辅助通道太多，会让消费者感觉主次不明、方位不清；同样良好的辅助通道的设计可以引导消费者在店内顺畅地选购商品，避免产生营销场所死角。按照以东方人的身宽60厘米、停留在货架前选购商品的距离约45厘米为例考虑，最窄的消费者通道宽度不应小于90厘米（即两个成年人能够同向或逆向通过）。即使仅供员工通过的通道，至少也应保持40厘米的宽度。如果在营销场所的某一个部位聚集人群的机会比较多或者容易出现拥挤，则要适当加宽辅助通道的宽度。

在一些比较狭窄的地方，注意挂出的货物量不能太过饱满，始终要维持通道的畅通，并且注意两个货架转接衔接之间是否阻碍通道；是否有其他物品阻碍通道；是否店员的站立位置不恰当，不利于消费者顺畅进行浏览等。

3. 动线设置

营销场所动线又称为客流线，是大多数消费者进店后的行走路线。动线设置的合理与否，直接关系到消费者在营销场地停留的时间和关注到的货品。

营销场所的客流线可分为直线型、曲线型和拐弯型。一般会在主动线附近陈列主推的商品，而且进行恰当的POP等广告的辅助与提示。同样，客流线的长短决定了消费者进店后能否将营销场所逛完以及在店内逗留时间。客流线过短，消费者就会快进快出，大概浏览后就一走了之；如果货架摆放得不合情理挡住浏览线路，消费者很可能因为碍事而放弃继续在店内逗留。通常会利用照明对比、货架调整、商品的陈列变化、POP引导等，将营销场所客流线的设置和通道的设置相互融合，并尽可能地延长消费者在店内的浏览商品时间。

（三）商品陈列

商品陈列是指柜台及货架上商品摆放的位置、搭配及整体表现形式。虽然商品陈列因行业不同、经营品种不同、营业场所构造不同而有所差异，但有一点是相同的，即商品陈列本身就是商品广告，摆放得体的商品本身就是激发消费者购买欲望的有力手段。同时商品陈列的核心是以商品为出发点，然后按它们的个性特质进行合理的系列组合编排，进而实现吸引消费者。参照营销场所的商品承载量进行考虑，不宜臃肿，亦不宜稀松，恰到好处才是综合陈列的精髓所在。

商品陈列是一个营销场所形象高低的直接写照，是一种无声的语言。好的商品陈列可以吸引更多的消费者光顾营销场所，增加消费者在营销场所内的滞留时间，增大生意成交的机会。即使消费者没有在营销场所里消费，也无形中加深了消费者对营销场所的印象，提高店消费者对营销场所的认知度，增加了潜在消费者群体。

1. 服装商品陈列基本要求

（1）方便消费者观看：在现在的纺织服装类商品中的陈列，多采用开放式陈列，方便顾客的参与，提高顾客的参与 。在方便消费者观看商品方面，柜台设置的高度应该要适应于消费者的习惯高度。商品陈列的高度要与消费者进店后无意识的环视高度相适应，按照不同的视角、视线和距离，确定其合适的位置，尽量提高商品的能见度，使消费者对商品一览无遗，易于感受商品形象。商品摆设的位置过高，消费者仰视时，会比较费力，给消费者所造成的心理距离较大；商品摆设的位置过低，消费者需要低头寻找商品，在人多拥挤的情况下，消费者不容易发现这些商品，减少了商品被人注意的机会。

（2）方便消费者挑选：精确分类商品，有条不紊，避免消费者形成视觉疲劳，分清主角配角，聚焦消费者浏览视线，便于消费选择。另外，商品陈列要尽可能做到裸露摆放，便于消费者观看、触摸和比较，以增强商品的感性认识。消费者对纺织服装类选购性商品产生需求时，多希望"货比三家"，以便对商品的质量、功能、样式、色彩、价格等方面作认真细致的比较，并往往把商品的属性和自身的欲望结合起来加以反复考虑。这类商品的陈列应相对集中，并且光线比较充足，这样才能便于消费者自由地来回观看，进行选择、比较。另外，要适宜地配置相应的广告或商品知识介绍，充分满足消费者的选购心理，促使其在从容地观察商品时产生购买欲望。

对于消费者来说，能及时地满足生活需要的商品，也有较大的实用价值。因此，根据季节变化和节日消费习惯，适当地调整商品摆放的位置，用较大的、明显的地方摆放适季应节的商品，充分显示其实用价值，使消费者一进门，就能看到琳琅满目的商品，产生亲切的、方便的感觉。

2. 服装商品陈列的基本形式

一般纺织类商品种类繁多，也需要更直观的展示，让消费者更感性地了解商品。要使消费者注意到全部商品是非常困难的。为此，可以选择消费者需要的或者关注的商品成为陈列重点。要在最适合的位置以最适合的陈列形式展示最合适的商品，并且以此引导消费者顺畅地逛遍整个卖场，以达到消费者增加随机消费和冲动性购买的目的。常用的商品陈列方式有下面基本形式：

（1）正面陈列：正面陈列适用于流行产品与主打产品的展示，多用于橱窗或者视野相对开阔的区域。同系列的服装商品或者纺织类商品应挂列在同一展示区域，应遵循从小至大的原则，色系应遵循从外及内，由浅至深的原则。并且应配置价格标签。因为消费者在浏览时候最容易注意的就是正面陈列商品，在日常管理中必须保证这类重点陈列商品的完整性和整洁性，并维持最佳陈列状态。

（2）横向陈列：横向陈列适合消费者进行对比挑选，在服装产品陈列中使用较多。同时，店员也能够依照服装商品的顺序进行依次讲解。对于进行横向挂装陈列的商品应注意同一区域内的展示方式和展示支架，如衣架等一致性；保证挂出的每件货品都能够整洁有序，并且无褶皱痕迹。如果这类商品的翻阅频率很高，应及时整理商品。

（3）量感陈列：量感陈列一般是指注重商品陈列数量的堆积。但要注意的是应该强调通过陈列的技巧，从而使消费者在视觉上感到商品很多。所以，一方面是指商品实际很多，另一方面则是指看起来商品很多。量感陈列有利于节省空间，扩充容量，同时还能给消费者以一种简约感和层次感。其中，量感陈列在展示时，对于消费者视线有一定的障碍性，所以就近位置应有商品图册进行补充说明；对于过季商品应单独设立陈列区域，同时应有POP等店内海报进行注释；对于消费者挑选过的商品应及时整理，保障服装的整洁与有序。还要注意的是量感陈列中货品型号、颜色应比较丰富，例如，可以在货架上一层层上下垂直陈列；把小型号的产品放在最上层，中型号的产品放在中层，大型号的产品放在最下层。这样既节省空间又方便消费者寻找。

（4）重点商品展示：营销场所的重点展示区以展示高毛利、高附加值、周转快的时尚商品和核心商品为主。通常会专柜陈列、特殊摆放或配以广告说明，以充分引起进店消费者的注意。

一般消费者的观察和思维都有惯性，习惯关注某些区域，所以陈列在这些区域的服装商品相对其他区域商品更容易引起消费者注意。对于具体的营销场所而言，橱窗是最好的展示点；因为中国人的习惯是靠右走，位于营销场所主通道右侧是必经之地，也比较适合陈列主力商品；关注度高的形象墙的旁边要陈列新到货品，形象墙的光线强度和光亮度也会比其他地方高，新品和形象墙相互映照，能更好地吸引消费者；中岛区的精美展台也是适合陈列主力商品的地方。

（5）连带陈列：许多商品在使用上具有连带性，特别是纺织类商品以及服装商品。为引起消费者潜在的购买意识，方便其购买相关商品，可以采用连带陈列方式，把具有连带关系的商品相邻摆放。如在设置床上用品的重点展示时，可以再辅助以枕头这类商品的连带展示。

3. 橱窗陈列

橱窗多位于营销场所入口附近，占据营销场所外墙的最重要位置，对展示产品和促进销售意义非凡。从某些特点上来讲，橱窗陈列也是作为一种诉诸视觉感受的广告形式，是通过立体化的形象，通过实实在在的商品的三维的空间表达来进行传达信息。因此，它是借助商品陈列的一种最直接、最有效的广告形式。

橱窗设计并非只是店铺装饰的一部分或把货品排列展示，而是运用视觉艺术技巧以达到推广货品，及时传达商品信息或介绍商品特性，方便消费者选购，增加货品销售的一项措施。通常消费者在橱窗前逗留的时间是非常有限的。在布置橱窗的时候，陈列人员会通过不同的陈列方式非常明确地介绍产品的面料、颜色、款式、价格等特性。

可以从下几个方面对橱窗与消费者心理的作用加以关注。

（1）唤起注意，引发消费者的关注：消费者在繁华的商业大街上漫步时，目光常常是游移不定的。有的人根据自己的购买目标选购商店，有的人则常常是没有明确的目标。店门、招牌、橱窗都在他们的视觉范围内，一般，橱窗是最先引起注意的。大多数消费者观看橱窗的目的，往往就是为了观察、了解和评价橱窗里的陈列商品，为选购商品收集信息，以便易于做出购买决定。因此，商店橱窗设计中最应注意的问题，就是要突出商店所经营的商品的个性，把个性商品的主要优良品质或特征清晰地展示给消费者，给以选购的方便感。

（2）展示特色产品，注重对消费者的暗示作用：就一般情况而言，在橱窗里展示的商品都应是名牌商品、拳头商品，这些商品或是市场上抢手的紧俏产品或是刚上市的新产品，这样才能真正吸引众多的消费者，激发消费者的购买欲望。在设置推广货品时候，注意与销售季节结合。一般销售季节初期主要放置中档价位的款式独特的推广产品，这不仅满足消费者对新事物好奇和关注的心态，也容易让他们通过产生价格接受的心理而有利于新品销售；同样道理，销售季节中期橱窗多设置高档价位产品；销售季节末期最好是放置较多折扣的产品。

同时，橱窗还有暗示作用，能含蓄间接对人们的心理和行为产生影响。例如，卖家居布艺的商店，在橱窗中布置成起居室的样子，陈列一套格调一致的家具模型，再配上色彩协调的窗帘、地毯，形成一幅生动的立体画面。它向消费者暗示购买这种商品，可形成这样的家居氛围，可享受这样的居家方式。

（3）保障新颖性，满足消费者的好奇心理：消费者永远追求视觉上的新鲜度，新颖的橱窗布置能够激发消费者的好奇心，因此，橱窗要适时变换陈列，给消费者以最新信息和新鲜感。为了迎合这种好奇心态，因此在设置一组模特的着装不能同款或太雷同，最好能3~7天更换1~2次模特产品，注意商品的搭配和更新频率。

（4）注意适应性，满足消费者求便心理：无论何种产品展示，都要注意与季节性的吻合以及与市场环境的适应性，便于消费者对产品的选择。

例如，在不同的季节到来前，应提前做好相关橱窗展示，展示消费者本季节的产品趋势。需要强调的是，纺织服装类商品具有较强的实用性，应在橱窗陈列时，有意识地突出商品的实用价值和优良特点，以刺激购买欲望。销售高峰期，橱窗陈列以大众消费者需求的产品或者打折商品为主，便于消费者对商品促销信息的捕捉，便于消费决策。

（5）主次分明，适应消费者求美心理的需求：在橱窗中的商品不是孤立的，它总有许多陪衬物的烘托，为了突出主题，避免喧宾夺主，就必须从橱窗的整体布局上采用艺术的手法来设计方案，使橱窗的整体布局给消费者留下优美的整体印象。要达此目的，布局上就要做到均衡和谐、层次鲜明、主次分明，一般情况下可采用对称均衡、不对称均衡、重复均衡，主次对比、大小对比、远近对比和虚实对比等手法，把整个橱窗中的各种物件有机地联系起来，使它们组成一个稳定而不呆板，和谐而不单调，主次分明、相辅相成的整体形象。在色彩运用上，需要根据商品本身的色彩、题材以及季节的变化来安排，采用单一色、邻近色、对比色和互补色等原理，处理好对比、调和以及冷暖的变化关系，给消费者以明快、舒适的感受。

因此，在橱窗空间中陈列量不应过多，产品的种类和色彩的配合不应太复杂，注意保持橱窗的空白度，不要有太多重点点缀，分散消费者注意力。留出一定空白的空间，可以把展示的产品与其他东西隔断，便于消费者的注意力更集中于商品本身。同时，要有一些细节上的变化，满足消费者的视觉层次需求，如服装局部可以做出自然或者机械的褶饰状态，使人看到色彩的变化。产品注意穿着层次、长短搭配，使橱窗的狭小空间富于变化和立体感，可以使产品展示更有空间深度和有魅力。

重点原理提示

心理效应

人们的心理效应通常有三种表现。

1.优先效应

优先效应是指人们常常对其最先接触到的事物形成较为深刻的印象，即先入为主的第一印象。因此，商品陈列能使消费者一进门便能对商场的商品产生良好的第一印象，对消费者的购买行为产生积极的影响。优先效应有正负之分，商场应尽力提升正面优先效应。

2.近因效应

近因效应是指人们完成某项行为时，最后接触到的事物易给人们留下深刻的印象。近因效应也有正负之分。所以在出口处的商品陈列也十分重要，要尽可能地给消费者留下良好的印象，使消费者产生正向的近因效应。

3.晕轮效应

晕轮效应是指人们常常会通过对某件事或某一事物的一个部分的印象来推断整体的心理效应，即以点及面效应。因此陈列相关的设置，要深入地研究消费者心理，了解、掌握影响消费者购买行为的心理活动，要处处体现零售企业以消费者为中心的思想，从而达到最佳展示效果。

第三节　营销服务与消费心理

在社会经济活动中，服务竞争也成为现代营销的主要竞争点之一，现代消费者已不是单纯意义上的物质消费者，而是一个整体消费者、完整的感性消费者。他们的消费行为将随着客观环境的变异而产生较大的变化，与此相适应的服务也必须由形式上的服务，转化为优质、满意的服务。

案例

一张贺卡、一枝鲜花，我们每个人可能会知道并记住情人节、妇女节、母亲节，可父亲节却鲜为人知，一向以"严肃"形象出现的父亲，更是难得一份浪漫、温馨的节日问候。有一年，某服装运动品牌在父亲节那天为所有的到店的顾客准备了一支康乃馨和给父亲的一张精致小卡片，凡是光临该销售卖场的顾客的父亲们都得到了一份温情的节日祝福。正是这种细腻的额外服务，很多人因此记住了这个卖场，记住了这个品牌的温馨举动。

一、营销服务

（一）营销服务定义

营销服务是指有形商品或无形商品在营销过程中，为使顾客能安全、正确、妥善地使用产品或消费服务产品而实施的各类服务工作。也就是在营销过程中，利用服务作为一种营销工具，促进有形产品的交换过程。其核心理念都是顾客满意和顾客忠诚，通过取得顾客的满意和忠诚来促进相互有利的交换，最终实现营销绩效的提高和企业的长期成长。

（二）营销服务内容

从商品销售的过程来看，销售服务通常分为售前服务、售中服务和售后服务三个阶段。

1.售前服务

售前服务是指企业通过调查研究，了解消费的需求愿望，挖掘消费者的潜在需求，采取有效措施，在消费者尚未购买商品之前就提供必要的服务，以引导、促进消费者购买。

因此，在前期的营销服务中要认真做好消费者需求调查与消费者心理分析，有序地为顾客准备好他们迫切需要购买的商品或服务产品，并准备好有关附加服务的项目、内容等，使顾客能及时方便地获得商品与服务的有关信息、资料。并在接触顾客过程中实事求是地向顾客介绍商品。广告宣传、产品目录、样本资料及营业人员等的介绍要与商品的特性一致，使消费者对商品的特点、用途、质量、价格及服务承诺等特性有实际的了解，并可以为消费者做出合理化建议。并进行技术咨询服务，解决顾客使用新产品时遇到的种种技术难题而提供的服务项目。如关于窗帘尺寸的换算，关于定制服装在不同季节需要面料的差异性，都应该是主动向消费者提供必要的技术数据或产品性能或使用说明等。

2. 售中服务

售中服务是指顾客在实施购买决策与行为时，销售方为顾客提供的各种必要的服务工作，其主要有以下内容：热情耐心地接待顾客，为顾客观察、挑选商品提供必要的帮助，如让顾客试穿服装、鞋子，试尝食品等。向顾客承诺售后服务的内容。建立顾客档案卡等。

3. 售后服务

所谓售后服务，就是在商品出售以后所提供的各种服务活动。从销售工作来看，售后服务本身同时也是一种促销手段。包括提供的质量保证服务，设置是为保障对产品的使用而提供的技术培训服务，例如，购买内衣时，销售人员通常会提示正确的内衣洗涤方法；消费者在购买纺织类产品时，由于商品体积大，笨重难搬，携带很不方便，有的商家提供送货上门的服务等。

随着竞争的激烈，越来越多的增值服务出现在售后服务，借助为销售者提供更多的利益以获得更大的满意度。

通过各种售后服务可以听取消费者的抱怨和投诉意见，从他们那里搜集到具有一定价值的反馈信息，也可以弥补由于个别质量事故造成的顾客抱怨和舆论压力。

二、购买态度分析

在营销服务时，理解消费者需求，满足消费者需求是服务的宗旨，因此，首先应了解销售过程中消费者的心理模式和决策过程，并对其购买态度进行有效分析，以便进行相应的营销策略。

（一）消费者购买时的心理阶段

消费者在决定是否购买某一商品时通常会有一个心理历程，其过程大约如下发展：

从注意商品或营销场所——→对商品产生兴趣——→使用的联想——→产生购买的欲望——→比较评估商品或营销场所——→产生信赖感——→购买行动——→自我评价，当消费者离开营销场所或使用商品后，会对购物的满意度有一个自我评价。虽然消费者购物的心理阶段是有步骤的进行，但是也有可能跳跃某阶段而直接进入购买决定。

1. 消费者购买决策过程

消费者在完成一次购买或消费行为中，都要经过一个较为具体的行为决策过程，这就是消费者购买决策过程。消费者购买决策过程往往受到社会因素、文化因素、经济因素、个性因素等众多因素的影响。尽管营销人员无法改变这些因素，但可以利用它们来识别感兴趣的购买者，改变商品和宣传，提供营销服务以更好地适应消费者的需要。

依据消费者购买时的心理阶段，把一般消费者购买决策过程大致分为认识需求、寻求信息、选择评价、购买决策、购买后评价五个阶段：

（1）认识需求：消费者产生购买行为的第一步。消费者产生购买某种商品的需求，一种是由人体内部刺激而引起的，如由于身体的寒冷而产生购买衣服的需求。另一种则是外部刺激而引起的，如看到别人添衣时，会产生添置新衣的需求。目前对商品的需求，主要是由外部刺激而产生的。对营销人员来说，要通过各种方式来刺激消费者产生对本商品的需求。商品的陈列、宣传等在消费者购物心理的初期阶段起到了很好的引起和产生消费者购买兴趣的作用。

（2）寻求信息：当消费者认识到自己有购买某种服装商品的需求时，除非是需求强烈而购买目的非常明确才可能立即购买；消费者多会进行针对该需求商品的信息寻找。

消费者会从下列五个途径得到有关该商品的信息：

①个人来源：如从家庭、亲友、同事等处得到的信息。

②商业来源：如从广告、销售人员、展示会等处得到的信息。

③公共来源：如从杂志、报纸、广播、电视、互联网等大众媒体处得到的信息。

④经验来源：如从本人以前购买使用该类商品中获得感知等。

其中销售人员面对面的交流逐渐成为消费者寻求信息的一个重要通道。

（3）选择评价：消费者掌握了一定的相关信息后，就会对此加以评价选择，消费者不仅要评价商品的价格、质量，而且还要比较同类商品的其他属性。例如，消费者选择服装店的标准有服装店的地理位置、环境氛围、服务态度等；选择服装商品的标准有款式、面料、颜色、价格等。消费者对服装店和服装商品的选择评价因人而异，即使同一消费者在不同时期也会有不同的选择评价标准。因此，营销人员必须依据目标消费者选择商品的标准来设计与宣传商品，树立自己独特的品种形象，促使消费者做出优良的选择评价。

（4）购买决策：通过对各种商品信息的评价选择，通常会形成对某商品的购买意向，但消费者对商品进行购买决策阶段，还会有两个因素影响消费者是否最终购买。影响消费者购买决策的因素之一是他人态度，如消费者往往受同伴的影响而改变或放弃原来的购买意图；影响消费者购买决策的另一个因素是不可预期的环境因素，如天气的突然变化、突然生理状态改变等原因就会使消费者放弃或减少对服装商品的购买。

（5）购买后评价：在消费者购买商品后，对商品的满意或不满意的态度，会进一步影响他们自己和其他人的购买行为。有资料显示，消费者对购买商品后的反映各有不同，但数据显示基本上一个满意消费者只会向三个人转述他对该商品的美好感受，而一个不满意的消费者却会向11个人进行倾诉，并且大约有96%的不满意消费者会向公司抱怨，哪怕只有一点细微的不满意。因此倾听和及时处理消费者意见非常重要。

2. 购买态度分析

透过分析不难发现，营销服务的三部分内容与消费者购买决策过程的步骤相互对应，紧密相连。并且消费者在购买过程中便显出不同的行为特征，展现自己不同的购买态度。做好营销服务，必须研究不同消费者态度背后隐藏的心理活动，有效、快速地制定营销对策。

（1）持怀疑态度者：在购买过程中，对导购的话语持有异议，总想要从导购的话中寻找差错，谨慎、缓慢做出决定，对销售服务持有怀疑态度，因此销售服务集中在销售服务的前期工作，必须从细节做好，尽量通过展示产品与介绍，使消费者确信是好的，并且交谈时最好用"对，但是……"比较委婉的表达方式。

（2）谨慎态度的消费者：这类态度的消费者对有实际根据的信息很感兴趣，愿意了解更多产品的信息，对导购介绍中的差错很警觉。他们注重察看现在品牌的商标，注重服务细节，销售服务要自动提供真实而详细的相关产品信息和品牌商的真实情况。

（二）消费者类型

1. 果断的消费者

购买过程中消费态度明确，行为比较果断的这类消费者比较自我，知道自己的需求，确信自己的选择是正确的，消费目的性比较强，对其他的见解不感兴趣。销售服务时候的主要重点集中在服务的后期内容以及一些增值服务提供，在服务过程中以聆听为主，不要争论，自然地销售。

2. 易于冲动的消费者

具有此类消费态度的人会很快地做出决定和选购，但消费过程缺乏应有耐性，消费的稳定性不强，易于突然停止购买；或者由于心情的缘故，言辞偏颇，购买迅速但售后评价容易出现后悔现象。销售服务中应迅速接近消费者，避免过多的销售宣传，避免过多讲话，注意关键知识的介绍等。

3. 优柔寡断的消费者

这类消费者缺乏自己能做出决定的能力，购买过程中顾虑、不安，患得患失，恐怕考虑不周出现差错，需要他人帮助做出决定，要求导购当参谋，并要求导购做出的决定是对的。因此，销售服务重点应该放在销售中的服务，实事求是地介绍有关产品或服务的长处和价值，言语之中要表示对消费者友好和耐心，与其积极沟通，打消消费者表示的疑虑。

4. 拒绝态度的消费者

服务人员为消费者服务，总是希望促成购买行为的完成，然而，每一次的接待或交易活动，不可能都是成功的，相反，由于种种原因消费者拒绝购买，不能达成交易，是常有的事。

拒绝购买态度形成的心理要素：消费者拒绝购买态度的形成，主要由三个要素，即思想、感情和行动倾向。思想，这是由于认识性因素的不同，对商品对象产生不同的看法，消费者拒绝购买，说明他对这一商品的看法负面因素占主要地位。感情，这是由于态度的情感性因素的影响，对商品对象产生不同的好恶，消费者拒绝购买，说明他对这一商品产生了反感。行动倾向，这是指因态度行为性因素的不同，对商品对象产生发起行动的不同的可能性，消费者对商品对象的看法负效应占主要地位，或产生了消极的情绪而不愿意发生消费行为。

从购买心理的角度分析，根据消费者拒绝购买的态度强硬程度不同，拒绝购买的态度可分为一般的拒绝、坚决的拒绝和隐蔽的拒绝三种主要类型。

①一般的拒绝：所谓一般的拒绝，是指消费者虽然拒绝购买某一商品，但这个决定是具有随意性地做出初步决定，并表现出一定的犹豫性，不是经过深思熟虑做出最后决定。在购买活动中，有的消费者对某一商品虽有一定的购买欲望，但由于对商品注意的指向性不集中，未能建立对商品稳定的见解，特别是在心理上的疑虑较重，造成购买信心中的负数因素较多；也有的消费者通过认识活动和感情活动，对商品的某些方面，质量、性能等认为还不能完全满足其心理需要等，由此做出拒绝购买的一般决定。但是，由于产生这种态度的消费者已具有一定的购买欲望，对商品也有一定的认识，如果在销售服务前期和后期做好引导工作，促成其购买态度的转变。例如，着重向此类消费者多提供有关商品的新知识，改变消费者对商品的心理印象，使其转化拒绝购买态度；要通过反复地提示，加强对商品品质的重点诉求，提高商品的综合吸引力，克服消费者的疑虑。

②坚决的拒绝：有的消费者因商品的某些方面与心理要求相差太远而很不满意，甚至产生反感；也有的消费者由于对商品认识产生偏见，对使用上的安全、效能极不信任等，对该消费根本没有任何欲望，都会采取态度坚决的拒绝行为。要转化这种拒绝购买态度，一般是比较困难的，但也不是完全没有转化的可能性。对这类如果不可能转变态度的拒绝，就应尽快避开主要问题，及时引导消费者的注意力有目的地转向同类商品或用品，根据其需要与兴趣，与其交谈他乐意谈及的话题，向其介绍他希望了解的商品，由此打开由于消费者拒绝购买而形成的僵局，减轻消费者心理负担，减弱拒绝购买态度的强度，使消费者对企业与其服务产生良好印象，为下次其他产品的成功销售做铺垫。

③隐蔽的拒绝：所谓隐蔽的拒绝，是指消费者拒绝购买某一商品，出于某种心理需要不把真正的原因说出来，其拒绝购买的理由是不真实的，甚至有时是违心的，或是出于自尊；或对商品或服务的某个方面印象不好，但又怕引起不必要的争执，因而不愿说出真正原因；或者由于购买者或使用者之间意见不一致，或受决策者的影响，难于做出购买决定等。可见，隐蔽拒绝的理由，大多受自尊心理需要、习惯心理需要和社会心理需要的影响，对于这类拒绝，应迅速、准确地判断其拒绝购买的真正原因，尽可能解除消费者对商

品的疑虑心理，使消费者对商品产生一个新的心理印象，因势利导，加强销售服务，由此确立其购买信心；也要运用消费者容易理解的说明方法，明示或暗示商品的心理功能，满足消费者的心理欲求，这样就可以减少消费者购买心中的负数因素；在尊重其心理需要的基础上促使其购买态度的转化。

需要注意的是，服务人员在转化拒绝购买态度的说服工作中，还应尽量使消费者感觉不到是在有意说服他，使其易于通过信息的接受而改变态度，否则，消费者往往会产生戒备心理和逆反心理，甚至采取回避的态度。并且这种改变的成效不仅要以促进立即的购买行动着想，还要为下次购买做准备。

相关链接

消费者类型划分

面对新产品，消费者对新产品的质量、性能、价格、使用效果等方面存在不同程度的心理疑虑，担心购买行为会有负面风险，如穿着效果不好看、产品质量不能保障、其他品牌同类产价格低等。因此，消费者在接受新产品时，对其心理疑虑不断地做利弊权衡。美国营销学家埃弗雷特·罗杰斯（E.M.Rogers）在1962年《改革的扩散》中以接受新产品的时间先后顺序，将消费者划分为"革新者""早期接受者""早期采用者""晚期采用者""守旧者"五大类。若以新产品的全部接受者为100%，那么，五个类型的权重与个性特征如表10-1所示。

表 10-1　消费者类型权重与个性特征

消费者类型	比例（%）	个性特征
革新者	2.5	冒险性强,喜欢变化,独立性强,非传统
早期接受者	13.5	受他人尊敬,喜欢炫耀,追求时尚
早期采用者	34	从众性强,喜欢模仿,愿意照别人的路子走
晚期采用者	34	怀疑性强,容易犹豫不决
守旧者	16	遵从传统观念,比较保守

因此首先应该判断消费者的所属类型，针对其个性特征，才能更好地进行有效沟通。

（三）销售服务的心理策略

进行销售服务的心理策略方法很多，宗旨就是要提高消费者满意度，赢得消费者信赖。

满意度是来源于对一件商品所设想的绩效或产出与人们的期望进行的比较所感觉到的一种愉快或失望的心理体验。消费者满意度是消费者对提供的商品和服务的直接性综合评价，是消费者对厂商、商品、营销场所服务和员工的认可度的表达。若商品和服务不符合消费者期望值，消费者会感到不满意；若商品和服务符合并超过消费者期望值，消费者将感到非常满意。这种满意度极易创造消费者对该品牌的一份情感，甚至发展为对其的忠诚信赖。

消费者满意度是在不断发生变化。对某个商品感到满意的消费者极可能再次购买该商品，并有可能建立起较长期的关系，也可能向其他人员传播其对该商品、销售服务的良好印象；在无其他强势营销场所竞争对手时，消费者会继续购买该商品。如果竞争对手的策略或措施对消费者吸引力更大或者本店商品质量水平下降，不能给予更大满意时，消费者也会去寻求别的销售卖场的商品，消费者会转向购买竞争对手的商品。而使消费者满意，是每个营销人员坚定不移的努力方向。

1. 满足消费者需求的心理策略

消费者满意取决于消费者需求与实际满足效果之间进行的比较。通常把消费者需求划分成三类，并尽量给予满足。消费者需求有的是直接表示出来，是表面的需求，有的是目前真正的需求，还有一种是潜在的需求。无论哪种需求，在日常的营销中，最终结果都可能有三种状态。更好的理解消费者的需求，经过对其实际需求的理解并尽量在销售服务中给予满足，是消费者需求策略的关键。

（1）需求没有得到满足：这时候产生的反应是不满意，在不满意的状态下，消费者的行为可能是忍让、迁就，可能是投诉，甚至其他过激的行为，总之不满的情绪要表现出来。因此，营销人员应当具有良好的沟通能力和倾听能力，相关的投诉处理政策必须反应及时，将这种不满意尽量地化解甚至转化成为对营销服务的另一种认可。

（2）没有不满意，也没有满意：在没有特别意外的服务承诺，没有大的质量问题时候，大多数消费者认为购买到的商品质量和兑现服务承诺仅仅是商家的基本职能，他们对于营销场所提供的一切处于一种基本认可状态，没有不满意的地方，也没有特别满意的地方。这是大多消费者持有的反应，但是如果营销服务策略一味的忽略这部分群体，容易降低消费者对该产品相关的关注度，甚至出现消费者流失。因此，在销售服务过程中，应针对性的推陈出新的进行相关营销手法，赢得这部分消费者的满意。

（3）需求满足：只有所提供的服务超出了消费者的期望，才能使其满意。此时创造惊喜是让消费者满意的唯一手段，如提供额外服务，给予额外赠品等。这也是目前市场上采用在销售服务后期，能更好地满足消费者对服务的升级需求的有效策略之一。

2. 利益心理策略

消费者消费不仅受到需求的影响，也会受到以往购买经验、亲友的建议以及营销人员和其竞争者的信息与承诺等因素的影响。尽管以消费者为中心的营销场所总是积极寻求提升消费者满意程度的方法，但这并不是意味着能使消费者的满意程度最大化。虽然可以通过降低价格和增强服务来提高消费者的满意程度，但这会导致利润率的降低。市场营销的目的是可盈利地创造消费者价值和满意，这就需要很细致地处理两者的平衡关系。通过优良的服务或者增值服务，把消费者的期望值与消费者满意的程度两者很好地结合起来。其中销售服务中常用到的增值服务策略有以下方式：

（1）增加消费者的直接利益。如免费给消费者改裤子长度、免费熨烫衣物等以各种奖励计划来换取消费者的好感。从而吸引消费者，但这种措施极易被竞争者效仿，难以保持长期优势。

（2）增加消费者的社交利益，同时附加直接利益。如经常为消费者提供新品服装信息，成立服务沙龙等；利用员工对消费者的需求与爱好的了解，针对不同的消费者，提供个性化、人格化的服务。

（3）增加与消费者结构性联系，同时附加社交利益和直接利益。如服装店为消费者提供服装形象顾问服务，从而加强消费者对本店的忠诚度。

3. 信任策略

销售人员是与消费者接触最紧密的人员，从某种程度上他们代表产品的形象，企业的形象。在营销服务过程中不仅要注重消费者对产品及营销场所的信任，更要注重他们对销售人员信任度的建立。信任心理的策略主要侧重销售人员，从最初的专业培训做起，培养他们专业的职业素养，以便更好地与消费者沟通，更好地建立信任度。

在营销人员与消费者进行沟通过程中，不仅是营销人员仪表起着很重要的作用，其专业素养与表达能力也会给对方以不同的心理感受，从而还能影响人们之间相互关系的发展。对营销人员来讲，专业的素养让他们更好地理解产品的特性及品牌的风格，也能更有针对性地分析了解消费者，为他们提供更好地建议和服务。让消费者的售后评价更高。

在接待消费者时，营销人员举止得体，言谈礼貌，大方的举止和风度，整洁的衣着和良好的修养，对所接触的消费者和周围的环境气氛产生良好的影响，这不仅有利于买卖成交，也有利于树立企业良好的形象和信誉；会很快取得消费者的信任，引起他们的好感，使他们愿意听取营销人员的建议。

（四）与消费者的沟通技巧

在销售过程中，营销人员与消费者作为商品的卖方和买方，相互之间必然发生联系。如果他们之间的沟通、交往顺利，会有助于促成商品成交；反之，沟通、交往出现障碍，则可能中断交易，甚至导致人际冲突。因此，加强营销人员与消费者之间的沟通，协调他们之间的相互关系，对销售过程的顺利实现具有重要作用。

根据消费者的外部表现的行为特征，可把心理活动的基本过程分为前面谈到的六个步骤。接近消费者是店铺销售的一个重要步骤，也是一个很有技巧的工作。这方面做得好，不但拉近了与消费者的心理距离，而且还可以尽快地促成交易。

1. 观察分析进店的各类消费者，并判断其购买意图，根据消费者的穿着打扮，判断其身份和爱好

不同的消费者从事不同的职业，即使从事同一职业也有可能处于不同的地位，加之每个人不同的个性心理特征，这些都能从人的外表、穿着打扮表现出来。营销人员在接待服

务中，正确判断消费者的职业、年龄是很重要的。因为不同职业、年龄的消费者对商品有不同的需求与爱好。

2. 善于从消费者的言行举止分析判断其个性心理特征

个性心理特征影响消费者的言行举止，显示出较大的差异性。有些性格外向的消费者，往往一进店就向营销人员询问，喜欢讲话评论，反应灵活，动作迅速，对这类消费者，营销人员要尽量主动接触，热情回答他们的问题，积极展示其所需要或感兴趣的商品，发表自己的意见，为消费者当参谋；而对性格内向、表情平淡的消费者，售货员不要过早接触或提前发问，但要随时做好接待准备，注意回答问题简明扼要，除消费者有明确表示，尽量少发表或不发表自己的见解。

3. 根据消费者的购买目标，展示介绍商品

不同的展示方法，可以从不同方面介绍商品的不同特点，满足不同消费者对商品的不同选择要求，引起不同消费者积极的心理反应。

根据商品的性能、特点展示介绍商品。各种商品都有不同的性能特点，以满足人们多方面的消费需求。具有不同使用价值的商品，其展示方法也应不同。其购物时的表现就会有很大的差异，对选择商品的标准也十分不同。这就要求销售人员在展示商品时要根据不同消费者的审美情趣来展示介绍商品。另外，展示商品时，还要尊重消费者的自尊心，一般要从低档到高档逐步展示，使消费者在价格方面有足够的考虑余地，又不伤其自尊心。

4. 启发消费者的兴趣与联想，刺激其购买

在消费者进行联想、想象，甚至产生购买欲望和动机的阶段，销售人员应将有关商品的性能、质量、价格、使用效果等，全面清晰地介绍给消费者，并力求诉诸多种感官的刺激，强化消费者的心理感受，促进其产生丰富的联想和想象，进而诱发购买欲望。一般情况下，销售人员要诱导消费者的心理活动，主要采取以下方法：

（1）启发式：营销人员注意到消费者选择商品拿不准主意时，可以提示消费者，解除他们的疑虑，从而形成购买动机。

（2）比较法：比较法也是在服务中经常采用的一种方法。特别是在消费者出现动机冲突，往往不知道选择哪种品牌时，这就需要销售人员帮助消费者分析不同品牌的特点，权衡利弊，促使其早下购买决定。

（3）提供经验数据法：提供经验数据法是证明商品使用性能、内在质量最有效的方法，并且最有说服力。

（4）实际操作法：实际操作法也是十分有效的推销方法。它形式多样，内容广泛，可以是营业员操作表演，也可以是消费者操作试用，以加深消费者对商品的感官刺激，消除其对商品的不信任心理，有效地促进销售。

消费者产生购买欲望后，还会对已掌握的商品信息进行思索和评价比较。通过评价选择坚定购买信心，做出购买决策。此时，营销人员的任务是充当消费者的参谋和顾问，为消费者提供建设性的、富有成效的意见和建议，帮助和促成消费者做出购买决定。此外，

还应根据不同消费者的需求特性和主观欲望，有针对性地进行重点说服和诱导。例如，对注重商品审美价值的消费者，可以突出显示商品外观的美观别致；对求廉务实的消费者，可以着重说明商品价格低廉。

这里需要指出的是，劝说诱导应当从消费者角度出发，围绕消费者利益进行。唯有如此，才能使消费者切实感到劝说者是在为自己的利益着想，从而增加心理开放程度，增加对销售人员的信赖感，主动接受说服。

5. 促进消费者的购买，结束交易行为

通过营销人员的一系列服务，消费者对其所选商品有了较深刻的体会，会激起他们的购买欲望，但购买欲望并不等于购买行为。在这种情况下，销售人员要把该商品在市场流行的状况和畅销的程度，其他消费者对该商品的评价意见，售后服务情况，商店经营传统，服务宗旨，经营保证等介绍给消费者，解除消费者的最后疑虑。

当消费者作出购买决策后，便进入了实施购买行动和进行购买体验的最后阶段。此时消费者虽有明确的购买意向，但仍需销售人员巧妙地把握时机，促成交易达成。销售人员应主动帮助其挑选，在适当的情况下，还可以对消费者的选择给予适当的赞许、夸奖，以增添交易给双方带来的喜悦气氛，但切不可过分，否则会给消费者留下虚伪、不真实的感觉。

重点原理提示

消费者购买行为分析

消费者购买决策过程中的不同表现，引发消费者的不同购买行为表现，具有不同的行为和心理特征。有效分析消费者购买行为，有利于进行针对性服务。消费者不同购买行为大致可分为四大类：

1. 技巧性购物

技巧性购物以女性居多。女性普遍认为购物是生活中的一大乐趣，喜欢在商品中寻觅生活流行的信息，因而在购物前没有预定的营销场所或商品，容易有行动性的购买行为；对于商品会触摸或试穿，互相比较评估，而且多以个人的情感与喜好等感性因素，来影响购置的商品，或是已经习惯性地到某特定营销场所购物，形成了计划性、行动性与习惯性的技巧性购买行为。在销售服务过程中，应充分提供流行信息以及多样选择的商品，并且多鼓励试穿或触摸商品，以刺激其心理的感觉，再经其试穿或触摸商品的过程，试探购物需求与意愿，逐步缩小范围，以集中其购物焦点。同时，以亲切的服务态度建立技巧性购物者对营销场所的良好印象，赢得消费者的信任，使其成为固定、长期关系的忠实消费者。

2. 计划性购物

在购物前已预先在心中选定商品，是倾向于计划性购买者。一般这种消费者以男性居多，将购物当作一项任务，对品牌（包括营销场所与营销人员）的认同与熟悉度，会在决定购物前产生印象，会影响其决策。因此在销售服务中应注重进行明确的产品描述，以及建立的良好的品牌印象和服务影响。

3. 行动性购物

行动性购物的消费者容易受销售环境与气氛的影响，左右其购物的决策，因此应特别重视陈列展示的特色。了解消费者在购物中的心理过程，运用不同的说明技巧和推荐技巧，辅以商品展示，解释商品特点，是对行动性购物者较好的导购方式。

4. 习惯性购物

习惯性购物的消费者在购物中常以感觉与直觉，决定购物的营销场所与商品，非常注重快速的服务。针对这类消费者要服务热情，接待细心和耐心，还要对消费者的需求反应迅速。

一般消费者的选购会因时因地而不同，也会同时存在上述的四种购买行为，或转换购买行为类型。

案例

到了春节时候，各大卖场人满为患。面对如此多的客人，某服装店真有点应接不暇，服务员疾走如飞，但服务上不到位的问题出现。有一位购买商品的客人因不能及时享受到服务，而找到店长投诉。此时，店长也正忙得团团转，但他多方协调处理，并且诚恳地对客人讲："今天，因为我工作失误，没有按我们的承诺，在规定的时间内为您提供服务，为表示我的诚意，所以今天您会享受到专有的折扣。"随后，店长又对收银做了细致的安排交待，并亲自将顾客送出店面。后来，这位客人成为该店的忠诚客户。

复习思考题

1. 以当地的某服装店面为对象，观察并分析消费者购买行为发生的细节，分析其消费心理的各个阶段想法，并尽可能与之沟通，将访问与分析进行比对。

2. 商业广告的心理功能？

3. 商业广告的效应？

4. 购物环境的概念及意义？

5. 橱窗设计的心理策略？

6. 商品陈列的心理策略有哪些？

7. 消费者的购买心理发展过程可分为哪几个阶段？请举例说明。

8. 营业员应如何针对消费者的购买心理的发展变化做好接待工作？请举例说明。

9. 营销人员与消费者的人际关系冲突产生的原因是什么？如何避免或消除冲突？

市场调研与预测技术与实践——

服装市场调研与预测

教学内容： 1.服装市场调研的意义和内容

2.服装市场调研的步骤与方法

3.服装市场预测的概念与作用

4.服装市场预测的内容和程序

上课时数： 4学时

教学提示： 主要阐述了服装市场调研的意义、内容、步骤方法及

服装市场预测的概念、作用、内容和程序；在服装营

销中，什么时候、什么情况下需要进行市场调研；调

研的方法和步骤；针对什么问题进行调研

教学要求： 1.了解服装市场调查与预测的基本理论

2.掌握市场调查与预测的基本技能及应用

第十一章　服装市场调研与预测

管仲曾说过"不明于数，欲举大事，犹舟之无楫而欲经于水险也"。没有充分掌握市场资讯的营销规划就犹如盲目射箭般，不知目标为何？在信息社会的今天，企业怎样觉察不断变化的科技发展和市场变化，企业必须开发和管理信息。了解消费心理和市场需求，必须进行市场调研，一个公司才能仔细地评价它的机会和选择它的目标市场，从而占领市场。

因此，一些服装企业在拟定市场决策之前，往往会请教一些专业人士与学者，以获得相关的市场资讯和情报，减少错误决定的风险。市场调研是获取市场信息的一种重要手段，是营销中的一个重要环节，因此服装市场调研是服装营销中的一个重要环节。服装市场调研对于服装营销中寻找市场机会、市场细分、战略设计和计划制订等都能起到重要的保障作用。在服装营销中，什么时候、什么情况下需要进行市场调研；调研的方法和步骤；针对什么问题进行调研；这些将是本章所要论述的内容。

第一节　服装市场调研

一、服装市场调研的重要性

在市场竞争日趋激烈和"商场如战场"的今天，"知己知彼，百战不殆"的古代兵法散发出更为瞩目的睿智，企业懂得了产业信息的重要性，开始注意对市场进行调查研究。在服装营销实践中，企业会遇到各种各样的问题，如新市场的拓展、新产品的开发、新品牌的引入、销售的滑坡、品牌的老化等，这些都是服装企业在营销的特定时期需要解决的特殊问题。解决这些问题的方法很多，但不管采用何种方法来解决问题，调研是必不可少的。

服装企业通过市场调查掌握市场资讯，得以掌握制胜先机。服装市场调研就好比企业营销管理活动的"耳目"，具有至关重要的作用：

（一）了解服装市场现状，提供管理层制定市场决策之客观依据

市场调研可以为企业的市场决策提供最直接有效的依据。对于一个企业解决服装营销实践中遇到的问题，市场调研是必不可少的工作，如何解决问题和采取怎么样的做法，都取决于经营者对当前服装市场的认识，这一认识必须是符合客观实际的。仅凭经营者的经

验而对市场情况做出的判断往往带有很强的主观意识，不符合市场客观实际的决策存在着盲目性，会对服装企业经营造成风险。

（二）了解竞争者的重要经验与最新研究成果，及时调整经营手段

在市场竞争中，一个尚不完善的服装品牌，尤其是尚未成为业内领头羊时，通常将某个与自己旗鼓相当的对手作为竞争的目标品牌，通过市场调研，弄清目标品牌的底细，为赶超对手提供客观依据。

大部分市场业绩良好的服装品牌都会是其他服装品牌悄悄瞄准的目标品牌，前者有什么新的技术、什么产品好销、销量多少，后者通过市场调研即可一目了然，并且据此调整产品结构及生产经营手段，努力使自己产品占得更大市场份额。

（三）增强服装企业竞争的应变能力

评判服装市场地位，制订长远发展战略。服装的市场地位被每一个服装企业所关注，市场地位是消费者对服装品牌的认同，通过销售业绩直接反映出来。为了维护服装企业的市场地位，应该通过市场调研，无论是品牌运作发生困难之时，还是销售业绩增长之际，明智的企业都会及时做出一定的市场战略调整，以适应新情况的发生。

上述三项服装市场调研的作用，在现今的企业环境形态下更显重要。近年来，我国服装的生产技术与消费者的知识结构均大幅度提高，服装产品的颜色、款式、材质变化多端，而消费者更有能力根据个性特点选择适合需要的服装产品。随着我国服装市场由生产者主导的"卖方市场"向以消费者主导的"买方市场"的转变，服装企业要想立足于买方市场，就必须了解消费者的需求，再配合这些需求进行生产与营销活动。由于不同区域的消费者对服装产品需求的多样化，想要确切掌握消费者的需要，并进而获得更多相关的信息，就必须以科学化的方法进行服装市场调研。

中国服装由"单一化产品"时代迈入"差异化产品"时代，由"市场推销"迈入"品牌营销"后，营销部门除了销售外，更要担负市场开发的工作。市场开发的出发点便是"市场调研"以及以市场调研为基础的"服装产品计划"，接下来的工作便是设计"促销活动"方案与确立"销售通路策略"。由此可见，服装市场整体的营销活动是由服装产品计划、促销活动及销售通路策略等三大支柱构成，如图11-1所示这三大支柱都必须依赖市场调研作为出发点，服装市场调研在整个服装行业经营的重要性可见一斑。

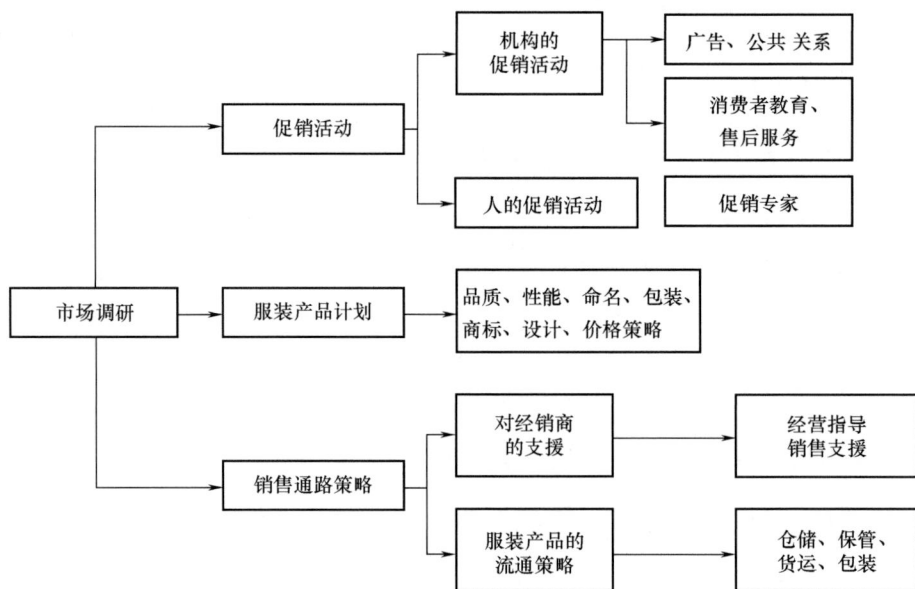

图11-1 服装市场整体营销活动

二、市场调研的内容

（一）零售业态调研

调研内容根据每次调研所需要解决的问题有所选择，还可以增加特别想了解的内容。表11-1是市场调研中针对卖场进行调研的主要内容，具体内容可以根据实际的调研课题进行组合、选择或增加，从而组成一套快捷、准确、经济、有效的调研内容。

表 11-1　卖场调研的主要内容

	内容	说　　明
专柜形象	道具	边柜、中岛柜、货架、模特、灯具、衣架、展示柜、摆件
	广告	宣传画、广告品、出样、包袋、吊牌、样本
	细节	卫生、货品
商场环境	位置	商场和专柜的位置、朝向、楼层
	环境	商场的档次、周边的其他品牌
	地段	地区档次
产品形象	款式	风格、系列、品种
	色彩	主色、副色、点缀色
	面料	名称、成分、观感、手感、价格
	工艺	板型、做工、价格
	数量	货品数量、品种数量、色彩数量
	价格	产品分类价格带、典型产品价格、折扣价

续表

	内容	说　　明
销售情况	指标	店方销售指标、销售分成方式
	实绩	年销售实绩、月销售实绩、商场销售排名
	结算	结算方式、提成方式、回款期限
服务情况	营业员	人数、年龄、外形、收入、精神
	服务	语言、技能、态度、程序
	售后服务	退换货、货品修补
顾客情况	人群	年龄结构、时尚程度、购买方式
	驻足	停留人数、流动人数
	翻看	挑选翻看商品的人数
	询问	主动向营业员询问商品情况的人数
	试衣	试衣人数和试衣件数
	购买	实际购买人数和购买件数

（二）服装企业调研

企业调研是指对同行企业内部情况进行调研，这种调研由于要涉及调研对象的商业机密，一般很难找到愿意接受调研的企业。即使有企业愿意接受调研，也容易隐藏企业的真实情况。因此，做好企业调研的前提是要消除企业的戒备心理，使之配合调研。经过一定的交流，企业调研还是可取的。服装企业调研的目的主要是为了学习优秀品牌服装企业的先进经验。

1. 企业调研的重要性

（1）熟悉业内现状，作好投资参谋：由于服装企业有投资小、上马快等特点，很容易使投资者轻视投资的风险，在毫无服装专业知识和品牌经营经验时，便做出仓促上马的决定，造成许多投资者对困难估计不足而迅速退出品牌舞台的结局。因此，初始品牌要向在服装品牌方面有经验的企业学习，保证不打无准备之战。

（2）把握对手品牌，寻找突破时机：商场是没有硝烟的战场，其搏杀的程度和惨烈的后果丝毫不亚于军事战场，"胜者为王，败者为寇"的悲喜剧屡演不鲜，商业情报如战争情报。因此，要使一个脆弱的新生品牌立足于品牌之林，或者使一个积重难返的品牌发生脱胎换骨的变化，就必须掌握商情，了解对手品牌的底细，做到"知己知彼，百战不殆"。

（3）了解先进模式，掌握运作方向：几乎所有企业都是为了盈利而设立的，品牌只不过是盈利的一个手段而已。企业要盈利就必须有一套正确的经营方法、高效的管理模式和过硬的产品体系，对企业进行调研，不仅仅是了解对方的产品体系，还要了解对方用来保证产品体系良好运作的其他系统。先进的品牌运作模式为品牌的顺利运作提供了机制上的保障，取长补短。

2. 企业调研的方法

（1）问卷法：事先设置一定数量、带有一定目的的问题，要求被调研者进行书面回答的方式。这种方法的调研方向很明确，也比较简便易行，但是比较机械，不能了解调研对象其他方面的有效数据和情况。

（2）采访法：也称为访问法，即与被调研者以采访或讨论等形式完成调研的方法。这种方法的前提是被调研者愿意采取配合的态度对待采访，否则，提供的数据或情况不会真实。采访结果很有可能是虚假的。

（3）侦测法：改变调研者的真实身份，以顺利完成调研任务的调研方法。由于被调研的企业带有戒备心理，不会轻易透露真实的商业机密，因此，调研者应以不带商业目的身份明侦暗访调研对象，见表11-2所示。

表 11-2　调研方法的优点和缺点

	优　点	缺　点
问卷法	目的明确，比较客观、可靠，适合作全面的横向调研	花费时间很长，无法应变调研内容
采访法	调研正面情况和公开数据比较容易，适合作单一品牌的纵向调研	花费时间较长，数据带有主观性，不够全面
侦测法	调研的情况比较真实，可以就某些内容作深入研究	花费时间不长，开展工作资料收集不易

3. 企业调研的要点

（1）克服取材困难：进行企业调研时，最大的难点是愿意作为调研对象的企业不多，一般企业都比较排斥同行，不愿将自己的真实情况透露给同行，因而较难取到调研所需要的材料和数据，尤其对涉及其商业机密的内容，企业更是守口如瓶。因此，在调研前首先要让被调研者取消顾虑，必要时可以表示调研的动机、分析报告中以代号相称等。取得对方的信任与理解，以便获得真实的调研数据。

（2）选择典型企业：由于愿意配合接受调研的企业不多，因此，要选择在行业内具有代表性的、与企划中的品牌非常接近的品牌作为调研对象。根据调研主题的不同，既可以进行面上调研，掌握同类企业的一般情况；也可以深入调研，研究某个企业的全部情况。

（3）正确看待调研数据：被调研的企业由于名声在外，调研者作为局外人，不可能对其内部情况有很多了解，因此，被调研者提供的情况也许与调研者所掌握的情况相去甚远，会造成对方提供虚假情况的错觉。这就需要调研者具有丰富的业内经验，正确分析和处理这些情况和数据，从而得出合乎客观实际的结论。调研对象确实提供虚假情况时，其逻辑性可能会出现异常，应有所察觉。

（4）服装企业调研内容（表11-3）。

表 11-3 服装企业调研内容

	内容	说　　明
企业概况	企业性质	企业的所有制、投资者
	注册资金	资金总额、到位情况
	注册地点	地点及相关的工商政策
	人员构成	管理人员、经营人员、生产人员的数量和比例
	发展历史	企业创立时间和发展经历
经营情况	经营方针	经营目标、经营手段、经营对策
	经营业绩	利润情况、资产情况
	经营优势	人才资源、社会资源、综合资源
管理情况	管理体系	管理制度、管理特点
	管理实绩	管理效率
销售情况	销售业绩	年销售实绩、月销售实绩、商场销售排名
	库存情况	库存数量、品种、时限
	推广方式	品牌加盟、产品批发、代理
产品体系	产品开发	品牌理念、设计人才、设计程序
	生产情况	生产计划安排、生产质量控制、加工能力
	材料供应	材料供应渠道、材料价格、材料质地
面临问题	人才情况	紧缺人才、员工待遇、招聘渠道、服务期限
		上述内容未涉及的问题

（5）服装企业调研报告：企业调研报告的形式和内容可以参照市场调研报告。主题明确、文字简练、案例丰富、结论鲜明是企业调研报告的总体要求。

（三）销售场所调研

一个服装品牌放在什么销售场所、又以什么样的方式销售是品牌运作必须强调的原则问题。品牌与商场必须"门当户对"，仅凭道听途说就贸然进驻某商场进行销售，显然是不科学的。商业喜欢以"扎堆"的方式经营，以聚人气，所谓"独木不成林"。服装品牌也有"扎堆"现象，对商场调研的主要目的是为了选择最适合某个品牌销售产品的场所。

1.选择商场的原则

（1）商场与品牌相匹配：可以把商场看作是品牌外包装的一部分。希望走高价位路线的品牌，必须选择一流商场，否则就会使产品大跌身价。中低价位的品牌只能选择二三流商场，不然就无法达到理想的销售状态。与此同时，商场也以同样的标准选择品牌。

（2）商圈错位布局合理：一个成熟的商圈，其商场布局应该错落有致，拉开商场定位的档次，不至于在一个商圈内相同档次的商场重复，否则，过于雷同的产品也不利销售的有序竞争。

（3）商场拥有良好商业信誉：商场的商业信誉非常重要，是企业与之合作的基础。对商场信誉的了解，不能看其豪华装修的外表，也不能听其信誓旦旦的优惠条件，而是要通过对供应商和消费者的调研，通过自己的观测，做出正确的判断。否则，一旦出现业务纠纷，受到损害的往往是供应商，这是因为供应商的销售货款掌握在商场手里，容易处于被动地位。

（4）商业氛围人气集中：商业氛围有两层含义，从大的方面来看，是指商场所在城市的商业成熟指数。一般来说，大城市的商业成熟指数较小城市的高。但是，城市规模的大小不一定与商业成熟指数成正比，有些地级市的商业氛围会好于省会城市。从小的方面来看，是指商场周围消费者的人气。点状商业布局不如线状商业布局，线状商业布局不如网状商业布局。有序的市场竞争激烈才会显出市场火爆，才会吸引人气。过于惨烈的、以价格战为主要手段的市场竞争环境不利于服装品牌的生存。

2. 调研内容

（1）商场形象：根据商场外部和内部的硬件条件和已经进驻的品牌档次和数量，与其他商场作比较，对该商场进行商业形象的判断。尤其要对进驻该商场的所有男装品牌或女装品牌逐一统计，必要时对某些品牌作重点记录。据此，整理出属于该商场的品牌档次。

大型百货商场的布局大体相同，但是，每个商场也有一定的特点，首先，要估计其总营业面积以及服装商品所占的比例，其次，观测商场的卖场与卖场之间的距离、每个卖场的面积、商场的高度、明度等，尽管做到量化。

（2）商场信誉：对商场信誉的把握，主要依靠供应商的反馈意见和商业同行的评价，也可以根据商场的投资方和经营者的背景做出判断。商场合同是商场拟定的格式合同，其中有许多条款对供应商是不利的，也是不平等的，甚至有些商场在合同中玩弄文字游戏，为以后的业务纠纷埋下伏笔，因此，品牌服装公司务必看清合同，力争自己的权利。

（3）商业氛围：商场是依靠不动产进行商业活动的，房地产的不可移动性使得零售商业不得不依靠良好的商场周边环境来凝聚人气，商场所处的地段、交通、人口和邻近商场的情况是供应商必须考虑的重要内容。

要带有前瞻性的眼光看待商业氛围。有些商场的地段处于市政规划范围，周围情况会随着市政建设的进程而发生变化，热闹与冷落会交替错位。一般来说，新兴商业区域或新商场的人气起初并不理想，只有市政配套建设完成以后，才能被逐渐看好，所谓"生地变熟地"。

（4）销售情况：从商业行业销售排名资料中可以看出该商场的市场地位和销售业绩。如同股证指数不能说明某个股票的涨跌一样，行业排名也不能说明某类风格的产品就一定畅销，但它们还是有一定的关联性，了解该商场的真实销售情况以后，可以触类旁通地预计到即将进驻品牌的命运。为了得到正确的结果，销售业绩的调研必须在同类商场之间进行。

（5）顾客情况：顾客是进入商场的购物者，虽然"顾客是上帝"的商业信条已经受到某种程度的质疑，但是，顾客的确是品牌的"衣食父母"，不可辩驳地为企业带来利益。因此，在任何时候、任何场合，都必须认真对待和研究顾客情况。客流是商场的财富，客流量大即意味着该商场销售业绩不会差，反之亦然。

尽管客流量是能够带来销售业绩的重要条件，但是，不同的客流人群有着不同的购物率，因此，客流人群的质量比客流人群的数量更为重要。在不同的商业区域，客流质量是不同的，具体表现为购物的可能性和对所购商品品质的选择。

将档次相同的商场进行客流量比较，比较的条件必须相等或基本相等，才能得出正确的结果。客流量必须利用观测统计法和同类比较法，才能得出正确答案。在观测商场客流时，必须选择不同日期的相同时间段进行比较。例如，选择周一和周六的上午、下午和晚上进行统计，分析其中的差别及造成这种差别的原因。还要剔除不利因素，如天气因素等，否则将影响统计结果，如表11-4所示。

表11-4　销售场所调研内容

	内容	说　明
商场形象	外观装饰	建筑风格、新旧程度、周围环境、橱窗
	内部装修	层高、灯光、指示、色调、材质
	营业面积	楼层面积、总面积、卖场面积、走道面积
	商品布局	商品大类、楼层布局
	品牌布局	进驻品牌、数量、档次
商场信誉	进驻条件	销售指标、销售分成方式、保底销售、广告费用、其他收费
	企业评价	合同履约情况
	同行评价	业务能力、竞争手段、业内地位、盈亏情况
	内部管理	进驻手续、货品管理、回款手续、营业员培训
商业氛围	地段	商业位置
	交通	工具、数量
	邻近商场	档次、数量
	周围人口	居民人口、流动人口、商住人口
销售情况	行业排名	历年排名、年度排名
	销售业绩	年销售实绩、月销售实绩、商场销售排名
	售后服务	退换货、货品修补
顾客情况	客流	男女比例、数量、时尚程度
	年龄层次	年龄结构
	购买	购买比例

（6）商场调研的其他方面：商场调研的方法主要采用比较法、统计法和观测法。比较法是指在同类事物之间进行相关项目的分析和对照，从而得出比较结果。商场调研的比较是对同类商场在上述表中的各项内容作相应的比较，确定最优化方案。调研对象和调研报告等其他内容可参照本章的相关内容。

三、市场调研的步骤与方法

（一）市场调研的步骤

1.常规市场调研的步骤

市场调研可以是满足具体要求的一次性项目，这种情况下称为特别调研，或者也可以是持续或定期的跟踪，如对服装产品或品牌市场份额的监控。特别调研或由此所进行的持续调研的目的多种多样，但几乎任何特别调研和原则上大多持续性调研项目都是依照一定流程开展的。因此，在服装品牌市场调研中，建立一套系统、科学的调研程序，有助于提高工作效率和质量，如图11-2所示。

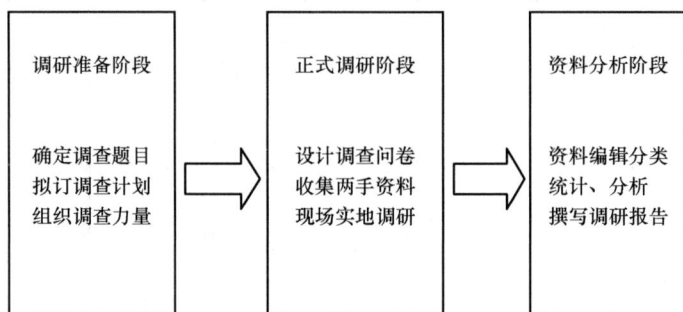

图11-2　服装市场调研流程图

（1）服装市场调研的准备阶段：调研准备阶段，重点是解决调研的目的、要求，调研的范围和规模，调研力量的组织等问题。在此基础上，制订一个切实可行的调研方案。

①确定调研的题目：在开展服装市场调研之前，调研人员必须明确调研的问题是什么，目的要求如何。例如，根据服装企业对新创服装品牌的决策、计划要求，提出需要调查研究的课题。

②拟定调研计划，组织调研力量。服装市场调研部门针对提出来的调研课题，搜集相关资料作进一步的分析研究，弄清调研的具体内容，为服装企业的品牌策划提供客观依据。同时，要根据调研的目的，考虑调研的范围和规模，组织调研的力量、时间和费用负担，制订切实有效的调研计划，使调研有秩序、有目的地进行，它是调研实施的依据。

（2）服装市场调研的实施阶段：这个阶段的主要任务，是组织调研人员深入实际，按照调研计划或方案要求，运用不同方法系统地收集各种可靠资料和数据，包括第二手资料和第一手资料的收集，听取被调研者的意见。避免出现调研后的遗憾，如对某个问题没有提问或没有以不同方式提问而产生的遗憾。

（3）服装市场调研资料的分析与总结阶段：服装市场调研资料的分析与总结阶段，是得出调研结果的阶段。这一阶段是调研全过程的最后一环，也是调研能否发挥作用的关键环节。

①资料的整理和分析：服装市场调研所获得的大量信息资料，往往是分散的、零星的，某些资料也可能是片面的、不真实的，必须去粗取精，去伪存真，由此及彼，由表及里系统地加以整理分析，才能客观地反映被调研事物的内在联系，揭示问题的本质和各种市场现象的因果关系。这一阶段工作的主要内容包括：

a.资料的检查、核实和校订：对于服装市场调研所得资料，在整理编辑过程中，首先要检查资料是否齐全，是否有重复，是否有可比性，是否有差错，数据和现实是否矛盾，一经发现问题，应及时复查核实，给以订正、删改和补充。

b.资料的分类汇编：凡经核实校订的资料应当按照调研提纲的要求进行分类编号。

c.资料的分析和综合：对于调研所得数据，可以运用多种统计方法加以分析，并制成统计表、统计图。

②撰写调研报告：调研报告是用客观材料对所调研的问题做出系统的分析说明，提出结论性的意见，它是调研的最后结果，是营销决策的依据。

③总结反馈：服装市场调研全过程结束后，要认真回顾和检查各个阶段的工作，做好总结和反馈，以便改进今后的调研工作。

2. 逆向市场调研

（1）逆向市场调研的步骤：除常规的服装市场调研步骤，还有一种值得推崇的操作方法，即逆向市场调研。阿兰·R·安得里森（Alan.R.Andlisen）在《哈佛商业评论》（*Harard Business Review*）中这样陈述自己的逆向市场调研步骤：

①确定如何实施调研结果（这有助于界定调研的范围、内容等问题）。

②为了确保结果的实施，确定最后报告中应包括哪些内容以及表格应怎样设计。

③具体指明应进行哪些必要分析来填补调研报告中的空白。

④确定应收集哪一种数据来进行分析。

⑤浏览可以得到的二手信息来源和联合服务机构，看看某些数据是否已经存在或能从别处迅速、廉价地获得（你在做这个工作时，也观察别人是如何获取同样的信息）。

⑥如果没有现成的简单办法，那就设计一些工具和抽样调研来获取适合你进行分析的数据。

⑦进行现场工作，对数据能否满足你的需要进行连续检查。

⑧做分析、写报告并监督其达到预期效果。

（2）逆向市场调研的特点：逆向市场调研的特点是首先确定调研应达到的效果，将管理决策和分析的最后阶段放到了最前面，而不是通常地将如何对调研信息作出反应放在调研完成以后确定。这样的操作步骤有如下特点：

①避免调研与决策的脱节，那些可能会受调研结果影响的业务经理们提前参加到市场调研中来。

②有利于设计出一个不确定因素较少又能实际配合管理层行动的调研方案。

③只收集能辅助管理层进行决策的信息，并且一定要收集能产生高质量决策的信息。

④在管理层和调研人员一起要根据假定的结果进行审核时，可能会发现即使不做调研，他们也会做出同样的决策，由于提前知道了这一切，调研的费用就可以节省掉。

⑤前期的分析工作量很大，但调研的数量可能越来越少，质量却越来越高。

考虑服装生产经营的特点及市场调研的费用、时间因素，逆向市场调研步骤值得一试。

3. 服装市场调研的常见途径

目前的国内服装市场大环境下，调研途径主要有以下几种：

（1）销售过程调研：市场具有信息反馈的功能，因此涉及产品、价格、销售渠道、促销等可控因素的调研，可以在市场销售过程中进行。一方面，在销售过程中能够获得真实可靠的第一手资料。另一方面，这种途径的调研有利于节约人力、物力和时间，随时随地可以进行。

（2）市场环境考察调研：涉及市场环境、竞争对手等内容的调研，一般可以通过市场实施走访进行调研。如某服装品牌欲进入一个新的城市，对城市市场结构的了解，只有在实地才能产生最真切的感受。同样，服装品牌欲进入一个商厦，那么营销人员也只有在商厦实地才能够准确地了解与营销相关的一切细节。

（3）专业展示信息调研：每年在国际、国内都有大量的服装、服装面辅料、服装机械的展示活动如下：

国际服装精品展示	纽约	一月
高级女装展	巴黎	七月
中国国际纺织面料及辅料展览会	上海	十月

这些展示活动有来自世界各国的参展商，给服装企业打开了一个了解世界服装行业信息的窗口。一些财力有限的中小服装企业，即使无法出国参与国际重大展示活动，也能在国内举办的有参展商参与的展示中收集信息资料。排除了服装院校、研究机构的参观人员，参展人数的多寡在客观上反映了展示活动所包含信息的质与时的优劣程度。

（4）街头调研：街头调研是国际、国内服装业界常用的一种调研途径。在特定的地点、特定的时段，对路过的消费者采取判断抽样的方法进行调研。通常这种调研借助问卷调研或观察调研来完成，调研地点选择在服装商业街或某些服装穿着使用的特定场合。街头调研可以收集消费者对服装品牌、服装产品、服装价格的看法，了解消费者的消费心理及消费习惯。但是，这种调研在时间上存在滞后性。

（5）相关行业调研：服装有很多相关的行业，如提供服装原料的农业、畜牧业、化纤行业；与服装消费密切相关的时尚娱乐行业等。这些服装相关行业，即特殊营销环境的变化，会给服装营销带来各种不同的影响，如棉花产量大幅度提高会使棉布的价格下降，使服装生产成本降低，给营销带来有利的影响。所以，营销人员要重视服装相关行业情况的变化，为服装营销决策提供相关行业的可靠信息。

（二）服装市场调研的方法

市场调研的方法选择是否合理直接影响调研结果，因此，正确选择调研方法是市场调研的重要一环。服装市场调研的方法主要有三种：询问法、观察法和实验法，这三种都属于实地调研法。除此之外，还包括文案调研法和抽样调研法。

1. 询问法

询问法由调研者事先拟定调研提纲，然后以提问的方式请被调研者回答问题。询问是一种技巧，询问者必须保证把询问的事情正确地传达给被调研者，并制造被调研者愿意回答问题的气氛。

询问法是服装市场调研时经常采用的一种方法，如1999年CK品牌的内衣在决策其是否进入中国大陆市场时，委托专业院校进行调研，采用的就是这种方法。

询问调研按其形式的差异分为四种：面谈调研、电话调研、邮寄调研和留置问卷调研。

（1）面谈调研：调研者和被调研者面对面地交谈，可以是一对一或一对多的面谈，灵活性大，可以深入、详细地交谈，并能相互启发，得到真实、可靠的资料，但调研资料整理难度较大。由于能直接听取意见并观察被调研者的反应，所以对调研员的业务水平要求高，此种调研费时费力，成本较高。

（2）电话调研：调研员在样本范围内用电话向被调研者提出问题，听取意见并收集资料，此种方法收集资料速度快，且调研格式统一，资料处理方便，调研成本低，但是在电话中交谈不易取得被调研者的合作，调研难以深入，而且调研范围有一定的局限性，没有电话的对象无法进行调研。

（3）邮寄调研：将预先设计好的调研表格邮寄给被调研者，请他们按要求回答后寄回。被调研者有充裕的时间考虑并回答问题，且不受调研员的影响，答案真实、可靠，但也有可能误解问题的含义。问卷的回收率低，往往拖延较长时间。

（4）留置问卷调研：调研员将问卷交给被调研后，并说明回答要求，留给被调研者自行填写，然后由调研员定期收回。这种方法的优缺点介于面谈调研和邮寄调研之间。

2. 观察法

观察法是调研者到现场观察被调研者的行动来收集情报资料，也可以借助仪器（如照相机、摄像机、录音笔等）来进行实地观察。观察的现场有两种：一是购买服装的现场，即各种服装卖场。二是服装穿着的现场，即着装者的活动场所，服装调研常采用街头调研的形式。

观察法能客观地获得准确性较高的第一手资料，但调研面较窄，需要花费较长时间来时行实地观察，调研成本较高。

3. 实验法

服装新产品大量生产并投放市场之前，先生产小批量服装向市场投放，进行销售实验，即管理学中的新品"销售试错"，在销售过程中观察和收集购买者的反应并取得调研资料。也就是在特定地区、特定时间，向市场投放一部分服装进行试销，由此判断服装的款式、质量、规格、外观等是否受欢迎，价格能否被消费者接受，通过这种新品上市的"投石问路"，来确定上市产品及供应量。

服装行业常用的产品展销会、新产品门市部等都属于实验法调研。

（三）市场调研的对象

调研对象是指被调研的品牌对象和人员对象。根据调研所要解决问题的不同，对调研对象的类型有所选择，以便得到有效的数据。

1. 品牌对象

（1）单一品牌：是指对某一个品牌进行专门调研。这种调研的针对性很强，往往调研目的非常明确，并对某一品牌有一定了解时采用，有时是为某公司所属品牌进行的调研。

（2）多个品牌：是指对几个以上不同品牌进行比较调研。此类调研往往对调研结果没有预见性，预期结果不甚明了，是"随行就市"式的调研。调研对象可以是同类品牌或异类品牌。

（3）同类品牌：是指对同一性质和档次的品牌进行综合调研。此类调研目的性比较明确，可以掌握同类品牌中比较普遍的情况。

（4）目标品牌：是指对想要达到或超过的品牌进行对比调研。一般是选择业内影响大、业绩好，或与要求调研的目标类别相当的品牌。目标品牌可以是一个或数个，其优缺点如表11-5所示。

表 11-5　品牌对象的优缺点

	优　点	缺　点
单一品牌	比较简单，容易操作，可以方便地取得详细数据，对品牌中存在的问题能够做出比较正确的判断	缺少对其他品牌的分析比较，不利于客观评价
多个品牌	横向品牌的调研，可以做出比较客观的、具有借鉴作用的判断	工作量较大，调研成本高，选择品牌不易
同类品牌	比较式调研，可以掌握全面、综合的市场情况，做出正确的调研结论	工作量很大，调研周期长，费用高。选择品牌不易
目标品牌	目标明确的对比式调研，挑战性强，可以得出取长补短的调研结论	获得对手的全面资料不易，调研结果容易失真

2. 人员对象

（1）销售人员：是指企业内部负责销售的有关员工。包括销售经理、销售主管、业务员等。

（2）营业人员：是指在销售场所负责销售第一线人员。包括店长（柜长）、营业员等。

（3）商场人员：是指负责商场管理的店主人员。包括商场部经理、楼面经理、业务主管等。

（4）消费者：泛指所有进入调研范围的一般人员。

（5）顾客：是指直接购买或消费某品牌产品的人数。调研人员与顾客的配合，见表11-6所示。

表 11-6　调研人员与顾客的配合

	优　点	缺　点
销售人员	掌握某个品牌的销售实际情况和同类品牌的市场情况	一般不愿配合接受调研
营业人员	掌握某个品牌在某个卖场的销售实况，对销售细节掌握第一手资料。相对比较容易接受调研	提供的数据可能有较强的个人观点
商场人员	掌握某商场内各个品牌的销售业绩和顾客综合评价，熟悉同类商场的基本情况	一般难以接受调研
消费者	分布层面广泛，数据比较可靠，相对比较容易接受调研	采集数据不够集中，工作量较大
顾客	对某个品牌有一定的忠诚度，分布层面比较集中，一般比较愿意接受调研	发表意见带有一定的主观性

第二节　服装市场预测

美国尼克研究公司马克托·霍雷（Marcatuo Huolei）认为，预测和控制是现代科学的重要概念，也是现代营销技术中的关键词语。用适当的因子或变量建立一个恰当的预测模型，通过控制你所选择的变量，不仅可以预测你的需要，而且可以使你掌握现代社会中应用的计算预测技术。

市场预测作为一种专门的理论和技术，是商品经济高度发展和科技商品迅速提高的必然产物。随着我国社会主义市场经济体制的确立而逐步完善，服装市场预测已受到我国服装企业的极大重视。

一、服装市场预测的概念及作用

（一）服装市场预测的概念

预测（Prediction）是根据过去的经验和先前的观察做出的对将要发生的事件的描述。服装市场预测是指在对影响服装市场的各因素进行系统准确调研的基础上，运用科学的方法和数学模型，对未来一定时期内服装市场的供求变化规律以及发展趋势进行分析，进而做出合乎逻辑的判断和测算。例如，对服装企业的某个服装产品的需求情况的预测；销售发展变化情况的预测；对服装的颜色、款式、材质、设备、价格、零售的预测；以及对消费心理、习惯和购买力状况变化的预测等。

（二）服装市场预测与服装市场调研的关系

服装市场预测和服装市场调研，都是服装企业在生产经营活动中研究服装市场变化的方法，它们对服装企业的经营决策起着同样重要的作用，两者既有密切联系，也有不同的特点。主要区别表现在：

1. 研究重点不同

市场调研侧重于市场现状和历史的研究；而市场预测侧重于市场未来的研究。

2. 研究过程与方法不完全相同

市场调研常采用定性研究；市场预测常采用定量研究。

3. 研究结果不同

市场调研结果为数据、资料、情报，市场调研的作用是为营销提供参考的信息，并不能代表决策。市场预测结果为未来市场发展的预测报告，为决策服务。

服装市场调研与预测的整体过程如图11-3所示。

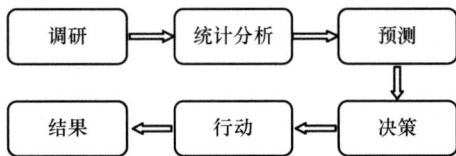

图11-3　服装市场调查与预测的过程

（三）服装市场预测的作用

服装市场预测是一种分析判断服装市场需求变化动态的科学。在市场经济条件下，服装企业的生产和经营基本上是要依据服装市场的情况来确定，同时社会经济的发展存在着跳跃性和间歇性，这就给服装市场造成一种不确定性和不稳定性。为了使服装企业的生产经营能够适应服装市场多变的需要并减少投资风险，服装企业应加强服装市场预测。通过服装市场预测，服装企业才能切合实际地掌握消费需求上的差异，正确地判断未来发展的前展，使生产同消费者密切地结合起来，进而指导生产。

（四）服装市场预测的种类

市场预测，从最终结果来说，就是预测市场需求（从企业角度来说，就是预测市场销售），但不论是需求还是销售，都表现为一定产品、一定地区、一定时间的需求或销售。这样，市场预测就可以从质与量层次、产品层次、空间层次、时间层次划分为不同的类型。

1. 按质与量层次划分

服装市场预测，按预测质与量侧重点的不同，可分为定量预测和定性预测。

（1）定量预测：是指使用统计方法，对统计资料进行推算的预测，其主要目的是推算预测对象未来的数量表现。定量预测又可分为点值预测和区间预测。

点指预测是预测的变量值表现为单个数值。区间预测是预测的变量值处于一定区间之内，表现为一个由下限数值和上限数值所确定的范围。例如，预测某市服装产品销售量为20万件，便是点值预测。预测某市明年某服装销售额为150万~200万元，这是区间预测。

（2）定性预测：是指对预测对象未来的性质和发展方向的预测。虽然也有数量计算，但主要不在于推算数量表现。例如，服装市场供求预测，就是预测未来服装市场是供不应求，还是供大于求。

2. 按产品层次划分

按产品层次划分，市场预测可分为单项产品预测、同类产品预测、分消费对象的产品预测和产品总量预测。

（1）单项产品预测：即对某单项产品（衬衫、西服等）按品牌、规格、档次等分别预测其市场需求量。

（2）同类产品预测：是按产品的类别（如服装按针织品、纯棉、纯毛类等）预测市场需求量。

（3）分消费对象的产品预测：包括两种情况：一种情况是按某一消费对象（如女大学生、儿童等）需要的各种产品进行预测。另一种情况是按不同消费对象所需要的某种产品的花色、款式、规格进行的预测，如运动套装，不仅可以按男装、女装进行预测，还可以按老年、中年、青年，及胖、中、瘦体形分别进行预测。

（4）产品总量预测：就是对消费者需求的各种产品总量进行预测。

3. 按空间层次划分

按空间层次划分，服装市场预测可以分为国际市场预测、全国性市场预测、地区性市场预测、当地市场预测以及行业或企业市场占有率预测。

4. 按时间层次划分

市场预测的产品层次和空间层次都受时间层次的限制。市场预测所得出的市场需求量，必定属于一定时间内某地区对某服装产品需求量，如果没有时间限制，这种市场预测就会失去实际意义。按照时间层次，市场预测可分为近期预测、短期预测、中期预测和长期预测。上述市场预测的产品层次、空间层次和时间层次的预测种类如图11-4所示。

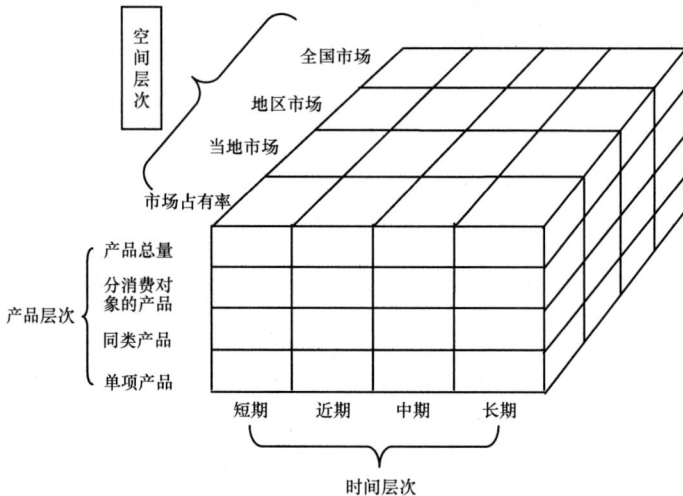

图11-4　产品层次、空间层次和时间层次的预测种类

二、服装市场预测的内容

服装市场预测和服装市场调研一样，内容非常广泛，也比较复杂。对服装企业来说，进行服装市场预测，主要有以下几个方面的内容：

（一）服装市场需求预测

服装市场需求预测是指对某种服装商品的现实购买者和潜在购买者需求的总和，是预测消费者在一定时期，一定市场范围内，对某种服装商品具有货币支付能力的需求。它不仅包括服装需求量的预测，还包括对服装产品的品种、规格、花色、型号、款式、质量、包装、品牌、商标等的预测。影响服装市场需求的因素很多，有社会因素、政治因素、经济因素、自然因素、产品销售因素等，主要是经济因素中的社会购买力，如消费收入、消费支出、币值等因素。因此，对服装市场需求的预测必须在充分调研的基础上，对服装商品购买力、服装消费需求量等，分别进行预测，弄清消费者需要什么，需要多少。

服装市场需求预测包括质与量两个方面：从质的方面考查，服装市场需求预测解决需求什么；从量的方面考查，服装市场需求预测需要解决需要多少。服装企业通过预测服装市场需求的变化，及时调整企业的生产规模，防止服装供过于求，从而保持服装生产的良性循环。

（二）服装产品生命周期预测

生命周期，即生命的历程。生物体都会经历一个从出生、成长到老化、死亡的生命历程。服装产品也不例外，服装产品的生命周期是指一种服装新产品上市，在服装市场上由弱到强，又从盛转衰，直到被服装市场淘汰为止的全过程。它包括引入期、成长期、成熟期和衰退期四个阶段。服装产品的生命周期不同于其他一般产品的生命周期，服装产品生命周期的典型特征是其短期性。其生命周期曲线如图11-5所示。

服装产品是一种时尚性很强的产品，因此，它的钟形曲线更陡，成长期相对较长，成熟期相对较短，衰退期也来得更早。此外，不同风格品类的服装产品，其品牌产品生命周期也有所不同。依据服装产品时尚性的强弱，可以分为经典和时尚两大类。

（1）经典类服装：显示了人们对于衣着的一种基本的和独特的品位或风格。一旦这种品种或风格形成后，它会维持许多年代，在此期间时而风行，时而衰落。

（2）时尚类服装：是快速风靡一时，甚至被狂热地购买，很快达到高峰，然后迅速衰退。它们的生命周期很短，且趋于只吸引有限的时尚迷。时尚类服装品牌产品引入期的一结束就意味着它的衰退期已经开始（见图11-6）。

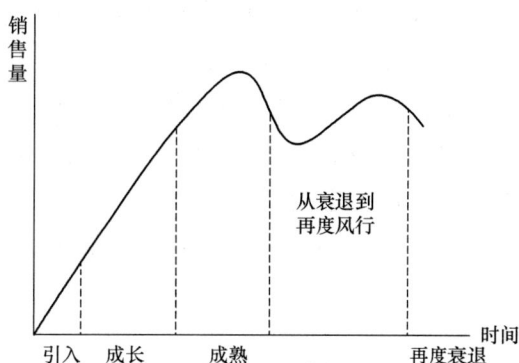

图11-5　经典类服装产品生命周

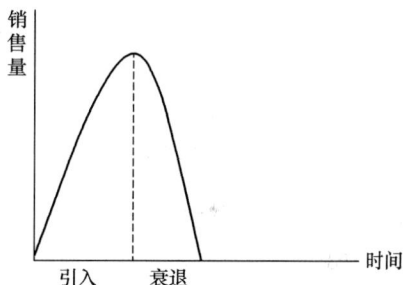

图11-6　时尚类服装产品生命周期

一方面，时尚性越强的服装产品，其生命周期就越短，其经营风险也就越高。另一方面，时尚性越强的服装产品就越可能成为畅销一时的新款，因而利润越丰厚。由此可见，服装产品的生命周期与其时尚性成反比，而利润与经营风险成正比。

（三）服装市场占有率预测

服装市场占有率是指在一定的市场范围内，服装企业提供的某种服装商品的销售量在同一市场服装商品总销售量中所占的比例，或指该服装企业的服装商品销售量占当地市场服装商品销售量的比例。

服装企业进行服装市场占有率预测的分析，可以揭示服装企业所处的地位及变化机会，从而不为销售量的绝对数所迷惑，真正感受到服装市场竞争的压力，促进服装企业注重商品的更新换代，注重员工素质和服装质量的提高，促销方式的改进，留住老顾客，吸引新顾客，使服装企业在服装市场竞争中立于不败之地。

（四）服装市场销售预测

服装市场销售预测，是指对服装企业的服装商品销售量的预测。即服装企业从质和量两个方面进行预测，以解决"适销对路""销售数量和销售额"的问题。

服装企业对服装市场销售进行预测，可以使服装企业进一步了解消费者的具体要求，找出服装市场销售过程中存在的问题，为服装企业确定生产经营计划，特别是为销售计划、销售措施提供依据。

服装市场预测的内容还包括流行主体的预测、目标利润的预测、风险利润的对比等。

三、服装市场预测的程序

服装市场预测作为一个信息系统，它的正常运转应遵循一定的程序，以便更有效地为决策服务。服装市场预测的基本程序如图11-7所示。

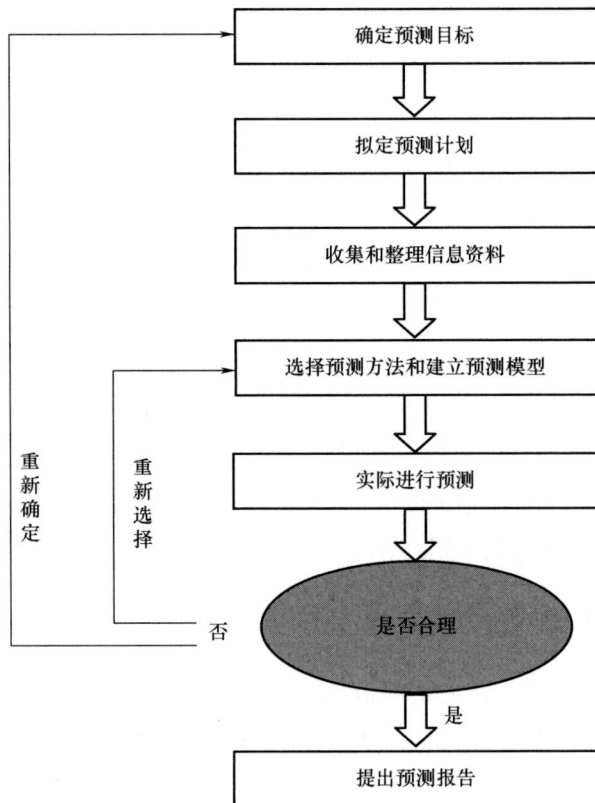

图11-7　服装市场预测的基本程序

四、服装市场预测的方法

进行市场预测不仅需要掌握必要的资料，而且需要运作科学的预测方法。市场预测的方法很多，据统计有上百种之多，其中使用广泛且有效的约二三十种，经常使用的有十几种，用于服装市场预测的方法大体归纳为三类，即直观法、时间序列分析法和相关分析法。

（一）直观法

也称为判断分析法，它是由预测人员根据已有的历史资料和现实资料，依靠个人的经验和综合分析能力，对市场未来的变化趋势作出判断，以判断为依据做出预测，这是一种定性预测方法。

（二）时间序列分析法

这种方法是将经济发展、购买力增长、销售变化等同一变数的一组观察值，按时间顺序加以排列构成统计的时间序列，然后运用一定的数学方法使其向外延伸，预计市场未来的发展变化趋势，确定市场预测值，这是一种定量预测方法。

（三）相关分析法

这种方法也称为因果分析法，它是利用经济发展过程中经济因素的内在联系，运用相关分析的理论判断其相关的性质和强度，从而预测产品的市场需求量和发展趋势。这是一种定量预测方法，此方法适用中期预测、长期预测。

复习思考题

1. 以当地某一品牌为对象进行市场调研和预测，运用服装市场调查与预测的基本理论，撰写市场调研报告。
2. 服装市场调研的意义和内容。
3. 服装市场调研的步骤与方法。
4. 服装市场预测的概念与作用。
5. 服装市场预测的内容和程序。

参考文献

［1］刘国联.服装心理学［M］.上海：东华大学出版社，2004.

［2］臧良运.消费心理学［M］.北京：电子工业出版社.2007.

［3］田义江，戤运丽.消费心理学［M］.北京：科学出版社.2005.

［4］华梅.服饰心理学［M］.北京：中国纺织出版社.2004.

［5］王杰.心理学原理与应用［M］.北京：机械工业出版社.2006.

［6］单大明.消费心理学［M］.北京：机械工业出版社.2007.

［7］叶立诚.服饰美学［M］.北京：中国纺织出版社.2001.

［8］王美绪.图解心理学一本通［M］.海南：南海出版公司.2011.

［9］庄立新.成衣品牌与商品企划［M］.北京：中国纺织出版社.2004.

［10］王平，阎玉秀.谈服装上的分割［J］.丝绸，2004（5）：38–40.

［11］杨威.浅谈服装造型设计［J］.丝绸，2005（4）：44–46.

［12］张星.服装流行学［M］.北京：中国纺织出版社.2006.

［13］［法］罗兰·巴特.流行体系–符号学与服饰符码［M］.上海：上海人民出版社.2000.

［14］尹庆民.服装市场营销［M］.北京：高等教育出版社.2003.

［15］荣晓华，孙喜林.消费者行为学［M］.沈阳：东北财经大学出版社.2001.

［16］杜金柱，陶克涛.消费心理学［M］.北京：中国商业出版社.2001.

［17］韩阳.卖场陈列设计［M］.北京：中国纺织出版社.2006.

［18］王官诚.消费心理学［M］.北京：电子工业出版社.2004.

［19］王禧.服装店面管理.北京：化学工业出版社.2008.

［20］王若明，张之萍.纺织品市场营销［M］.中国纺织出版社.2008.